Matthias Bauer / Ivy York Möller-Christensen

Georg Brandes und der Modernitätsdiskurs

Moderne und Antimoderne in Europa I

IGEL VERLAG

H A M B U R G

Schriften der Georg Brandes-Gesellschaft

Band 2

Matthias Bauer / Ivy York Möller-Christensen

Georg Brandes und der Modernitätsdiskurs

Moderne und Antimoderne in Europa I

Schriften der Georg Brandes-Gesellschaft
Band 2

LITERATURWISSENSCHAFT

Matthias Bauer / Ivy York Möller-Christensen (Hg.)
Georg Brandes und der Modernitätsdiskurs
Moderne und Antimoderne in Europa I
Schriften der Georg Brandes-Gesellschaft, Bd. 2
1. Auflage 2013
ISBN 978-3-86815-571-6

© IGEL Verlag Literatur & Wissenschaft, Hamburg 2012
Umschlaggestaltung: Franziska Kutzick
Alle Rechte vorbehalten.
www.igelverlag.com Printed in Germany
Igel Verlag Literatur & Wissenschaft ist ein Imprint der Diplomica Verlag GmbH
Hermannstal 119 k, 22119 Hamburg

Printed in Germany

Die Deutsche Bibliothek verzeichnet diesen Titel in der Deutschen Nationalbibliografie.
Bibliografische Daten sind unter http://dnb.d-nb.de verfügbar.

Inhalt

Matthias Bauer

Einleitung: Im Kraftfeld der Moderne

Um 1870 beginnt in Europa eine bis heute anhaltende Debatte um die Modernität der Arbeits- und Lebenswelt, die zentrale Fragen der gesellschaftlichen Entwicklung wie der Literatur, der Wissenschaft wie der Wirtschaft betrifft. Als Wortführer und Parteigänger war der dänische Literaturkritiker und Publizist Georg Brandes (1842–1927) bis weit ins 20. Jahrhundert hinein eine überaus einflussreiche Stimme in dieser Debatte. Dabei betätigte sich Brandes vor allem als Kulturvermittler: In einer Reihe von Publikationen machte er Skandinavien mit den intellektuellen und literarischen Neuerungen aus Frankreich, Deutschland und England bekannt und schuf damit eine wesentliche Voraussetzung für die Innovationen von Ibsen, Strindberg und anderen, die ihrerseits auf die Entwicklung der Kultur in ganz Europa zurückwirken sollten. Brandes kam es stets auf den aufklärerischen, politischen und sozialkritischen Gehalt eines Kunstwerks an. Für zukunftsweisend hielt er die Abwendung vom Idealismus und die Hinwendung zur zeitgenössischen Alltagsrealität mit ihren vielfältigen Problemen. Viele dieser Probleme sind noch heute, zu Beginn des 21. Jahrhunderts, akut. So engagierte sich Brandes für die Gleichstellung der Frauen, für die Freiheit von Forschung, Lehre und Presse, für die kritische Diskussion religiöser und moralischer Einstellungen sowie für die vorurteilsfreie Aufnahme wissenschaftlicher Erkenntnisse (Darwin) und philosophischer Ideen (Nietzsche). Dass die Verbreitung solcher Erkenntnisse und Ideen vielen Zeitgenossen suspekt war, dass sie Widerspruch und Gegnerschaft weckte, ist hinlänglich bekannt. Es wäre jedoch kurzsichtig, die Modernitätsdebatte auf eine binäre Opposition von publizistischer Aktion und Reaktion, von Fortschrittlichkeit und Rückwärtsgewandtheit zu reduzieren. Damit würde man der zunehmenden Ausdifferenzierung jener Beiträge nicht gerecht, deren Verfasser sich allesamt als progressiv verstanden, sich aber in ihrer Radikalität, in ihrer Zielsetzung sowie darin unterschieden, wie sie die Entwicklung vorantreiben wollten.

Auf keinen Fall war der nach einem Buch von Georg Brandes so genannte „Durchbruch der Moderne"[1] ein einmaliges, ad hoc Epoche machendes

---

[1] Der genaue Titel des 1883 erstmals erschienenen Buches lautete: *Det moderne Gjennembruds Mænd / Die Männer des Modernen Durchbruchs.*

Ereignis. Vielmehr musste die Moderne gegen hinhaltende Widerstände in mehreren Anläufen etabliert werden, wobei es in den Reihen ihrer Parteigänger wiederholt zu Auseinandersetzungen und zu persönlichen Zerwürfnissen, zu Sezessionen oder zu ‚Überholmanövern' kam. Diese Prozessstruktur bestimmt den Modernitätsdiskurs zwischen 1870 und 1910 und über den Modernismus der Künste hinaus. Im Allgemeinen gilt der Naturalismus als der Modernisierungsschub, durch den die Dynamik in Gang gesetzt wurde. Diese Dynamik führt, zunächst in Frankreich, zur ‚Überwindung' des Naturalismus durch den Symbolismus, von dem sich wiederum die Bewegung der ‚Décadence' abspaltet, lässt dann analog zur Malerei auch in der Literatur den Impressionismus aufkommen und mündet schließlich – ohne sich damit verbraucht zu haben – in der ‚Historischen Avantgarde', also in der raschen Abfolge von Kubismus, Futurismus, Expressionismus, Dadaismus und Surrealismus. Setzt man die Initialphase der Historischen Avantgarde um 1910 an – der Kubismus beginnt in der Malerei um 1907, das erste Futuristische Manifest wird 1909 veröffentlicht, und die Künstlergruppe des ‚Blauen Reiter' formiert sich 1911 –, beschließt sie das ‚lange' 19. Jahrhundert,[2] das erst mit dem Ausbruch des Ersten Weltkriegs 1914 endet.

Es war wiederum Brandes, der – im Einklang mit der erst später formulierten Einsicht, dass das ‚lange' 19. Jahrhundert bereits mit der Französischen Revolution anhebt – den ‚Durchbruch der Moderne' in eine genealogische Perspektive gerückt hat. In seinem mehrbändigen Werk *Hauptströmungen der Literatur des neunzehnten Jahrhunderts* zeichnet er die Entwicklung der ‚Emigrantenliteratur', der ‚Romantischen Schule in Deutschland', der ‚Reaktion in Frankreich', des ‚Naturalismus in England' sowie der ‚Romantischen Schule in Frankreich' und des ‚Jungen Deutschland' von 1789 bis 1848 nach. Schon die Vorgeschichte der Moderne entfaltet sich somit als ein Diskurs, der weder einer einzigen, geraden Linie folgt noch auf eine bestimmte Nationalliteratur beschränkt ist. Brandes entwirft vielmehr eine europäische Perspektive, die neben Hauptströmungen Seitenarme, Nebenflüsse und Gegenströmungen kennt. So metaphorisch diese Bezeichnungen auch sein mögen – sie lassen ein vertieftes Verständnis dafür erkennen, dass sich kulturelle Entwicklungen unter der Oberfläche anbahnen, nicht ohne weiteres kanalisiert werden können und im etymologischen Sinn des Wortes einen

---

[2] Siehe dazu: Franz J. Bauer: *Das ‚lange' 19. Jahrhundert. Profil einer Epoche*. Stuttgart 2004.

,dis-cursus' bilden, da die Argumente, auf verschiedene Texte verteilt, hin und her, vor oder zurück – und bisweilen auch ins Abseits laufen. In den beiden Phasen von 1870 bis 1910 und vom Ersten zum Zweiten Weltkrieg (1918–1939), erfährt diese Diskursdynamik eine mehrfache Beschleunigung. Immer rascher folgen die Überwindungen und Überbietungen, die Aufgabelungen und Abspaltungen aufeinander. Gleichzeitig weist die Kaskade der -ismen, die mit dem Realismus beginnt, darauf hin, dass praktisch alle Modernisierungsschübe als Steigerungsformen von Tendenzen verstanden wurden, von denen viele bereits in der Tradition oder doch wenigstens in der unmittelbar vorausgegangenen Entwicklungsphase angelegt waren. Was die -ismen eint, scheint die Stoßrichtung gegen eine Kultur zu sein, die Kunst und Wirklichkeit trennt. Modern ist stattdessen der Bezug zum unaufhörlichen Wandel der Arbeits- und Lebenswelt, a fortiori die Rückkopplung der Kunst mit den Realfaktoren des gesellschaftlichen Daseins: Industrialisierung und Proletarisierung, Urbanisierung und Technisierung, Mediatisierung und Demokratisierung.

I. Moderne und Anti-Moderne

Das Begriffspaar von Moderne und Anti-Moderne soll in diesem Zusammenhang etwas anderes als die Entgegensetzung von Moderne und Tradition besagen. Die neue Dialektik besteht darin, dass alles Moderne, sobald etwas noch Moderneres auf den Plan tritt, ein gewisses Beharrungsvermögen offenbart und deswegen nur allzu bald dem Vorwurf ausgesetzt ist, antimodern geworden zu sein. Umgekehrt lässt sich gegen die Moderneren stets der Vorwurf erheben, sie würden das bereits Errungene in Frage stellen, womöglich verraten und so – im Irrglauben, fortschrittlich zu sein – ihrerseits antimoderne Tendenzen *voran*treiben. Diese neue Dialektik überlagert den älteren Gegensatz von Moderne und Tradition, der unterschwellig fortbesteht. Als einer der ersten konstatiert Hermann Bahr 1890, dass die Moderne ein Entwicklungsprozess sei, der inzwischen auch antinaturalistische Richtungen umfasse. Diese Auffassung hatte sich bei ihm während eines Paris-Aufenthaltes in den beiden vorangegangenen Jahren gebildet.[3] Sie hängt – über die französische Kunst und Literatur hinausweisend – damit zusammen,

---

[3]   Vgl. Peter Sprengel / Gregor Streim: *Berliner und Wiener Moderne. Vermittlungen und Abgrenzungen in Literatur, Theater, Publizistik.* Wien Köln Weimar 1998, S. 49 f.

dass mehr und mehr diejenigen zu Wort und Tat drängen, die eine Generation jünger als Zola, Ibsen oder Brandes sind. Tastsächlich hatte sich Émile Zola (1840–1902), der Protagonist naturalistischer Erzählkunst, in seiner Kunstkritik für die impressionistische Malerei eingesetzt; sein Zeitgenosse Stéphane Mallarmé (1842–1898) galt als Leitfigur des Symbolismus. Mallarmés langjähriger Wegbegleiter Paul Verlaine (1844–1896) schuf mit seinem Essay *Les poètes maudits* 1880 das Bild des verfemten, antibürgerlichen Dichters, auf das sich die Autoren der Décadence berufen konnten. Bereits 1879 stellte Herman Bang dem realistischen Programm, das Brandes 1870 unter dem Titel *Det uendeligt Smaa og det uendeligt Store i Poesien* (*Das unendlich Kleine und das unendlich Große in der Poesie*) verbreitet hatte, eine stärker das Formale betonende Auffassung der Literatur entgegen: *Realisme og Realister* (*Realismus und Realisten*). Folgerichtig wandte er sich später, wie ein Aufsatz aus dem Jahre 1890 belegt, dem Impressionismus zu. Bang war 1857, zehn Jahre später als Brandes zur Welt gekommen, und lebte bis 1912. August Strindberg (1849–1912) war über zwanzig Jahre jünger als Henrik Ibsen (1828–1906). Wenn Ibsen in Brandes' Sinne das moderne Drama geschaffen hatte, war es Strindberg vorbehalten, ein noch radikaleres Theater zu begründen – radikaler in der Problematisierung des modernen Menschen. Sein Landsmann Ola Hansson (1860–1925) schließlich, den Brandes anfänglich zu seinen Anhängern gezählt und gefördert hatte, legte 1889 bzw. 1890 zwei Aufsätze über Nietzsche vor, die eine von Brandes eigener Nietzsche-Deutung vielfach abweichende Haltung erkennen ließen. Davon soll später noch die Rede sein.

Zunächst kann man festhalten, dass die ‚Entdeckung‘ Nietzsches durch Brandes und Hansson zu den Ereignissen gehört, die es nahelegen, das Jahr 1890 aus dem Kontinuum der Entwicklung hervorzuheben und mit diesem Datum eine Wegscheide zu markieren. Die Erschütterung der Kultur, die von Nietzsche ausgehen sollte, erfasst das intellektuelle Europa in mehreren Wellen und beschäftigt die Geister nachhaltiger noch als die ebenfalls gegen Ende des 19. Jahrhunderts anhebende, maßgeblich mit dem Namen Sigmund Freud (1857–1938) verbundene Irritation des modernen Subjekts, dessen Selbstbewusstsein von vor- und unbewussten Regungen unterlaufen wird. Friedrich Nietzsche (1844–1900) hatte sich in *Ecce homo* als „Dynamit" bezeichnet;[4] gezündet wurde der Sprengsatz – um im Bild zu bleiben – aber erst, als Brandes und Hansson 1889 bzw. 1890 ihm gewidmete Aufsätze und Abhandlungen veröffentlichten. Die Debatte darüber, ob die von Nietzsche anberaumte Umwertung aller Werte noch dem aufklärerischen „Projekt der Moderne" (Jürgen Habermas) verpflichtet war oder eher anti-moderne Impulse freigesetzt hat, ist bis heute nicht verstummt. Für den Modernitätsdiskurs war diese Debatte schon deshalb elementar, weil sie zugleich poetische und politische, moralische und soziale Fragen – also den gesamten Komplex einer ‚Runderneuerung' der Lebenswelt – betraf. Tatsächlich bemerkt Nietzsche selbst im Rückblick auf *Jenseits von Gut und Böse*:

> „Dies Buch (1886) ist in allem Wesentlichen eine Kritik der Modernität, die modernen Wissenschaften, die modernen Künste, selbst die moderne Politik nicht ausgeschlossen, nebst Fingerzeigen zu einem Gegensatz-Typus, der so wenig modern als möglich ist, einem vornehmen, einem jasagenden Typus."[5]

Nietzsche war sich also nicht nur des umfassenden Anspruchs bewusst, den er als Kritiker der Modernität erhob, weil er in ihr letztlich einen Ausdruck der Lebensverneinung sah; er bekannte sich auch zu der anti-modernen Volte, die in der Juxtaposition zwischen dem modernen Typus und seinem Gegensatz lag. Diese Juxtaposition bildet das Epizentrum der von Nietzsche wenn nicht ausgelösten, so doch nachhaltig forcierten Debatte. Zu ihren Ausläufern zählte auch jener Disput, der sich zwischen Brandes und Hansson um ein anonym veröffentlichtes Buch mit dem seltsamen Titel *Rembrandt als Erzieher. Von einem Deutschen* (1890) entspann, das fast zeitgleich mit ihren Nietzsche-Essays erschienen war. In diesem Buch wurde eine völkische Gesinnung vorgetragen, die seinerzeit vielen Lesern nicht etwa als rück-, sondern als fortschrittlich galt. Darin offenbart sich die Unschärferelation, die zwischen Moderne und Anti-Moderne besteht: Was, vom heutigen Standpunkt aus betrachtet, zweifelsfrei der Position der ewig Gestrigen zugeschlagen werden kann, war ursprünglich mit einem Zeitindex versehen, der in die Zukunft wies.

---

[4]   Friedrich Nietzsche: *Ecce homo*, in: Friedrich Nietzsche: Sämtliche Werke. Kritische Studienausgabe in 15 Bänden [= KSA]. Hrsg. von Giorgio Colli und Mazzino Montinari. Bd. 6. München 1980, S. 365.
[5]   Nietzsche, *Ecce homo*, a.a.O., S. 350.

Sofern man so unterschiedliche Werke wie Nietzsches *Also sprach Zarathustra*, das Buch des ‚Rembrandtdeutschen', die darauf bezogenen Einlassungen von Brandes oder Hansson, die Essays und Erzählungen Bangs oder die in sich ebenfalls höchst heterogenen Dramen, Prosaarbeiten und Lebensbeichten Strindbergs trotz ihrer offenkundigen Verschiedenheit als Beiträge zum Modernitätsdiskurs lesen kann, entsteht zwischen 1870 und 1910 ein thematisch wie stilistisch weit gespanntes Kraftfeld von anregenden Gedanken und künstlerischen Gestalten, in denen sich diverse Auffassungen von Moderne spiegeln – auch und gerade solche, die inzwischen für anti-modern gehalten werden. Dazu gehören die weitverbreiteten Vorstellungen von gleichsam naturwüchsigen Nationalcharakteren, dazu gehören mystische und theosophische Spekulationen sowie misogyne Bemerkungen, die sich vielfach auch bei jenen Herren finden, die als liberale Geister galten. Umso genauer man hinsieht, umso unübersichtlicher wird das an vielen Stellen verminte Gelände. Kaum eine Probebohrung, die nicht auf querlaufende Sedimente oder Hohlräume stößt sowie auf Verwerfungen an der Oberfläche, die sich aus der wechselseitigen Profilierung und Entwicklung der Positionen, der Konzepte und der Diskursakteure ergeben.

Gregory Bateson hat zwei Formen der wechselseitigen Profilierung und Entwicklung unterschieden: die symmetrische und die komplementäre Schismogenese. Symmetrisch verläuft die Entwicklung, wenn sich der eine am Beispiel des anderen orientiert und ihn mit denselben Mitteln auf dem gleichen Gebiet zu übertreffen sucht, wie man es von Konkurrenten im Geschäftsleben kennt. In der komplementären Schismogenese kommt die wechselseitige Profilierung dadurch voran, dass sich die Akteure – gleichsam arbeitsteilig – ergänzen. Da jeweils der eine hat, was der andere braucht, ist das Risiko der Eskalation in diesem Fall geringer – freilich auch die Wahrscheinlichkeit, dass er unter den Bedingungen der Rivalität eintritt, die das Verhältnis von Publizisten und Artisten so häufig prägt.[6] Folglich finden sich die beiden Formen der wechselseitigen Profilierung und Entwicklung auch im Modernitätsdiskurs, sehr häufig in Verbindung mit Verzögerungseffekten, die es im Nachhinein schwer machen, den genetischen Zusammenhang aufzudecken. Sowohl die vielfältigen Sezessionen unter Künstlern, die ja

---

[6] Vgl. Gregory Bateson: *Ökologie des Geistes. Anthropologische, psychologische, biologische und epistemologische Perspektiven.* Übersetzt von Hans Günter Holl. Frankfurt am Main 1990, S. 158.

immer der Abgrenzung von einer konkurrierenden Praxis und der Integration einer alternativen Gruppe dienen, als auch die labilen Bündnisse, die man zuweilen ‚Schulen' nennt, erweisen sich als Varianten der Schismogenese. Die Verfahren der Distinktion, der Akkumulation kulturellen Kapitals und die damit verbundene Ausbildung bestimmter Habitualitäten, die Pierre Bourdieu am Beispiel des literarischen Feldes herausgearbeitet hat, das Flaubert in seinem Roman *L'éducation sentimentale* (1869) reflektiert,[7] spielen in diesem Zusammenhang wichtige Rollen; das Gleiche gilt für die diskursiven Prozeduren des Ein- und Ausschließens von Argumenten und Autoritäten, auf die Michel Foucault den Blick gelenkt hat.[8] An dieser Stelle soll allerdings behauptet werden, dass bereits Georg Brandes – selbstverständlich ohne die Terminologien von Bateson, Bourdieu und Foucault zu verwenden – der Sache und dem Verfahren nach Diskursanalytik betrieben hat

II. Diskursanalytik avant la lettre

Wer heute, zu Beginn des 21. Jahrhunderts, Brandes *Hauptströmungen* in die Hand nimmt, wird manches Urteil darin finden, das als überholt gelten muss. Eine genaue Lektüre zeigt aber auch, dass Brandes praktisch jedes Werk, das er behandelt, unabhängig vom literarischen Genre, als Beitrag zu einer (öffentlichen) Auseinandersetzung über die Anliegen und das Selbstverständnis der zeitgenössischen Gesellschaft begreift. Das einzelne Werk kann die fortlaufende Entwicklung nicht nur (angemessen oder unangemessen) reflektieren, es kann sie auch befördern oder behindern, inhibitorisch oder exzitatorisch wirken. Diese Sicht des künstlerischen Werkes als Beitrag zu einem übergeordneten, umfassenderen Diskurs dürfte damit zusammenhängen, dass Brandes' Analytik vor allem durch Hegel, Taine und Sainte-Beuve geprägt worden war. Wie die beiden Philosophen sah er den Gang der Geschichte dialektisch, ging dabei jedoch – anders als Hegel und Taine – von einer vergleichsweise abstrakten zu einer konkreten Betrachtungsweise über, die anhand von Einzelbefunden gleichsam synoptisch verfuhr. Im Ergebnis

---

[7] Vgl. Pierre Bourdieu: *Die Regeln der Kunst. Genese und Struktur des literarischen Feldes.* Übersetzt von Bernd Schwibs und Achim Russer. Frankfurt am Main 1999.

[8] Vgl. Michel Foucault: *Die Ordnung des Diskurses.* Aus dem Französischen von Walter Seitter. Mit einem Essay von Ralf Konersmann. Frankfurt am Main 1991.

führt diese Einstellung dazu, dass man die Charakterisierung, die Brandes in den *Hauptströmungen* von Saint-Beuve liefert, als ein indirektes Selbstporträt verstehen kann, als eine Vergleichsfolie, die zu erkennen gibt, an welchem Maßstab er seine eigenen Studien und Publikationen messen lassen wollte:

> „Seine Eigenart ist: Er war ein Geist, der eine außerordentlich große Anzahl anderer Geister verstand und erklärte. [Doch ...] fehlte ihm, so weit sein Blick auch reichte, der Überblick über das Ganze; selten ist ein Historiker und Denker weniger systematisch gewesen. Diese Eigenschaft hatte allerdings ihre gute Seite: die Freiheit von jeder Systematik erhielt ihn bis zum Schluß frisch, ermöglichte es ihm, sich ständig zu verjüngen [...]. Er vermochte als Kritiker nur, das isolierte Individuum zu schildern, und selbst dies nur selten gesammelt und geschlossen (Talleyrand, Proudhon), sondern bald von der einen, bald von der anderen Seite gesehen, bald in dem einen, bald in dem anderen Alter, bald in diesem, bald in jenem Verhältnis zur Umwelt."[9]

Diese Fähigkeit, einen Autor und sein Werk von verschiedenen Seiten aus im Verhältnis zur Umwelt zu erhellen, typische Eigenarten aufzuspüren und sich dabei immer wieder auf neue Entwicklungen einzustellen, zeichnet sicher auch Brandes aus, der darüber hinaus den Anspruch hatte, seinen Lesern Einblick, Überblick und Durchblick zu verschaffen und nicht wie Saint-Beuve bei der zusammenhanglosen Beschreibung und Deutung einzelner Phänomene stehen zu bleiben. Diesem Anspruch wird Brandes in den *Hauptströmungen* etwa dadurch gerecht, dass er im Zweiten Band, als er ‚Die Reaktion in Frankreich' behandelt, das sogenannte „Autoritätsprinzip" einführt und seine allmähliche Auflösung schildert:

> „Ein gewisser Inbegriff von Persönlichkeiten, Handlungen, Gefühlen und Stimmungen, Ideen und Werken, die sich in der französischen Sprache Ausdruck gegeben haben und die im Anfang des 19. Jahrhunderts in Frankreich auftreten oder wirken, bildet für mein Auge eine natürlich zusammenhängende Gruppe von sozialen und literarischen Ereignissen, die alle der Wiedererrichtung einer gefallenen Größe dienen. Diese gefallene Größe ist das Autoritätsprinzip.
> Unter dem Autoritätsprinzip verstehe ich das Prinzip, nach dessen Ansicht das Leben des einzelnen und der Völker auf der Ehrfurcht vor dem Erbe der Ahnen beruht.
> Die Grundlage der Autorität ist Macht, und sie wirkt als Macht durch ihre bloße Existenz, nicht durch Gründe. Sie beruht auf der unfreiwil-

---

[9]   Georg Brandes: *Hauptströmungen der Literatur des neunzehnten Jahrhunderts*. Unter Zugrundelegung der Übertragung von Adolf Strodtmann nach der Neubearbeitung des Verfassers übersetzt von Ernst Richard Eckert. Dritter Band. Berlin 1924, S. 231 f.

ligen oder freiwilligen Unterwerfung der Gemüter unter das Gegebene."[10]

Die absehbare Pointe der Entwicklung, die sich im neunzehnten Jahrhundert vollzieht, liegt natürlich darin, dass der ‚Durchbruch der Moderne' den Zusammenbruch der Ehrfurcht vor dem Erbe der Ahnen besiegelt und daher die Auflösung des Autoritätsprinzips zur Voraussetzung hat. Doch geht es im Augenblick nicht um diese Pointe, sondern um die synoptische Betrachtungsweise, die den Gang der Ereignisse auf ein Prinzip bezieht, dessen diskursive Gewalt darin besteht, dass es nicht auf Vernunftgründen beruht und schon insofern unvereinbar mit der Leitidee der Aufklärung ist. Die „Unterwerfung der Gemüter unter das Gegebene" beruht keineswegs auf einer rationalen Argumentation, die auf den „Ausgang des Menschen aus der selbstverschuldeten Unmündigkeit" (Immanuel Kant) setzt. Folgerichtig hält Brandes fest:

> „Das Autoritätsprinzip hat in der Geschichte der Menschheit eine große erzieherische Bedeutung gehabt; doch seine Aufgabe ist, sich selbst überflüssig zu machen. Auf dem niederen Standpunkt unterwirft sich der Mensch dem Gesetz, weil es von der Autorität stammt; auf dem höheren, weil er das Vernünftige im Gesetz einsieht."[11]

Damit ist klar: Die retrospektive Sicht des Kritikers geht vom höheren Standpunkt aus und wird im Rahmen einer dialektischen Argumentation entfaltet. Diese Argumentation verfährt insofern radikal, als Brandes sogleich auf die Wurzel des Autoritätsprinzips zu sprechen kommt:

> „Wo die Autorität absolut ist, muß sie wie ein Wunder auftreten und jede Kritik als aufrührerisch und ketzerisch zurückweisen. Die absolute Autorität hat denn auch stets verlangt, daß man sie als etwas Geheimnisvolles, ein Wunder anerkenne.
> Denn absolut ist die Autorität nur kraft religiöser Bestätigung."[12]

Mit anderen Worten: Autorität ist vor allem die Macht, aus dem Diskurs alle Akteure und Argumente auszuschließen, die sie selbst in Frage stellen könnten. Es ist daher kein Wunder, wenn Brandes schreibt:

> „Mit der Autorität der Kirche stand und fiel das Autoritätsprinzip bei all den abgeleiteten Autoritäten. Als die kirchliche Autorität untergraben war, zog sie alle anderen Autoritäten in ihren Sturz hinein."[13]

---

[10] Brandes: *Hauptströmungen*, Zweiter Band, a.a.O., S. 3.
[11] Brandes, *Hauptströmungen*, Zweiter Band, a.a.O., S. 3.
[12] Brandes, *Hauptströmungen*, Zweiter Band, a.a.O., S. 3.

Ohne nun im Einzelnen darzulegen, wie Brandes diesen von der Aufklärung vorbereiteten Sturz im Verlauf der Französischen Revolution und die Wiederaufrichtung der kirchlichen Autorität im Zeitalter der Restauration schildert, kann man sagen, dass er im Rahmen seiner Literaturgeschichte eine Genealogie der Macht entfaltet. So dialektisch seine Argumentation verfährt, so klar arbeitet sie an jenem Feld von Aussagen, die er in der französischen Literatur von Voltaire und Rousseau bis zur Julirevolution 1830 findet, die Kräfte heraus, die erst den Ausschluss und dann wieder den Einschluss religiöser Motive und klerikaler Instanzen betreiben. Die Restauration der Kirche, für die Brandes vor allem Napoleon verantwortlich macht, ist das Ereignis, auf das sich die Hauptströmungen der französischen Literatur im ersten Drittel des 19. Jahrhunderts beziehen und in Bezug auf das es möglich wird, ihre Tendenzen einer Kritik zu unterziehen, die im Namen der Aufklärung erfolgt, dabei aber keineswegs die Rationalität der Einwände übersieht, die seitens der Reaktion gegen Rousseau vorgebracht worden waren. Es ist daher im Hinblick auf das diskursanalytische Verfahren von Brandes überaus aufschlussreich, sich die Passage näher anzusehen, in der er zwischen den Positionen von Rousseau und von Bonald, einem Vertreter der Reaktion, hin- und herläuft:

> „Ferner greift man mit viel Eifer und Hitze Rousseaus Gesellschaftsbegriff an. Es läßt sich verstehen, daß Rousseau, wenn er seinen Blick auf diejenige Gesellschaft, welche er vor Augen hatte, richtete, zu dem Wahne gelangen konnte, daß man einer Gesellschaft überhaupt entbehren könne; allein dieser Irrtum, im Verein mit seiner Phantasterei von einem verloren gegangenen glücklichen Naturzustande, hatte ihn zu Sätzen wie diesen, geführt: „Der Mensch ist als gut geboren, und die Gesellschaft verdirbt ihn," und zu dem komischen Paradoxon, das in allen Büchern der Restaurationszeit paradiert, von so vielen Argumenten durchbohrt, wie sich Nadeln in ein Nadelkissen stecken lassen: „Der Mensch, welcher denkt, ist ein verderbtes Tier." Auf solchen Punkten hat der Angreifer freilich in der Regel leichtes Spiel. In seinem Eifer wider die Gesellschaft ließ sich Rousseau zu der Behauptung verleiten: „Die Gesellschaft geht nicht aus der Natur des Menschen hervor. – Alles, was nicht in der Natur liegt, führt Unzuträglichkeiten mit sich, und die bürgerliche Gesellschaft mehr als alles übrige." – „Die Gesellschaft!" ruft Bonald nicht ohne Beredsamkeit aus, „als bestünde die Gesellschaft in den Mauern unserer Häuser oder den Wällen unserer Städte, und als wären nicht überall, wo ein

---

[13]   Brandes, *Hauptströmungen*, Zweiter Band, a.a.O., S. 4.

Mensch geboren wird, ein Vater, eine Mutter, ein Kind, eine Sprache, der Himmel, die Erde, Gott und die Gesellschaft!" Er belehrt seine Zeitgenossen, daß die erste Gesellschaft eine Familie war, und daß in der Familie die Macht nicht durch Wahl erkoren ist, sondern aus der Natur der Dinge hervorgeht. Wider die Lehre, daß die Gesellschaft durch freiwillige Übereinkunft entstehe und das Produkt eines Vertrages sei, stellt er die seinige auf, daß die Gesellschaft uns aufgebürdet (obligée) und das Resultat einer Macht sei, möge es nun die Macht der Überredung oder der Waffen sein. Der Behauptung, daß die Macht von Ursprung an das Gesetz vom Volke empfangen habe, stellt er die gegenüber, daß nicht einmal ein Volk existiere, ehe eine Macht da sei. Dem revolutionären Grundsatz, daß die Gesellschaft eine Brüderlichkeit und Gleichheit sei, stellt er seine patriarchalisch-despotische Lehre gegenüber, daß die Gesellschaft ein Väterlichkeits- und Abhängigkeitsverhältnis sei, die Macht sei bei Gott und werde von ihm verteilt. – Hier ist abermals die energische Berufung auf die geschichtliche Wirklichkeit und ihre Machtverhältnisse treffend wahr, während gleichzeitig durch einen Sophismus ohnegleichen das legitime Königtum von Gottes Gnaden aus dem Respekt vor der Geschichte und der Wirklichkeit hergeleitet wird."[14]

Dreierlei an dieser Passage erscheint bemerkenswert: Erstens versetzt Brandes seine Leser in die Lage, den Disput sowohl von der einen wie von der anderen Seite aus ins Visier zu nehmen; seine eigene Argumentation verfährt, an Sainte-Beuve geschult, zugleich dramatisierend und relativierend. Zweitens hindert ihn dies keineswegs daran, die diskursive Strategie von Bonald auf eine Art und Weise zu beurteilen, ja zu verurteilen, die auf die Kritik des Mythos als entpolitisierter Rede bei Roland Barthes vorausweist.[15] Drittens aber – und das ist entscheidend – macht die Passage unmissverständlich klar, dass Bonald, wenn auch sophistisch, *argumentieren* muss. Das Autoritätsprinzip, für das er eintritt, ist eben nicht selbstverständlich, es muss im Rahmen einer naturalistisch verfahrenden Argumentation begründet werden und ist, so gesehen, gerade nicht mehr absolut. Die Reaktion kommt also nicht umhin, sich in ihrer Performanz den Regeln des Diskurses anzubequemen, die im Zeitalter der Aufklärung aufgestellt und offenbar mit einigem Erfolg durchgesetzt worden sind. Der Rekurs auf die angebliche Natürlichkeit der patriarchalisch geordneten Familie ist, zumindest dem Verfahren

---

[14] Brandes, *Hauptströmungen*, Zweiter Band, S. 55 f.
[15] Vgl. Roland Barthes: *Mythen des Alltags*. Vollständige Ausgabe. Aus dem Französischen von Horst Brühmann. Berlin 2010, S. 294–299.

nach, rational, da er das Autoritätsprinzip zu begründen respektive aus der Erfahrungswirklichkeit abzuleiten versucht.

Umgekehrt gilt daher auch für sein Gegenstück, das Freiheitsprinzip, welches nicht auf die vermeintlich naturgegebene Macht des Vaters über die Familie, sondern auf die unveräußerliche Souveränität eines jeden Individuums setzt,[16] dass auch dieses Prinzip der Begründung bedarf. Brandes hat klar erkannt, dass diese Begründung teleologisch und utilitaristisch erfolgt:

> „Wenn die Gegner des Autoritätsprinzips dagegen sagen: Der Zweck der Gesellschaft ist das höchste Glück ihrer Mitglieder, der Zweck der Ehe ist das Wohl der Familie, so ist die Untersuchung darüber freigegeben, was dies Wohl und jenes höchste Glück ist."[17]

Eine Untersuchung darüber freizugeben, was der Zweck der Gesellschaft sei, heißt aber, gerade die Akteure und Argumente ins Spiel zu bringen, die ihre Autorität nicht aus dem Glauben, sondern aus dem Diskursprinzip der Wissenschaft schöpfen. Es gilt dann zu studieren und zu erörtern, was im Einzelnen vorgebracht wird, zu bekämpfen, was unvernünftig, und sich anzueignen, was vernünftig erscheint. Das Autoritätsprinzip wird diskursiv unterlaufen durch eine Praxis, an der selbst diejenigen performativ partizipieren, die sich, wie Bonald, vehement für dieses Prinzip einsetzen. Denn abgesehen davon, dass sie seine Relativität eingestehen, indem sie zugeben, dass das Prinzip eine rationale Begründung braucht, liefern sie sich selbst der Dynamik von Rede, Gegenrede und Widerrede auf, die zu unterbinden doch der eigentliche Zweck des Autoritätsprinzips gewesen war.

III. Nietzsche bei Brandes und Hansson

Brandes Diskursanalytik bewährt sich erneut, als es um die Erörterung der Bedeutung von Nietzsches Schriften für die moderne Weltanschauung und Lebensauffassung geht. Diese Schriften waren bis 1890 kaum beachtet worden. Das sollte sich 1888 gründlich ändern, nachdem der dänische Kritiker mit der erklärten Absicht, Nietzsche „auf einen Schlag" berühmt machen zu wollen, in Kopenhagen begonnen hatte, eine Vorlesung über den deutschen Philosophen zu halten. Aus der Vorlesung sollte im folgenden Jahr

---

[16] Vgl. Brandes, *Hauptströmungen*, Zweiter Band, a.a.O., S. 106.
[17] Brandes, *Hauptströmungen*, Zweiter Band, a.a.O., S. 109.

eine Veröffentlichung werden, mit deren Übertragung ins Deutsche Laura Marholm, die Gattin des schwedischen Schriftstellers Ola Hansson, beauftragt wurde. Ob diese Dame nun – wie manche unterstellen – absichtlich zu langsam arbeitete oder nicht, in jedem Fall kam ihr Gatte Brandes in der Heimat des Philosophen mit der Publikation eines Buches über Nietzsche zuvor. Die Leser hatten nun nicht nur die Wahl zwischen zwei Texten zum gleichen Thema, sie konnten bei einer vergleichenden Lektüre zudem feststellen, wie unterschiedlich die Tonlage der Texte, die Behandlungsweise der Autoren und die Nuancierung der geistes- und kulturgeschichtlichen Bedeutung Nietzsches waren, in der sie grundsätzlich übereinstimmten.

Brandes gab mit dem Titel *Aristokratisk Radikalisme* (1889; dt. *Aristocratischer Radicalismus*, 1890), der Nietzsches Zustimmung gefunden hatte, eine Lesart vor, die entlang der Bruchlinie zwischen Fort- und Rückschritt verlief. Rückschrittlich und hoffnungslos beschränkt waren die Bildungsphilister, von denen sich der Philosoph entschieden distanziert hatte. Dabei bemerkt Brandes schon im ersten Absatz seiner Abhandlung, dass Nietzsche es verdiene, „daß man ihn studiert, erörtert, bekämpft und sich aneignet."[18] Gemessen an dieser doch recht differenzierten Haltung wirken Hanssons Ausführungen in *Friedrich Nietzsche. Seine Persönlichkeit und sein System* (1889/90) von Anfang an so, als ob er sich Nietzsches überlegenem Geist habe angleichen wollen: sprachlich-stilistisch wie inhaltlich-ideologisch. Der Philosoph wird von Hansson bereits in den ersten Zeilen hymnisch mit einem großen, gewaltigen Meer verglichen, demgegenüber sich die Bugwelle der Moderne – repräsentiert durch Zola, Ibsen und Tolstoi – überaus bescheiden ausnimmt. Das jedenfalls ist die Pointe eines Aufsatzes, den Hansson seinem ersten Essay 1890 folgen ließ: *Friedrich Nietzsche und der Naturalismus*. Noch deutlicher als sein Vorläufer macht dieser Text klar, dass der schwedische Schriftsteller in Nietzsches Texten erkannt hatte, was Michel Foucault viel später ein ‚Dispositiv' nennen sollte: ein heterogenes Ensemble von Aphorismen und Argumenten, rhetorischen Manövern und poetischen Motiven, durch das „ein Spiel von Positionswechseln und Funktionsänderungen"[19] in Szene gesetzt und strategisch gegen die Vertreter der ersten Generation der Moderne verwendet werden konnte.

---

[18]   Georg Brandes: *Nietzsche*. Mit einer Einleitung von Klaus Bohnen. Berlin 2004, S. 25.
[19]   Vgl. *Dispositive der Macht. Michel Foucault. Über Sexualität, Wissen und Wahrheit*. Berlin 1978, S. 120.

In seinem ersten Essay zeichnet Hansson Nietzsches Denkweg nicht anders als Brandes nach: ein von jähen Abstürzen unterbrochener Höhenflug, bei dem sich Nietzsche – Stichwort: Schismogenese – vor allem an zwei Instanzen abarbeitet, von denen er sich später unter Schmerzen löst: Schopenhauer und Wagner. Auch wenn es weder Brandes noch Hansson ausdrücklich sagen: indem sich Nietzsche von Schopenhauers Pessimismus abkehrt und mit Wagner, dem Inbegriff der dekadenten Kunst, bricht, vollzieht er in exemplarischer Form die Bewegung des Durchbruchs zur Moderne: Das umständliche Ringen mit der Tradition, der man sich zunächst noch verpflichtet fühlt; die zumeist qualvolle Selbstüberwindung der Einstellungen, die man erst mit Begeisterung übernommen und dann als fragwürdig durchschaut hat, und die daraus resultierende visionäre Schau einer ganz anderen Welt – all das sind Momente, die sich schon in Nietzsches Selbstmystifikation finden und dann alsbald, nachhaltig unterstützt von Hansson, das Pathos der radikalisierten Moderne bestimmen. Nietzsche wird von Hansson als Überwinder einer alten und als Stifter einer neuen Kultur gefeiert, in dessen Visionen das christliche Abendland wie in einem großen, gewaltigen Meer versinkt. „Der Tod seines Wagnerglaubens war die große Krise in Nietzsches Leben", stellt Hansson zutreffend fest.[20] Mit *Menschliches, Allzumenschliches. Ein Buch für freie Geister* sei ein neuer Nietzsche auf den Plan getreten, ein anderer als derjenige, der noch unter dem Einfluss Wagners den *Ursprung der griechischen Tragödie aus dem Geiste der Musik* beschworen hatte. Nietzsches Weg führt über die Wagner-Krise von Schopenhauer zu Zarathustra.

Die entscheidende Etappe legt Nietzsche, darin stimmen Hansson und Brandes ebenfalls überein, mit seinen Untersuchungen zur Genealogie der Moral zurück. Allerdings akzentuieren die beiden das Resultat recht unterschiedlich. Indem Nietzsche dem Guten, das für ihn der leistungsfähige Geistesadel verkörpert, das schlichte Gemüt entgegensetzt, das schlechterdings kaum Gleiches zu leisten vermag, der plebejischen Sicht jedoch eine Ressentiment geladene Verdrehung des Überlegenen zum Bösen unterstellt, hat er für Hansson vollkommen überzeugend jene Sklavenmoral entlarvt, die das Gute mit dem Schwachen, Unterlegenen identifiziert. Die Umwertung der Werte,

---

[20] Ola Hansson: *Nietzsche.* Aus dem Schwedischen übersetzt und herausgegeben von Erik Gloßmann. Regensburg 1997, S. 25. Der Band enthält sowohl den ersten als auch den zweiten Nietzsche-Essay.

die Nietzsche vorschwebt und in der Hansson seine eigentliche Leistung erkennt, ist die Rehabilitation jenes Willens zur Macht, in dem sich die wahre Stärke und Schöpferkraft des Menschen bekunden – nicht zuletzt dadurch, dass sie sich souverän über das schlechte Gewissen hinwegsetzen, das nur dazu ersonnen worden war, diese Stärke und Schöpferkraft zu depotenzieren.[21] Dieser radikale Bruch mit der tradierten Moral macht Nietzsche für Hansson zum Heros der Moderne. „Was Nietzsche bekämpft, ist der Zeitgeist als der historisch grellste Ausdruck eines in Jahrtausenden gereiften Ideals",[22] das nun jeder, der Nietzsches Schriften zur Kenntnis nimmt, als falsch, irreführend und verhängnisvoll durchschauen kann. So wie der Blick über das Meer neue Horizonte eröffnet, vollendet Nietzsche den Durchbruch der Moderne. Was das für die Kunst, für die Literatur bedeutet, verdeutlicht Hansson in seinem zweiten Nietzsche-Essay, wenn er gleich zu Beginn die übertriebene Wertschätzung von Zola, Ibsen und Tolstoi sowie die unverdiente Missachtung Nietzsches beklagt:

> „Es ist eine ebenso ins Auge fallende wie unbegreifliche Tatsache, daß Friedrich Nietzsche innerhalb der Bestrebungen der letzten Jahre, in Deutschland eine neue Literatur hervorzubringen, keinerlei Rolle zuerkannt wird. Man ist im Westen, Osten und Norden über die Grenze gegangen, um sich mit Interesse und Verständnis die großen Dichter der Nachbarvölker und die fruchtbaren Elemente in ihrer Dichtung anzueignen; den eigenen Landsmann aber hat man ignoriert. Man hat Zola herbeigeholt, den repräsentativen Gallier, den schwitzenden Arbeiter im Weinberg der schönen Literatur und Pseudowissenschaft, den großen Einäugigen, der ebenso wenig wie seine ausländischen Bewunderer begriffen hat, daß seine Größe in der üppigen, schwellenden Phantasiesymbolik liegt, die den Schulnaturalismus seiner Werke wild überwuchert. Man hat Ibsen herbeigeholt, den repräsentativen Skandinavier, auch er ein pedantisch gewissenhafter Arbeiter im Weingarten. Er ist der unvergleichliche Konstrukteur, der Alltagsschilderung mit übernatürlichen Personen nachahmt, der gewandte und stilvolle Vereinfacher des gegenwärtigen Kulturkampfes, dessen moderne Dramen einem Wachskabinett typischer Zeitgedanken gleichen, mit Gesichtern und Körpern versehen und durch einen geschickt verborgenen Mechanismus in Bewegung versetzt. Man hat Tolstoi geholt, den repräsentativen Russen, den chaotischen Kopf und genialen Instinkt, an Intelligenz Barbar und Asiat, als psychologischer Visionär ein Sohn der jungfräulichen Erde. Nietzsche dagegen, den repräsentativen Deutschen, die Zarathustragestalt mit dem Adler und der Schlan-

---

[21] Vgl. Hansson, *Nietzsche*, a.a.O., S. 43–50.
[22] Hansson, *Nietzsche*, a.a.O., S. 52.

ge, gegen den Zola ein wissenschaftlicher Dilettant, Ibsen ein moralischer Spießbürger und Tolstoi ein konfuser Ignorant, gegen den sie alle drei als Geister und Dichter Zwerge sind, hat man in seiner
Alpeneinsamkeit sitzen lassen. Das Ideal, das Zola vergeblich zu ver-
wirklichen versucht hat: die Verschmelzung von Wissenschaft und
Kunst, hält Nietzsche in seiner Hand wie eine reife Frucht; was Ibsen
objektiv und äußerlich getan, nämlich in konkreter Form und über-
sichtlicher Gruppierung die unbewußten Kulturströmungen zu präzi-
sieren, hat Nietzsche aus ganz anderen subjektiven Tiefen und von
ganz anderen dominierenden Alpen unternommen; und während in
Tolstoi der Kulturreformer den Dichter gesprengt hat, haben sie beide
in Nietzsche ihre vollendete harmonische Verschmelzung erreicht –
symbolische Parallelentwicklung bei dem Revolutionär vorwärts und
dem Revolutionär rückwärts."[23]

Wie unter einem Brennglas verdichten sich in dieser Passage die Positionen,
zwischen denen der Modernitätsdiskurs ab 1890 hin- und her, vor- und
zurückläuft. Im Zentrum steht, wie schon bei Brandes, die weltanschauliche
Bedeutung der Literatur, die nunmehr neben Lyrik, Dramatik und Epik auch
die Essayistik und Aphoristik sowie hybride Textgebilde wie das *Zarathustra*-Poem umfasst. Dieses Poem ist nicht anders als Zolas Romanzy-
klus, Ibsens Theater und Tolstois Prosa ein Beitrag zu der umfassenden
Debatte, an der sich Hansson mit seinen Ausführungen beteiligt. Schon der
Naturalismus war, wie Hanssons Kritik belegt, als ein Schreibprogramm
angelegt und verstanden worden, bei dem es um die Verbindung von wissenschaftlicher Beobachtung und Alltagsschilderung, von Kulturkampf und
Lebensreform, von typischen Zeitgedanken und symbolisch ausgedrückten
Zukunftsvorstellungen ging. Doch dieses durchaus ambitionierte Programm
wird überboten durch den neuen Titanen, demgegenüber sich die drei Heroen
des Naturalismus als Dilettanten, Spießbürger und Ignoranten entpuppen;
kleinkariert, engstirnig und zwergenhaft. Das aber heißt: der Naturalismus
war lediglich die Larve der eigentlichen Moderne, die mit Nietzsche in einer
paradox anmutenden „Parallelentwicklung" gipfelt, da nun dem Revolutionär
rückwärts der Revolutionär vorwärts entspricht. Im Hinblick auf Nietzsches
überaus problematische Wirkungsgeschichte, seine Vereinnahmung durch die
dem Wagnerismus huldigenden Nazis und die Verfälschung seines Werkes
durch die reaktionäre, antisemitische Schwester einerseits und seine Rehabili-
tierung als Vordenker der Moderne andererseits, die erst mit der Kritischen

---

[23] Hansson, *Nietzsche*, a.a.O., S. 57 f.

Gesamtausgabe von Colli und Montinari wissenschaftlich abgesichert werden konnte, erscheint Hanssons Formulierung nahezu prophetisch. Im Kontext der Modernitätsdebatte lässt sie den Leser einigermaßen perplex zurück. Denn wenn die Moderne nach dem Durchbruch gleichzeitig in zwei entgegengesetzte Richtungen strebt, kommt es entweder zum Stillstand, zur wechselseitigen Blockade ihrer Antriebsmomente, oder zu einem nicht weniger fatalen Zusammenstoß der einander widerstrebenden Kräfte. Ursache ist in jedem Fall die Aufspaltung der Energie, die den Durchbruch ermöglicht hat.

Angesichts dieser Alternativen spricht es für Brandes, dass er in seiner Abhandlung nicht nur wesentlich nüchterner als Hansson argumentiert, sondern auch zu bedenken gibt, was an Nietzsches Weltanschauung und Menschenbild problematisch sein könnte. Obwohl Brandes Nietzsches Denkweg, seine Ablösung von Schopenhauer und Wagner ganz ähnlich wie Hansson schildert,[24] bemüht er sich umsichtig darum, dem vermeintlich einmaligen Denker verwandte Geister zur Seite zu stellen, allen voran: Ernest Renan und Paul Reé, Eduard von Hartmann und Eugen Dühring. Relativiert wird so nicht nur Nietzsches Originalität, relativiert wird insbesondere die Grundidee, in denen sich die aristokratische Gesinnung von Nietzsche, darin Dühring vergleichbar, bekundet. Es ist die nicht eben charmante Idee, dass die Masse der Menschen einzig und allein dazu da sei, große Geister hervorzubringen.[25] Abgesehen davon, dass Nietzsche offenlasse, „ob denn diese größten Menschen nicht wiederum Ziele haben, und zwar solche, die sich nicht auf ihre Selbsterhaltung beschränken",[26] Ziele also, die recht dubios sein können, erhebt sich sofort die Frage, wer denn die Größe eines Menschen woran messe. Brandes stellt diese Frage nicht explizit, aber er fremdelt doch erkennbar mit der Überzeugung, die Nietzsche seiner Meinung nach mit Kierkegaard teilt: „das Edelste, Höchste wirkt überhaupt gar nicht auf die Massen, weder gleich noch später."[27] Hinzu kommt, dass Nietzsche die Masse nicht einfach nur als Summe ihrer Teile, sondern als eine Ansammlung von Menschen begreift, aus deren Vereinigung „Bestialität" entsteht.[28]

[24] Und daher gegen Hansson den Vorwurf erhob, er habe die seiner Frau zur Übersetzung anvertraute Abhandlung plagiiert.
[25] Brandes, *Nietzsche*, a.a.O., S. 41 f.
[26] Brandes, *Nietzsche*, a.a.O., S. 43.
[27] Brandes, *Nietzsche*, a.a.O., S. 53.
[28] „Für Nietzsche ist die Masse nicht 1 + 1 + 1 ….. (bis die Zahl derselben herauskommt),

Gegen die von Nietzsche (und Kierkegaard) behauptete Unmöglichkeit, Bildung (von oben nach unten) weiterzugeben, erhebt der dänische Kritiker implizit Einspruch; ausdrücklich bestreitet er, dass Nietzsche „Entscheidendes gegen das Wohlfahrtsprinzip in der Moral vorgebracht" habe. „Er faßt die Begriffe Lust und Glück zu eng. Wenn der Kulturfortschritt auch manchmal auf seiner Bahn das Glück der Individuen vernichtet, so zielt es doch in letzter Instanz darauf, die allgemeine Wohlfahrt zu fördern."[29] Das ist der springende Punkt, an dem die Grundüberzeugungen von Nietzsche und Brandes auseinandertreten. Der deutsche Philosoph negiert den Kulturfortschritt, der sich am Wohlfahrtsprinzip der Moral bemisst, während der dänische Publizist gerade an diesem Maßstab festhalten möchte. Die herausragende kulturelle Leistung mag die eines Einzelnen sein, zu einem Fortschritt der Kultur wird diese Leistung für Brandes aber erst, wenn sie auch dem Kollektiv nützt. Für ihn lassen sich Kultur und Gesellschaft nicht trennen und gegeneinander ausspielen; ebenso wenig vermag er in der Masse eine „Bestialität" zu sehen.

Während sich Hansson restlos überwältigt zeigt, meldet Brandes Bedenken an. So heißt es einschränkend: „Da Nietzsche mit seinem ausschließlich psychologischen Interesse allen gelehrten Apparat liegenläßt, können seine Behauptungen nicht direkt kontrolliert werden."[30] Oder: „Nietzsche beschäftigt sich nicht einen Augenblick mit dem Zustande, in dem die Rache als einziges Strafgericht fungiert; denn die Blutrache ist ja kein Ergebnis von Sklavenhaß gegen den Herrn, sondern von Ehrbegriffen unter Ebenbürtigen."[31] Deutlich wird so die Einseitigkeit, die Unvollständigkeit, die Fragwürdigkeit und Ergänzungsbedürftigkeit von Nietzsches Argumentation. Als es um den Willen zur Macht geht, schreibt Brandes, Nietzsche habe „viele – wenig treffende – Worte darüber, was für kleine und ärmliche Verhältnisse die Engländer vor Augen gehabt haben müssen, die den Begriff ‚struggle for life' mit seiner Genügsamkeit aufstellten."[32] Offenkundig sieht Brandes die Sache also anders, davor hat ihn – so darf man vermuten – seine Lektüre der Werke von Darwin, Mill und anderen Wegbereitern der Moderne bewahrt.

---

sondern 1 + 1 + 1 ….. + x, d. h. die Bestialität, die in den einzelnen dadurch entwickelt wird, daß sie Masse werden." (Brandes, *Nietzsche*, a.a.O., S. 52.)

[29] Brandes, *Nietzsche*, a.a.O., S. 60.
[30] Brandes, *Nietzsche*, a.a.O., S. 74.
[31] Brandes, *Nietzsche,* a.a.O., S. 75.
[32] Brandes, *Nietzsche*, a.a.O., S. 76.

Belegen lässt sich diese Vermutung anhand jener resümierenden Passage, mit der das letzte Kapitel von Brandes' Abhandlung beginnt:

> „So also ist er, dieser streitbare Mystiker, Dichter und Denker, dieser Immoralist, der nicht müde wird zu verkünden. Kommt man zu ihm von den englischen Philosophen, so tritt man in eine ganz andere Welt hinein. Die Engländer sind alle zusammen geduldige Geister, deren Wesen auf Aneinanderreihen und Umspannen einer Menge kleiner Tatsachen ausgeht, um dadurch ein Gesetz zu finden. Die besten unter ihnen sind aristotelische Köpfe. Wenige fesseln persönlich; die meisten scheinen als Persönlichkeiten wenig zusammengesetzt zu sein. Sie wirken mehr durch das, was sie tun, als durch das, was sie sind. Nietzsche dagegen ist (wie Schopenhauer) ein Errater, ein Seher, ein Künstler, weniger interessant durch das, was er tut, als durch das, was er ist."[33]

Genau besehen, fällt dieser Vergleich nicht zugunsten Nietzsches aus, denn was soll das für ein Künstler sein, der nicht durch seine Werke, durch seine Leistungen Interesse weckt? Bei Hansson ist Nietzsches Qualifikation als „Seher" eindeutig positiv: „Nietzsche gehört jener Kategorie großer Geister an, die man Seher nennt. Er antizipiert das Kommende durch intuitive Visionen. Er reproduziert diesen intuitiv empfangenen Inhalt in dichterischer Form."[34] Er weiß demzufolge sowohl durch den Gehalt als auch durch die Gestalt seiner Werke zu überzeugen. Brandes fällt über Nietzsches, den er ebenfalls als „Seher" apostrophiert, soweit es die Form seiner Gedanken betrifft, ein negatives Urteil: „Merkwürdig ist es, daß dieser Mann, der so unendlich viel von französischen Moralisten und Psychologen wie La Rochefoucauld, Chamfort und Stendhal gelernt hat, sich so wenig von der Beherrschung in ihrer Form hat aneignen können."[35] Dieses Urteil stempelt Nietzsche zwar nicht ab, denkt man jedoch an dessen eigene Charakteristik der Dekadenz als eines Denk- und Sprachstils, bei dem das Wort, der Gedanke und die Empfindung aus der Form des Satzes springen,[36] und bedenkt

---

[33] Brandes, *Nietzsche*, a.a.O., S. 97.
[34] Hansson, *Nietzsche*, a.a.O., S. 52.
[35] Brandes, *Nietzsche*, a.a.O., S. 101.
[36] „Womit kennzeichnet sich jede litterarische décadence? Damit, dass das Leben nicht mehr im Ganzen wohnt. Das Wort wird souverain und springt aus dem Satz hinaus, der Satz greift über und verdunkelt den Sinn der Seite, die Seite gewinnt Leben auf Unkosten des Ganzen – das Ganze ist kein Ganzes mehr. Aber das ist das Gleichnis für jeden Stil der décadence: jedes Mal Anarchie der Atome, Disgregation des Willens [...]. Das Ganze lebt überhaupt nicht mehr: es ist zusammengesetzt, gerechnet, künstlich, ein Artefakt." (Friedrich Nietzsche: *Der Fall Wagner*, in: KSA Bd. 6, a.a.O., S. 27).

man, dass Nietzsche angetreten war, die Dekadenz zu überwinden, bleiben nach der Lektüre von Brandes Abhandlung viele Fragen. Zum Beispiel: Wie verlässlich sind die Auffassungen eines Denkers, der einerseits mit Emphase den Willen zur Macht propagiert, sich andererseits aber nicht zu beherrschen weiß? Brandes ist dicht davor, Nietzsche einen performativen Widerspruch zu bescheinigen. Während der Verfasser des *Zarathustra* Hansson zu einem dionysischen Dithyrambus verleitet hat, geht Brandes apollinisch – dezent, aber klarsichtig – auf Distanz und gibt seinen Lesern, auf Nietzsches Umnachtung anspielend, zu bedenken:

> „Daß die äußere Anerkennung ausblieb, steigerte nur sein Selbstgefühl. Der erste Schimmer einer Anerkennung von außen her gab diesem Selbstgefühl noch einen Hochdruck. Zuletzt ist es über seinem Kopf zusammengeschlagen und hat für eine Zeitlang diesen so seltenen und ausgezeichneten Geist verdunkelt."[37]

Wenn Brandes mit den Worten schließt, Nietzsche verdiene es, „sorgsam studiert zu werden",[38] dann klingt diese Reprise der Bemerkung, die schon am Anfang seiner Abhandlung stand, wie eine Ermahnung, insbesondere auf Nietzsches Irrtümer zu achten. Propagiert wird die Lektüre von Nietzsches Schriften – nicht unbedingt jedoch das, was diese Schriften ihrem propositionalen Gehalt nach besagen. So wichtig Brandes der deutsche Philosoph auch ist, genau besehen behauptet er an keiner Stelle, dass dieser Philosoph mit seinen Auffassungen richtig liegt.

✳✳✳

Die Kontrastlektüre der Nietzsche-Essays von Brandes und Hansson wirft ein bezeichnendes Schlaglicht auf die vertrackte Relation von Moderne und Antimoderne, mit der sich – direkt oder indirekt – die nachfolgenden Aufsätze befassen. Klaus Bohnen nimmt den Faden mit Brandes' Besprechung des ‚Rembrandtdeutschen' auf und kommt in diesem Zusammenhang erneut auf Hansson und einen weiteren Dissens zwischen dem schwedischen und dem dänischen Schriftsteller zu sprechen. Komplementär zu den Bemerkungen Hanssons über Zola, die bereits zitiert wurden, beschäftigt sich Günter Helmes mit Brandes' Zola-Kritik, die ähnlich nuanciert wie seine Nietzsche-Abhandlung ausfällt. Christian Riedel geht auf Herman Bang ein und be-

---

[37] Brandes, *Nietzsche*, a.a.O., S. 102.
[38] Brandes, *Nietzsche*, a.a.O., S. 102.

26

leuchtet am Beispiel seines Doppelromans *Das weiße Haus / Das graue Haus* eine poetische Praxis, die in der Auseinandersetzung mit Brandes konturiert worden war. Dessen Selbstverständnis ist, wie Markus Pohlmeyer zeigt, nachhaltig von der Beschäftigung mit Sören Kierkegaard geprägt. Wenn Bang dem Spiegelmotiv, das schon bei Stendhal als Emblem realistischen Erzählens fungiert, neue Aspekte abgewinnt, so kann man sagen, dass sich Brandes in seinem Kierkegaard-Bild, ähnlich wie in seiner Charakterisierung von Saint-Beuve, reflektiert. Eine andere Form der wechselseitigen Profilierung stellt der Briefwechsel zwischen Brandes und Arthur Schnitzler dar, mit dem sich Günter Rinke beschäftigt. Er lenkt den Blick damit auf Wien, eine Metropole der Moderne, in der die Entwicklung aus verschiedenen Gründen anders als in Kopenhagen oder in Berlin verlief. Aus dem Geschehen in der preußischen Kapitale greift Matthias Bauer mit dem psychologisch-poetischen Verfahren des dédoublements ein Moment heraus, das an der Schnittstelle von Dekadenz-Literatur und Boheme-Kultur auftaucht. Ivy York Möller-Christensen schließlich geht auf die zweite, dritte und vierte Generation der Moderne in Brandes' Heimat ein und schlägt so den Bogen vom Fin de siècle bis zur Gegenwart. Sie führt den Band damit über den Zeitraum von 1870 bis 1910 hinaus. Die Aufsätze von Ivy York Möller-Christensen, Klaus Bohnen, Günter Helmes, Günter Rinke und Matthias Bauer sind aus Vorträgen für die erste Tagung der Georg Brandes-Gesellschaft zur Erforschung der Modernitätsdiskurse in Nordeuropa hervorgegangen, die im Herbst 2010 an der Universität Flensburg stattfand; die Beiträge von Christian Riedel und Markus Pohlmeyer sind aus naheliegenden Gründen hinzugenommen.

Klaus Bohnen

Georg Brandes und Julius Langbehn. Modernität vs. Antimodernität

I

Am 12.3.1890 schreibt Arno Holz – „im Aufrage des Herrn Dr. Otto Brahm, an dessen *Freie Bühne* ich als Redacteur thätig bin" – an Georg Brandes mit einer „Bitte":

> „Uns nämlich freundlichst eine Ihrer Arbeiten über Fr. Nietzsche zum Abdruck zu überlassen. Wir haben gehört, eine hätten Sie bereits der *Deutschen Rundschau* überwiesen. – Auch glauben wir vernommen zu haben, dass Sie sich lebhaft für ein hier erst kürzlich erschienenes Buch interessiren sollen, betitelt: *Rembrandt als Erzieher. Von einem Deutschen.* Vielleicht dürften wir Sie darum bitten, es in der *Freien Bühne* einer Besprechung zu unterwerfen? Sie würden uns verbinden, wenn Sie uns, namentlich über den letzten Punkt, recht bald einen freundlichen Bescheid zukommen lassen wollten."[1]

Brandes ließ sich nicht lange bitten: Schon am 23.4. dankt ihm Holz: „Ihr uns freundlichst übersandter Artikel ,Rembrandt als Erzieher' ist von Herrn Brahm für Heft 14 reserviert worden – unsere Agitationsnummer" und erwähnt dabei gleichzeitig einen „Geldbrief" an Frau Laura Marholm[2], der Frau von Ola Hansson, die beide soeben nach Berlin gezogen waren, dem Verlagsort der *Freien Bühne* (S. Fischer-Verlag), vermutlich als Honorar für ihre Übersetzung von Brandes' Nietzsche-Essay, der später in der *Deutschen Rundschau* erschien und Epoche machte. Vier der Akteure in einem skandinavisch-deutschen Diskurs über Modernität vs. Antimodernität – Brandes, Nietzsche, Langbehn, der ,Rembrandtdeutsche', und Ola Hansson, der sich zum erbitterten Gegner von Brandes profilieren wird – sind hier bereits genannt. Und dies im Zusammenhang mit dem repräsentativen Organ für eine Modernisierung des Kulturlebens in Deutschland, der *Freien Bühne für modernes Leben.*

In der Tat scheint das Jahr 1890 eine Art Schwellenzeit für den reflektierten Diskurs über Modernität und deren Gegenbewegung in Deutschland

---

[1] Zit. nach: Bohnen, *Klaus: Georg Brandes in seiner deutschen Korrespondenz. Beispiele, Zusammenhänge, Kommentare.* Kopenhagen / München 2005, S. 54 f.
[2] Bohnen, a. a. O., S. 55.

gewesen zu sein. Und dies durchaus im Zeichen der schon angesprochenen „Agitation" oder – wie es in einer Rekapitulation des Privattheaters *Freie Bühne* im Juni 1890 heißt – „Der *Freien Bühne* erstes Kriegsjahr".[3] Wie diese zu einer „Luftveränderung"[4], zu einem „Geschmackswandel"[5], dem „demokratischen Zuge der Zeit"[6] entsprechend, beizutragen suchte und dabei zunächst den „Geist der dichterischen Lebenswahrheit in unserm sozialreformatorischen Zeitalter"[7] favorisierte, so weitet deren Nachfolgerin, in Abgrenzung gegenüber der bürgerlich-etablierten *Deutschen Rundschau* auch *Neue Deutsche Rundschau* genannt, den Blick aus und entwirft das Panorama einer Kulturlandschaft, das die Dynamik eben dieser sogenannten Moderne einzufangen sucht, thematisch etwa durch den Einbezug von Problemdebatten zu Naturwissenschaft, Religion, Rechtswissenschaft, Frauenfrage, Erziehung oder der sozialen Frage und programmatisch z.B. durch eine frühe – wenn auch etwas skurrile – Diskussion Nietzsches und vor allem dem Abdruck in Fortsetzungen französischer (Zola, *Die Bestie im Menschen*), russischer (Dostojewski, *Eine heikle Geschichte*) oder skandinavischer Romane (Garborg, *Bei Mama*; Hamsun, *Hunger*). Die kosmopolitische Ausrichtung ist geradezu Programm dieser Moderne, und hierbei spielen skandinavische Autoren – wie Brandes, Hansson und Strindberg – eine nicht unwesentliche Rolle. Wie es das Vorwort „Zum Beginn" vom 29. Januar 1890 formuliert, appelliert die Zeitschrift an die „Wahrheit des unabhängigen Geistes"[8] (geradezu eine Brandes-Formel aus der Einleitung der *Hauptströmungen*) und erläutert dies mit der Überzeugungskraft des Pathos:

> „nur wer die Forderungen der gegenwärtigen Stunde im Innern frei empfindet, wird die bewegenden geistigen Mächte der Zeit durchdringen, als ein moderner Mensch. – Der in kriegerischen Tagen das Ohr zur Erde neigt, vernimmt den Schall des Kommenden, noch Ungeschauten; und so, mit offenen Sinnen wollen auch wir, inmitten einer Zeit voll Schaffensdrang und Werdelust, dem geheimnisvoll Künftigen lauschen, dem stürmend Neuen in all seiner gährenden Regellosigkeit. Kein Schlagbaum der Theorie, kein heiliggesprochenes

---

[3] *Freie Bühne für modernes Leben*. Hrsg. Von Otto Brahm. Erster Jahrgang Berlin: S. Fischer 1890, S. 537.
[4] *Freie Bühne für modernes Leben*, a. a. O., S. 540.
[5] *Freie Bühne für modernes Leben*, a. a. O., S. 541.
[6] *Freie Bühne für modernes Leben*, a. a. O., S. 540.
[7] *Freie Bühne für modernes Leben*, a. a. O., S. 540.
[8] *Freie Bühne für modernes Leben*, a. a. O., S. 1.

Muster der Vergangenheit hemme die Unendlichkeit der Entwicklung, in welcher das Wesen unseres Geschlechtes ruht."[9]

Wie man sieht, ist Modernität für diese Generation – vor allem der Naturalisten, aber nicht begrenzt auf sie – ein Appell zum Aufbruch ins Neue, eine Zukunft, der man mit Enthusiasmus und Hoffnungsgläubigkeit entgegensieht. Hintergrund dafür ist die Erfahrung einer Inkompatabilität zwischen den erreichten technologischen, ökonomischen und sozialen Standards der Zeit und der kulturellen Stagnation einer Gesellschaft, die sich im Althergebrachten und daher Angestaubtem feiert. Krisenbewusstsein und Zweifel am Gang des Fortschritts liegt ihr fern, für eine „Entzauberung" der Welt, die diese Moderne auch bewirkt hat, fehlt ihr noch das Organ. Ihre Schwäche liegt in ihrer sich kämpferisch drapierenden Erlösungssicherheit.

II

Vor diesem Hintergrund ist denn auch das Buch, das Anfang 1890 erscheint und bereits im ersten Jahr 37 Auflagen erreicht, Herausforderung und Affront zugleich: *Rembrandt als Erzieher. Von einem Deutschen.* So sehr, dass die Redaktion gewissermaßen den ‚Vater' dieser Moderne, Georg Brandes, ersucht, es einer Besprechung zu unterziehen. Er ist dabei nur ein Teil eines – wie es heute heißen würde – ‚Mediensturms', der allerdings deutlich macht, dass es dabei um nichts weniger geht als um eine Auseinandersetzung zwischen den diametral entgegen gesetzten Positionen von Modernität und Antimodernität, die seither die kulturelle Debatte in Deutschland begleiten werden. Benedikt Momme Nissen, der langjährige Wegbegleiter und Biograph Julius Langbehns (dessen Anonymität erst spät gelüftet wurde), beschreibt dies im Rückblick von 1922 so:

> „Durchgeht man die öffentlichen Urteile aus der Zeit des Erscheinens, so kann man heute feststellen, dass Für und Wider sich etwa die Waage halten und dass wohl kaum je von einem Buch soviel Schlechtes und soviel Gutes ausgesagt worden ist. Wurde es hier als ‚ganz gemeines Pampflet', als ‚vollständig konfus', als ‚verrückt', als ‚völlig zerfahren', der Urheber als ‚ein dreister Charlatan' bezeichnet, – so ward es dort als ‚epochemachend', als ‚unglaublich lehrreich', als Werk von ‚undurchdringlicher Geschlossenheit', als Jahrhundertleistung gepriesen."

---

9   *Freie Bühne für modernes Leben,* a. a. O., S. 2.

Zugleich muss er allerdings konstatieren, dass die „Gegnerschaft – in erster Linie der wissenschaftliche Materialismus und der internationale Naturalismus" – in den Medien die Oberhand behielten, während die „Anhänger des Buches" zunächst marginalisiert wurden, sodann aber in „ganz verschiedene(n) Vereinigungen und Volksbewegungen", die „Leitgedanken des Werkes auf ihre Fahne geschrieben", eine Langzeitwirkung erlebten.[10] Für ihn ist der ‚Rembrandtdeutsche' ein „Eremit in der modernen Welt"[11], der sich den Gedanken dieser Modernität verweigert und als „Erzieher" auf „Grundwerte" des „deutschen Charakters" wie Volk, Nation, Rasse verweist, durch die die Zersplitterung der Moderne aufgehoben werden könnte. Oder mit Langbehns eigenen Worten: „Der Riss, welcher durch die moderne Kultur geht, muss sich wieder schliessen."[12]

Der erste Satz seines Buchs, der „Leitgedanke", gibt die Richtung vor: „Es ist nachgerade zum öffentlichen Geheimnis geworden, dass das geistige Leben des deutschen Volkes sich gegenwärtig in einem Zustande des langsamen, einige meinen auch des rapiden Verfalls befindet"; Ursache dafür sei der „demokratisierende nivellierende atomisierende Geist des Jahrhunderts".[13] Es ist der Ausgangspunkt für eine Modernitätskritik als Zivilisationskritik pur. Sie greift – als „Erlösung von dem papiernen Zeitalter"[14] – und in erzieherischer Absicht – mit Rembrandt als dem „Prototyp des deutschen Künstlers" als Vorbild – auf „Urkräfte"[15] zurück, auf „Volksindividualität"[16], auf „geistige Volksphysiognomie"[17], auf den „Kern des Volks"[18], auf die „deutsche" Volksseele bzw. deren „Weben"[19] und meint mit Paul de Lagarde: „Humanität, Nationalität, Stammeseigentümlichkeit, Familiencharakter, Individualität sind eine Pyramide, deren Spitze näher an den Himmel reicht,

---

[10] ‚Rembrandt als Erzieher. Von einem Deutschen', 50. Auflage. Autorisierte Neuausgabe, Leipzig 1922: „Einführung zur Neuausgabe", S. 22 f.
[11] Rembrandt als Erzieher, a. a. O., S. 8.
[12] Rembrandt als Erzieher, a. a. O., S. 56.
[13] Rembrandt als Erzieher, a. a. O., S. 45.
[14] Rembrandt als Erzieher, a. a. O., S. 47.
[15] Rembrandt als Erzieher, a. a. O., S. 48.
[16] Rembrandt als Erzieher, a. a. O., S. 51.
[17] Rembrandt als Erzieher, a. a. O., S. 52.
[18] Rembrandt als Erzieher, a. a. O., S. 53.
[19] Rembrandt als Erzieher, a. a. O., S. 54.

als ihre Basis"[20]. In diesem Sinne solle der „Deutsche ... dem Deutschtum dienen"[21] und so eine „Rückkehr ins Vaterhaus" [22] anstreben.

Mit diesen „Leitgedanken" mustert der aus Hadersleben stammende Langbehn in unendlichen und zuweilen ermüdenden Schleifen „Deutsche Kunst" (59 ff.), „Deutsche Wissenschaft" (113 ff.), „Deutsche Politik" (168 ff.), „Deutsche Bildung" (243 ff.) und schließlich „Deutsche Menschheit" (319) und fordert endlich einen „Akt der Neugeburt", getragen von einer „Partei der Unabhängigen"; „sie wird eine Adelspartei, im höhern Sinne, sein müssen; denn sie wird" – und dies durchaus im Sinne einer Rangfolge – „die Bauern, die Bürger, die Edelleute, die deutschgesinnte Geistlichkeit, die deutschgesinnte Künstlerschaft, die deutschgesinnte Jugend umfassen müssen".[23]

Es ist unübersehbar, dass sich Langbehn in seiner Neubegründung der deutschen Kultur aus dem Geiste des „Volkes" dem zu seiner Zeit florierenden Rassen-Diskurs annähert, wenn auch nicht im Sinne seiner späteren Apologeten, die sich durch seine Betrachtungen in ihrem Antisemitismus bestätigt sahen. Für ihn ist Stammeszugehörigkeit ganz selbstverständlich im „Blut" verankert – und daher steht er etwa Preußen – einem Gebilde mit starker „Blutsmischung" – skeptisch gegenüber.[24] Seine Idealwelt sind die „nordgermanischen Seestämme", und diese fasst er unter dem Signum der „Niederdeutschen" zusammen, „jener Kranz von dominierenden germanischen Staaten, welcher das heutige deutsche Reich nach Nordwesten hin halbkreisartig umschliesst", und wozu er Holland wie Dänemark, Norwegen und England zählt:

> „Die jetzige deutsche Politik ist eine Politik der Blutsverwandtschaft; sie erstreckt sich vorwiegend auf die inneren Stämme Deutschlands; sie sollte sich aber auch, zunächst geistig und später vielleicht wirklich, auf seine äusseren Stämme erstrecken. Hier liegt die Reserve seiner Kraft!"[25]

Und das „Zentrum des geographischen Halbkreises, den sie darstellen"[26], ist Schleswig-Holstein, seine eigene Heimat (die er natürlich nicht als solche

---

[20] *Rembrandt als Erzieher*, a. a. O., S. 50.
[21] *Rembrandt als Erzieher*, a. a. O., S. 51.
[22] *Rembrandt als Erzieher*, a. a. O., S. 58.
[23] *Rembrandt als Erzieher*, a. a. O., S. 377.
[24] Vgl. *Rembrandt als Erzieher*, a. a. O., ebd., S. 182 f.
[25] *Rembrandt als Erzieher*, a. a. O., S. 208.
[26] *Rembrandt als Erzieher*, a. a. O., S. 211.

verrät). Was dort herrsche, ist ein „Geist der Gesundheit. Und diesem gehört die Zukunft."[27] „Gesundheit" sei aber nur dann gesichert, wenn sich der „Deutsche der Zukunft" aus dem großstädtischen Umkreis der sogenannten Moderne löse und sich dem Volksstamm, der Natur und „Scholle" verpflichtet fühle und daraus seine Kraft schöpfe. Der frei auf seinem Boden wirkende Bauer wird dabei zu seinem Vorbild.

Sein Wegbegleiter Nissen fasst dies Programm mittels einer „letzten Aufzeichnung, die wie ein Epilog zu seinem deutschen Kunstprogramm lautet", so zusammen:

> „Es ist ein Grundfehler der ganzen modernen Kunstbewegung, dass sie sich auf pure Kennerschaft gründet, dass sie kein Verhältnis zum Volke hat, höchstens sich zu ihm herablassen will. Gesunde Kunst steigt immer aus dem Volke auf. Das ist das A und O aller fruchtbaren Kunstpolitik. Echte Empfindung, mit Kraft ausgedrückt, erwächst nur aus dem Mutterboden des Nationalen – in der Kunst und anderswo. Wann wird man daran endlich glauben, danach handeln?"[28]

III

Interessant ist nun, dass diese exzessive Anti-Modernität des ‚Rembrandtdeutschen' in der Rezeption von Brandes nicht direkt beim Namen genannt oder gar attackiert wird – und dies in der „Agitationsnummer" der *Freien Bühne für modernes Leben*. Für ihn ist Langbehn vornehmlich ein „vornehme(r) Sonderling", der seine „Lehre" „mit Leidenschaft und Begeisterung" „gepredigt" habe, mit dem „Bekandtschaft gestiftet zu haben" aber „niemand" bereuen werde.[29] Aber eben doch ein „Sonderling", der gegen den Strom der Zeit schwimmt und dabei zu Urteilen kommt, die es eher ironisch zu relativieren oder als „geistige(s) Plebejertum"[30] abzuweisen gelte. So hebt er an:

> „In dem disciplinirtesten aller Völker Europas ist wieder einmal ein Schriftsteller entstanden, der Individualismus predigt. Aus dem Lande, wo die Uniform die Freude der Konservativen und der Omnibus das Emblem der Fortschrittlichen ist, ertönt wieder einmal eine Stimme, die (einer alten, nie ganz beglaubigten Tradition gemäss) dieses Land

27 *Rembrandt als Erzieher*, a. a. O., S. 215.
28 „Einleitung", in: *Rembrandt als Erzieher*, a. a. O., S. 8.
29 *Freie Bühne für modernes Leben*, a. a. O., S. 392.
30 *Freie Bühne für modernes Leben*, a. a. O., S. 391.

als das Land der eigenartigsten und eigenwilligsten aller Menschen bestimmt."[31]

Und diese vermeintliche Tradition zu reaktivieren – angesichts der „augenblicklichen geistigen Lage Deutschlands", mit der er „sehr unzufrieden" sei – erscheint ihm – so Brandes' Umschreibung der Rückwärtsgewandtheit Langbehns – als „die Rettung", aber eben gerade als der den Deutschen vorgezeichnete Weg: „Individualismus, die Wurzel aller Kunst, ist für ihn zugleich die treibende Urkraft alles Deutschtums."[32] Hier aber hakt Brandes mit aller Entschiedenheit ein: Deutschtümelei, Nationalismus, gar Chauvinismus als der vorgegebene Rettungsweg der deutschen Kultur befremden ihn und geben Anlass zu scharfer Kritik. Sie entzündet sich an der Wahl Rembrandts – da es ja kein „Romane" wie Michel Angelo habe sein können – als „Heros des Verfassers" und als das „geschichtliche Ideal Deutschlands für die jetzt folgende Zeit", die „ein wenig befremdend" wirke, da es offenbar „für den deutschen Individualismus nicht möglich gewesen ist innerhalb der Grenzen des deutschen Reichs ihr historisches Ideal zu finden": „Zwar ist Rembrandt für den Verfasser als Holländer ein Niederdeutscher und wird so zu sagen geistig annectirt. Aber seine Kunst hat mit der deutschen Kunst wenig gemein, und sein Wesen kommt weder Niederländern noch Skandinaviern deutsch vor." Der Völkerpsychologe Brandes erhitzt sich geradezu:

> „Aber niederdeutsch ist dem anonymen Autor dasselbe, was dem alten ehrlichen Olof Rudbeck schwedisch war. Wie Rudbeck in Schweden das Mutterland aller Länder und wie er in allen Völkern verkappte Schweden erkannte, so sieht der Autor Niederdeutsche überall, wo sein Blick mit Behagen ruht: Shakespeare war ein Niederdeutscher. Gründlichkeit so wie Weitblick des Niederdeutschen feiern in Baco ihren Triumph. Nordamerika ist eine niederdeutsche Siedlung nach Westen. Die Dänen wollen nicht Deutsche sein, dennoch aber sind sie, im weiteren Sinne, Niederdeutsche u.s.w."

Und fasst ironisch zusammen: „Holland, England, Nordamerika, Dänemark Alles niederdeutsch. Niederdeutschland for ever!" Für Brandes ist der ,Rembrandtdeutsche' – auch wenn dieser es nicht wahrhaben will – ein Chauvinist, aber eben dies umkleidet er elegant:

---

[31] *Freie Bühne für modernes Leben*, a. a. O.,S. 390.
[32] *Freie Bühne für modernes Leben*, a. a. O.,S. 390 f.

„Von einem Chauvinisten würden solche Aeusserungen ja durchaus nicht verwundern, aber von einem begeisterten Fürsprecher des alleinseligmachenden Individualismus erwecken sie ein leichtes Erstaunen. Auch Völker haben Individualität. Und es wäre von einem Manne, der sogar die Wissenschaft dem Individualismus unterworfen haben will, zu erwarten, dass er die sehr verschiedenartigen germanischen Volksindividualitäten nicht in majorem gloriam Deutschlands ihrer Eigenart beraubte."[33]

Für Brandes ist klar: „Er spricht immer wie ein Patriot; bisweilen sogar wie ein patriotischer Hofmann."[34]

Und dies ist nach Brandes die Quelle aller Ressentiments des ‚Rembrandtdeutschen‘ gegen die geistigen Strömungen seiner Zeit, die sich – mit deutlichem Bezug auf ihren Kosmopolitismus – die Moderne nennt, Ressentiments gegen die großen Wissenschaftler der Gegenwart etwa:

„Unter den Gelehrten sind aber wieder einige der Grössten, wie Mommsen, Dubois-Reymond, Helmholtz, seine betes noires. Mommsen als Gegner Bismarcks und als undeutscher Bewunderer Roms, Dubois-Reymond wegen einiger bekannter, recht unglücklicher Sätze über Goethes Faust, die doch die sonstige grosse Bedeutung des Mannes nicht auslöschen können, Helmholtz wegen seiner Verkennung der in Goethes Farbenlehre vermeintlich niedergelegten Entdeckungen, Beiträge einer noch zu schaffenden Wissenschaft der Eindrücke."[35]

Kulturelle Hervorbringungen werden – so Brandes' implizite Kritik – gemessen an einer organischen, geradezu biologistisch verstandenen „Urkraft alles Deutschtums", die Kultur reduziert auf Stammeszugehörigkeit und daher alle zivilisatorischen und kosmopolitischen Wirklichkeitsbezüge und Grenzüberschreitungen verdammt. Langbehn denkt für ihn Kultur als eine Naturkonstante, die sich in deutscher Art und deutschem Wesen verwirklicht und von der daher außerdeutsche – wie französische Kulturleistungen – ausgeschlossen sind. Und hier erweist sich Brandes als Kritiker aus dem Geist der Moderne:

„Er giebt … eine so bornirte Charakteristik Voltaire's, dass der Leser förmlich erschrickt und ein Misstrauen fasst zu den in dem Werke vorkommenden Charakteristiken ihm weniger bekannter Persönlichkeiten … Dass aber ein deutscher Schriftsteller, noch dazu ein hervor-

---

[33] Alle Zitate *Freie Bühne für modernes Leben*, a. a. O., S. 391.
[34] *Freie Bühne für modernes Leben*, a. a. O., S. 392.
[35] *Freie Bühne für modernes Leben*, a. a. O., S. 392.

ragender und geistvoller, 1890 Voltaire ganz und gar nicht zu würdigen versteht, das ist kaum zu verzeihen."

Gleiches gilt für den viel gescholtenen Repräsentanten der modernen Zeit, für Zola:

> „Wenn er nicht einmal einer historisch gewordenen Erscheinung wie Voltaire gegenüber sich zur Unparteilichkeit erheben kann, muss es weniger wundern, dass er für eine moderne Erscheinung wie Zola nur Entrüstung und Spott hat ... Und wenn ein vornehmer Schriftsteller über so äusserliche Sachen wie den Wunsch Zola's, sich die Mitgliedschaft der Akademie zu erkämpfen, sich in die Brust schlägt, und deshalb das wenig zutreffende jeune cocotte, vielle bigotte anführt – das schmeckt wahrlich ein wenig nach dem unserm Autor so verhassten geistigen Plebejerthum."[36]

Brandes ist deutlich bemüht, dem ‚Rembrandtdeutschen' als einem „Sonderling" Gerechtigkeit widerfahren zu lassen, aber wenn er sich dann in der Beurteilung so moderner Geister wie Voltaire und Zola zu abstrusen Abweisungen verleiten lässt, kann er nicht umhin, seine Position als Vertreter der Moderne zu pointieren und Stellung gegen ein klar antimodernes Gedankengut zu beziehen.

IV

Damit hätte der Zwist zwischen Brandes und Langbehn, zwischen Modernität und Antimodernität, sein Ende haben können; denn Langbehn gab seine Anonymität nicht preis und nahm keine Stellung zu dem Pressesturm, den sein Buch entfachte. Tatsächlich entstand jedoch eine Art Stellvertreter-Dialog, und zwar zwischen Brandes und dessen ehemaligem Anhänger Ola Hansson, der – obwohl von Brandes anfänglich protegiert – sich seit seiner Übersiedlung nach Berlin im März 1890 entschieden von dessen Gedankengut abwandte und so die ideologischen Fronten aufriss, die sich in den neunziger Jahren zu einem Kulturkampf zwischen Moderne und Antimoderne entwickelten. Hansson war – wie Brandes – unter den Einfluss Nietzsches geraten, aber wie dieser Nietzsches kulturkritische Aspekte betonte, war es für jenen der vitalistische Übermensch-Gestus des Zarathustra, der ihn – vereinfacht gesagt – anzog und über den er noch vor Brandes in *Unsere Zeit*

---

[36] *Freie Bühne für modernes Leben*, a. a. O., S. 391.

auf Deutsch publizierte. Zugleich überlagerte sich seine Nietzsche-Rezeption mit dem starken Eindruck, den Langbehns Buch auf ihn gemacht hatte. Am 25.3.1890 schrieb er in diesem Sinne an seinen Bruder Nils: „Willst du ein deutsches Buch lesen, das fast magnetsicher auf die Entwicklungsrichtung zielt, so wähle *Rembrandt als Erzieher*, ... ein aufkeimendes Nietzeanisches Samenkorn!"[37] In der Folge liefert ihm Langbehn die Munition für das Verständnis einer „neuen Kultur", die sich auf die „tiefen" Schichten des „Instinkts" gründet, auf Stammeszugehörigkeit, Naturgegebenheit, Rasse und auf einen Erlösung sichernden „Pangermanismus":

> „Der germanische Geist komme zur Herrschaft; und ich gleich dem Verfasser des *Rembrandt* glaube, dass es derjenige Zweig der Rasse ist, der um die südliche Ostsee wirkt und wohnt: Schonen, Dänemark, Norddeutschland ... Es ist *eine* Nation, nicht politisch, aber volkspsychologisch. Was ist der Nordschwede, was ist der Preusse, was ist der Süddeutsche gegen diese Rasse!"[38]

Und mit diesem Maßstab misst er nun Brandes – in einem bemerkenswerten Disput der *Freien Bühne für modernes Leben*. Im März 1890 leitet er seinen Essay *Georg Brandes und die skandinavische Bewegung* mit den bemerkenswerten Worten ein:

> „Georg Brandes wurde in Kopenhagen in einer jüdischen Familie geboren. Das doppelte Persönlichkeitsgepräge, das hiermit gegeben ist, bildet das zweigetheilte Herz, das die beiden Stammadern seines Geistes mit Blut füllt."[39]

Es scheint eine Hommage an denjenigen Mann zu folgen, der die skandinavische Kultur der letzten zwanzig Jahre geprägt habe, aber sie endet abrupt mit der Feststellung: „aber in diesem Augenblick ist es fast still um ihn herum, eine Stille, die Tag für Tag tiefer wird." Die Ursachen dafür sind nach Hansson vielfältig: Es ist die Mittelmäßigkeit der „sogenannten Problemlitteratur", Brandes' Bindung an die Verstandeskultur der Aufklärung, sein „Atheismus" und „Materialismus" und die von Stuart Mill und der „socialdemokratischen Bewegung" abgeleiteten „socialen und politischen Freiheitsideale", „die eine so dominirende Rolle in der modernen, nordischen Litteratur spielen." Und er schliesst:

---

[37] Zit. nach dem Standardwerk über Ola Hansson: Holm, Ingvar: *Ola Hansson. En studie i åttitalsromantik.* Lund 1957, S. 232.
[38] Holm, a. a. O., S. 232.
[39] *Freie Bühne für modernes Leben,* a.a.O., S.233.

„Aber während der letzten Jahre ist, was diese Litteratur an intensiv-
ster Lebenskraft besitzt, ihrerseits von ihm abgeschwengt und sucht
sich eigene Wege ... Neue und tiefere Probleme, als er sie aufstellte,
sind aufgetaucht, das Problem der Racen- und Nationalitätengegensä-
ze, die psycho-physiologischen Probleme, die die Wiege einer neuen,
der neuen, in der Geburt liegenden Litteratur sind. Ein tieferer Individualismus, als Brandes ihn kannte, bricht sich Bahn. Die besten Kräfte
in Skandinavien arbeiten unten in der Tiefe und abstrahiren minder,
als er nach der Entwicklungsepoche, der er angehörte, thun konnte.
Ein unsichtbarer Strich läuft zwischen ihnen hin, über den sie nicht zu
ihm, er aber nicht mehr zu ihnen kommen kann."[40]

Markiert ist hier die Bruchstelle zwischen dem, was mit dem Namen Brandes
als Errungenschaft der Moderne bezeichnet wurde, und der als Generationen-
frage behaupteten Abkehr davon. Für Hansson ist es ein Bruch im Zeichen
von indiskutablen „Fundamentalwerten" wie Erdgebundenheit, Stammeszugehörigkeit und Rasse, ein „unsichtbarer Strich" zwischen „oben" und
„unten", der nicht zu überwinden ist. Dabei radikalisiert Hansson die Ansätze
Langbehns – voll Eifer, seine Antimodernität als Lebens-Gegenentwurf zu
etablieren – und entwickelt einen krassen Antisemitismus, den Langbehn
noch als „plebejisch" gekennzeichnet hatte.

Brandes nimmt den Fehdehandschuh auf und antwortet mit dem „Nekrolog eines Lebendigen"[41], einer – wie der Titel andeutet – eher launigen
Replik, die die Gegensätze nicht als prinzipielle anspricht, sondern als persönliche Differenzen, die er Hansson anlastet. Mit der Leitformel „Herr
Hansson ist ein liebenswürdiger Schwarzseher"[42] rückt er einzelne Behauptungen ins rechte Licht und ironisiert Hanssons abschließende Absage an die
überkommene Literatur:

„Das ist ja alles wunderschön gedacht und gesagt. Wer kann wider-
sprechen? Wer kann wissen, welche jene ‚besten Kräfte in Skandinavien‘ sind, die ‚unten in der Tiefe‘ arbeiten. Man wagt sich kaum
hinunter. Wir anderen flacheren Geister arbeiten auf der Erde; ‚da unten aber ist’s fürchterlich‘."[43]

Nur fünf Tage später erhält Hansson die Möglichkeit zu einer Duplik, meint
aber nicht „viel zu antworten" zu haben, da Brandes „nichts Wesentliches
gegen [seine] Auffassung vorgebracht" habe. Was eine grundsätzliche Debat-

---

[40] Alle Zitate: *Freie Bühne für modernes Leben*, a. a. O., S. 235 f.
[41] Unter dem Datum „Kopenhagen, den 28. März 1890".
[42] *Freie Bühne für modernes Leben*, a.a.O., S. 266 u. ö.
[43] *Freie Bühne für modernes Leben*, a. a. O., S. 268.

te hätte sein können, erschöpft sich in der Konstatierung von natürlichen oder biologischen Prozessen, die die Trennung unaufhebbar machen: „es ist ja eine ganz gewöhnliche Erscheinung, dass man aus seinen Jugendidealen herauswächst."[44]

Tatsächlich enthüllt diese skandinavische Debatte (gewissermaßen) auf deutschem Boden und eingelagert in einen deutschen Kulturdiskurs die Unvereinbarkeit und Radikalität der zeitgenössischen Fronten. Es ist ja nicht ohne Ironie, dass sich der Schwede Hansson der – wie man es genannt hat – „Deutschen Ideologie" mit all ihren „völkischen" Gemeinschaftsassoziationen verschreibt und sie in seine eigene schonische Bauern-Heimat zu importieren versucht, während Brandes weiterhin einen Kosmopolitismus pflegt, der sich nationalen und rassischen Festschreibungen verweigert. Interessant ist nun, dass alle diese Denker – Brandes, Langbehn und Hansson – die hier repräsentativ als Schnittflächen von Modernität und Antimodernität vorgestellt werden, um 1890, dem Jahr des Durchbruchs von Nietzsches Philosophie – auch (wie erwähnt) in der *Freien Bühne* mit mehreren Beiträgen –, von dessen Gedankengut inspiriert, angezogen oder abgestoßen wurden: Brandes durch seine Vorlesungen in Kopenhagen über ihn, seinen großen Essay in der *Deutschen Rundschau* und seinem Heine-Porträt im 6. Band der *Hauptströmungen*, das geradezu eine Hommage an Nietzsche ist; Langbehn und Hansson in ihrer Wissenschaftskritik und ihrem exorbitanten Persönlichkeitskult. Und doch: Der schon genannte Wegbegleiter und Interpret Langbehns, Nissen, berichtet über sein „allererstes Gespräch mit Langbehn, im Januar 1891", und zitiert ihn: „Nietzsche ist Autokrat, ich bin Aristokrat [man denke an Brandes' Charakteristik]. Nietzsche ist wie ein orientalischer Eroberer ..., wie ein Dschingiskhan, ich wie ein altsächsischer Herzog." Und er fährt fort:

> „Wo sind die nationalen Aufbauer'... Nietzsche, der zweite Voltaire und vielleicht ein Sturmvogel wie er, zerstörte nur und wollte von Volk und Geschichte, von Christus, wie auch von Shakespeare nichts wissen. Halbasiaten, man denke an Tolstoi, können nicht aufbauen."

Wenn er auch manches an Nietzsche geschätzt habe, so ist doch deutlich, dass die Wegrichtung der beiden Denker grundverschieden sei:

> „dort das Kultureuropäer- und Antichristentum, – hier eine kerndeutsche Seele, die, wenn sie auch bis in die Mannesjahre einen stark

---

[44] Zu Georg Brandes' Nekrolog, in: *Freie Bühne für modernes Leben,* a. a. O., S. 303.

heidnischen Einschlag aufweist, von Natur aus der Religion der Liebe zugewandt ist, um hernach tief und tiefer in sie einzudringen."[45]

Und hierin folgt ihm – sozial radikalisiert und rassisch vergröbert – Ola Hansson und markiert damit die unübersteigbare Linie, die ihn von Brandes, dem „Kultureuropäer", trennt.

V

Lassen Sie mich versuchen zu resümieren: im Versuch, das Verhältnis von Modernität und Antimodernität als einen wechselseitigen Prozess von sich abgrenzenden Diskurslinien zu beschreiben, wurde ein Punktniederschlag gewagt, und zwar zeitlich auf das Jahr 1890, vom Medium her begrenzt auf die repräsentative *Freie Bühne für modernes Leben* und von den Akteuren her auf einen skandinavisch-deutschen Dialog. Als Identifikationsfigur für die modernen Intellektuellen erscheint Georg Brandes, der die Zielsetzungen dieser Intellektuellen bündelte: Weltoffenheit (Verbindung von skandinavischer, romanischer und deutscher Kultur), Annahme der naturwissenschaftlichen Herausforderungen der Zeit (Darwin), radikale Traditionskritik (Theologie, Gesellschaft, Literatur), Thematisierung gesellschaftlich relevanter Probleme und nicht zuletzt der ungewohnte komparatistische Blick auf Kultur. Ihm gegenübergestellt erscheint der ‚Rembrandtdeutsche' Julius Langbehn, der eben diese Zielsetzungen grundsätzlich verwirft und ihnen ein völkisches, organizistisches und biologisch argumentierendes Kulturbild entgegenhält. Dies Bild wird radikalisiert und zu einem sozialen Alternativkonzept erweitert durch ein abgefallenes Mitglied des Brandes-Kreises, durch Ola Hansson, mit dem Brandes in einen Stellvertreter-Diskurs eintritt, ohne allerdings die scharfen Kanten, die diese Welten trennen, ausdrücklich hervorzuheben. Aber als solche haben diese Kulturkonzepte ihre Wirkung gezeigt und die weiteren Jahrzehnte als eine Art Kulturkampf bestimmt. Dass bei beiden im Hintergrund immer auch Nietzsche und dessen unterschiedliche Auslegung eine Rolle spielt, ist nicht ohne Ironie, wenn sie auch auf einem anderen Blatt steht.

---

[45] Einleitung in *Rembrandt als Erzieher,* a.a.O., S. 32 f.

Literatur

Bohnen, Klaus: Georg Brandes in seiner deutschen Korrespondenz. Beispiele, Zusammenhänge, Kommentare. Kopenhagen / München 2005.

Freie Bühne für modernes Leben. Hrsg. von Otto Brahm. Erster Jahrgang. Berlin 1890.

Holm, Ingvar: Ola Hansson. En studie i åttitalsromantik. Lund 1957.

Rembrandt als Erzieher. Von einem Deutschen. 50. Auflage. Autorisierte Neuausgabe. Leipzig 1922.

Günter Helmes

Georg Brandes und der französische Naturalismus. Unter besonderer Berücksichtigung von Émile Zola[1]

Es ist ein Irrtum zu glauben, das Thema „Georg Brandes und der französische Naturalismus" könne allein durch eine Auseinandersetzung mit Brandes' Zola-Essay aus dem Jahre 1887 bestritten werden. Und ein Irrtum ist es ebenso zu glauben, der Zola-Essay sei allein aus sich heraus verständlich.

Schon eine oberflächliche Lektüre des Zola-Essays von 1887 macht zwar deutlich, dass Brandes alles daran setzt, das literarische Werk Zolas, zumal den berühmten *Rougon-Macquart*-Zyklus, gegen Zolas eigene literarische Programmatik zu verteidigen, wie sie vor allem in *Le Roman expérimental* aus dem Jahre 1880 vorgetragen worden ist:[2] „Halb scherzhaft und doch ganz ernstlich wurde […] nachgewiesen", heißt es bei Brandes, „dass der verschriene Naturalist durch und durch Symboliker ist." („Zola", S. 258) Deutlich wird bei einer solchen Lektüre auch, dass Brandes offensichtlich aus intimer Vertrautheit mit dem Werk Zolas heraus und mit einem überall durchscheinenden Bemühen um Fairness schreibt. Aber geht seine Haltung Zola und dem Naturalismus gegenüber über Fairness hinaus? Ist die Verteidigung des literarischen Werkes gegen eine offensichtlich mit einschlägiger Reserve behandelte Programmatik mit einer wenn auch nicht uneingeschränkten, so doch massiven Wertschätzung in eins zu setzen? Oder kommt Brandes, diese „europäische Institution" (Bohnen, S. III), wie Klaus Bohnen ihn genannt hat, nur einer Pflichtaufgabe gegenüber dem in Frankreich, in Europa und in Nordamerika populärsten Schriftsteller seiner Zeit nach? Hat die „europäische Institution" Zolas Programmatik und damit das Bestreben etlicher Naturalisten überhaupt richtig verstanden? Und schließlich: Entlang

---

[1] Vortrag, gehalten am 18. September 2010 auf der 1. Tagung der Georg Brandes-Gesellschaft in Flensburg. Der Vortragsstil wurde für den Druck weitgehend beibehalten.

[2] Auch in Deutschland stieß Zolas Theorie – experimentelle Methode, Vererbungshypothese etc. (s. u.) – auf Skepsis und Ablehnung, bspw. bei den Brüdern Hart, bei Konrad Alberti und bei Michael Georg Conrad. „Ich kümmere mich den Teufel um Stammbaum und Vererbung", heißt es bspw. in Conrads *Emile Zola* (1906, S. 21); dennoch wurde Conrad ironischerweise häufiger als „deutscher Zola" bezeichnet. Zum Thema „Conrad und Zola" vgl. näher Stumpf, S. 214–225. Vgl. auch die folgende Anm.

welcher Kriterien und Maßstäbe beurteilt Brandes das Werk von Émile Zola?[3]

Auf diese Fragen können nur dann Antworten gegeben werden, wenn der Zola-Essay zusammen mit einer Reihe von weiteren Texten gelesen wird: Selbstverständlich mit Zolas programmatischen Äußerungen und seinen Romanen selbst zum einen, zum anderen aber auch mit diversen weiteren Texten von Brandes, insbesondere mit jenen großen Essays, die die französische Literatur des 19. Jahrhunderts betreffen, das sind in alphabetischer Reihenfolge diejenigen über Flaubert, France, die Brüder de Goncourt, Maupassant und Renan.[4] Dem ist so, weil sich der Zola-Essay und die anderen Essays, die methodisch „sehr verschiedenartig" (*Moderne Geister*, Vorwort 1881, S. IV) sind,[5] erst in einer dem hermeneutischen Vorgehen verwandten, dynamischen Parallellektüre erschließen. Anders formuliert: Gewicht und Bedeutung zustimmender, einschränkender oder ablehnender Äußerungen eines bestimmten Artikels ergeben sich erst aus thematisch-sachlich verwandten Äußerungen in anderen Artikeln, zumindest ihren Akzenten nach. Ein Beispiel verdeutlicht das:

Im Essay über die Brüder de Goncourt wird Zola gegen Ende als „der mächtigste, den weitesten Kreis beherrschende Abbildner des socialen Lebens der Gegenwart" bezeichnet. „Seine Eigenschaften" seien die eines

---

[3] Ausgeblendet bleiben in diesem Beitrag Fragestellungen, die auf die (von Brandes intendierte) Funktion des Zola-Essays im literarischen Diskurs der späten 1880er Jahre abheben. Es ist davon auszugehen, dass Brandes mit diesem Essay auch unmittelbar auf den jungen deutschsprachigen Naturalismus und dessen unterschiedliche Ausbildungen (München, Berlin) einwirken wollte; die Wirkung seines Ibsen-Beitrags von 1883 sollte vermutlich modifiziert werden.

[4] Die in unserem Zusammenhang nachrangigen Essays über France und über Renan werden in diesem Beitrag nicht explizit vorgestellt. – Eigentlich müssten an dieser Stelle auch Brandes' Essays zu skandinavischen, deutschen und russischen Autoren hinzugenommen werden, da diese Autoren seiner Behauptung nach alle, „wenn auch in sehr ungleichem Grade […] die moderne Geistesart vertreten" (*Moderne Geister*, Vorwort 1881, S. V) und insofern durch ein „geistiges Band verbunden" (ebd., S. IV) sind. Eine einlässliche Einbindung auch dieser Essays war an dieser Stelle nicht möglich.

[5] „Die Behandlungsweise ist in diesen Essays sehr verschiedenartig", hebt Brandes im Vorwort von 1881 zu *Moderne Geister* selbst hervor. Mal werde die „Individualität des Schriftstellers", mal der Mensch, „wie er leibt und lebt, dem Leser vor Augen" geführt. Einige Essays seien „rein psychologisch", andere böten „ein Stück Aesthetik", wieder andere seien „vorzugsweise biographisch und geschichtlich." In allen Artikeln aber enthalte „die Charakteristik der einzelnen Gestalt allgemeine Ideen." (S. IV) – Trotz dieser unterschiedlichen Zugriffe und Akzentuierungen lässt sich in Anlehnung an *Emigrantenlitteratur* für *Moderne Geister* formulieren, dass es Brandes um einen „Grundriß zu einer Psychologie" (*Emigrantenlitteratur*, Einleitung 1900, S. 1) der zweiten Hälfte des 19. Jahrhunderts geht.

„gigantischen Arbeiters". Er sei „derb und [...] oft schrecklich breit" und gehe „vorzugsweise auf Massenwirkung aus." Er schildere „einzelnes Derbkomisches, er selbst aber" bleibe dabei „unverbrüchlich ernst. Niemals ein Lächeln, nie eine heitere Stimmung." („Goncourt", S. 291)

Liest sich das positiv? Beschreibt man so jemanden bzw. eine Literaturrichtung, den man als Künstler bzw. die man als Kunst schätzt? Äußerungen von Georg Brandes bspw. über Henrik Ibsen können hier helfen, einen aufschlussreichen Weg zu begehen.

In seinem berühmten Ibsen-Essay in der Zeitschrift *Nord und Süd* von 1883, der Ibsen in Deutschland zum Vorbild der Naturalisten werden lässt, stellt Brandes Ibsen als Schriftsteller mit hohem sozialen Interesse dar; allerdings werde die soziale Frage von Ibsen, der sich selbst als „von jedem Zusammenhang" abgelöstes, „geniales Individuum" und purer „Geist" („Ibsen", S. 65) sehe, immer aus moralischem Blickwinkel betrachtet, als Verfall und als Schuld. Und da die Menschen für Ibsen von Grund auf schlecht seien, huldige er einem ausgesprochenen „Entrüstungspessimismus" (ebd., S. 70), der ihn in gewollter Vereinzelung als Ausdruck geistesaristokratischer „Vornehmheit" (ebd., S. 75) davon abhalte, „jenen praktischen Freiheiten" nachzukommen, welche in einem recht geführten Leben „die Form einer Verpflichtung haben" (ebd., S. 75). „Vornehmer", so Brandes mit treffsicherer Ironie abschließend, dünke es ihn freilich zu sein, wenn man sich ins wenn auch niedere Tagesgeschäft einmischt und sich ggf. als einer unter vielen für vermeintlich Geringes einsetzt.

Erscheinen angesichts dieser Äußerungen über Ibsen die eben angeführten Aussagen über Zola nicht bereits in einem Licht, das sich von demjenigen der isolierten Lektüre positiv abhebt?

Bevor näher auf Zolas Theorie und auf Brandes' Zola-Bild eingegangen wird, zunächst eine knappe Charakterisierung von Brandes als Kritiker und – behelfsmäßig wenigstens – von Brandes' Bild einiger weniger Repräsentanten der französischen Literatur des 19. Jahrhunderts,[6] im besonderen von Flaubert, den Goncourts und von Maupassant.

---

[6] Hinsichtlich der französischen Literatur des 19. Jahrhunderts wurden die folgenden größeren Aufsätze von Brandes nicht eingesehen: „Die Generation von 1830 in der französischen Poesie". In: *Westermanns Illustrierte Deutsche Monatshefte* 50, 1881, S. 257–266; „Französische Lyrik (Von Lamartine bis Verlaine)". In: *Neue Deutsche Rundschau* (*Die neue Rundschau*) 10, 1899, S. 727–741.

Brandes ist in den hier zu Grunde gelegten Essays und Beiträgen[7] ein ungemein sympathischer Kritiker ohne Allüren der einen oder anderen Art, ein Kritiker, der sich als Diener und Beförderer der Literatur als solcher und der Literatur als gesellschaftlicher Kraft versteht – dies als ein vorweggenommenes Fazit. Er scheut sich bspw. nicht, um mit einer Nebensächlichkeit zu beginnen, im Einzelfalle einzugestehen, dass ihm der Titel eines Textes, über den er spricht, nicht mehr „gegenwärtig" („Maupassant", S. 282) ist. Dann ist es so, dass er kein Dogmatiker, kein Anhänger irgendeiner Schule und von daher auch kein scharfrichternder Besserwisser ist, was selbstverständlich nicht bedeutet, dass er ohne Überzeugungen wäre – dazu gleich mehr. Zudem weiß Brandes sehr genau um die Relativität auch des eigenen Schaffens und Urteilens, dass er in Abhängigkeit von Faktoren wie Alter,[8] nationaler Herkunft und soziokulturellem Milieu sieht.[9] Generell sieht Brandes die Aufgabe des Kritikers nicht darin, zu loben oder zu tadeln, sondern die jeweilige „Spezialität" („de Goncourt", S. 192) eines Autors zu bestimmen und in diesem Sinne „das schärfste Auge für jeden Vorzug" (ebd., S. 215) eines Autors haben.[10] Das aber bedeutet zu Ende gedacht auch, dass man als LeserIn das Ganze, Literatur schlechthin nämlich als das Potpourri von „Spezialitäten", nur dann hat, wenn man viel, Vieles und Viele liest – und das genau ist Brandes' unausgesprochene Empfehlung bzw. der Impetus seines Schreibens, dass fast immer als gediegenes, grandseigneurhaftes Werben daherkommt. Nicht darum kann es nach Brandes gehen, Autoren und Werke gegeneinander auszuspielen,[11] sondern nur darum herauszustellen, „welches Körnlein Gutes zu dem Baue des Ewigen" (Stifter, S. 7) ein jeder bzw. jedes von ihnen beigetragen hat – ich habe mir hier erlaubt, eine Formulierung

---

[7]   Vgl. hingegen den Hermann Bang-Kritiker Brandes, so wie er in diesem Sammelband von Ivy Möller-Christensen entworfen wird.

[8]   Vgl. Brandes' Renan-Essay, S. 74.

[9]   Im Flaubert-Essay heißt es zwar mit Blick auf Gautier, die Goncourts, Renan und Taine etwas abschätzig, das Zeitalter habe den „deterministischen Hang", „das Seelenleben des Individuums aus klimatischen, völkerpsychologischen, physiologischen Bestimmungen erklären zu wollen" („Flaubert", S. 162), doch eben dies tut Brandes auch selbst, wenn er Autoren in ihrer intellektuell-mentalen Physiognomie zu erfassen sucht.

[10]   Diese wohlwollende, sich ggf. auch selbst zurücknehmende oder sogar in Frage stellende Haltung scheint auch noch durch, wenn Brandes über Nietzsche schreibt, er verdiene es, dass man ihn studiert, erörtert, bekämpft und sich aneignet." („Nietzsche", S. 94).

[11]   Als Kritiker ist Zola Brandes ganz offensichtlich nicht sympathisch. Zola sehe „die Bücher Daudet's mit den Augen des Rivalen" an, heißt es, und er beurteile sie „mündlich mit einer Strenge und Schärfe", „die in seiner geschriebenen Kritik sich nirgends findet" („Goncourt", S. 215).

Adalbert Stifters aus der berühmten Vorrede zu den *Bunten Steinen* etwas zweckentfremdet zu verwenden.

Was befürwortet Brandes, was problematisiert er oder lehnt er ab? Brandes ist für ein Menschenbild auf „physiologische[r] Grundlage" („Goncourt", S. 186) und hält den „Widerwillen" der Modernen „gegen die rationalistische Auffassung des Menschen als abstractes Vernunftwesen" („Flaubert", S. 162) für berechtigt.[12] Berechtigt ist für ihn auch die nüchterne, um Aufklärung und Wahrheit bemühte Hinwendung zur Wirklichkeit,[13] was eine Absage an Sentimentalität, Effekthascherei, Schwärmerei (ebd.) und an einen „gespickte[n]" („Goncourt", S. 195), lyrisierenden Stil[14] impliziert – Brandes hat hier für Frankreich Autoren wie Chateaubriand, Hugo, Lammenais und Lamartine im Sinn, die für ihn zur Vormoderne gehören.[15] Beobachtung, Analyse und Wissen spielen bei der Hinwendung zur Wirklichkeit eine wichtige, keineswegs aber die bevorzugte Rolle. Denn es bedarf nach Brandes unverzichtbar auch und vor allem der Einbildungskraft, der Psychologie bzw. psychologischen Einfühlungskraft und der gestalterischen, der formenden Kraft; nur so

---

[12] In „Das Thier im Menschen" untersucht Brandes, wie sich das zeitgenössische Europa zur Doppelnatur des Menschen und zu der Frage stellt, „ob das sogenannte Thierische ein Überrest des ursprünglichen Naturzustandes [...] oder ob es mit seinen uns bekannten Zügen ein Culturproduct, ein Product der Ueberkultur ist." (S. 368f.) Während Maupassant und Zola für die erste Möglichkeit votierten, seien Strindberg und Tolstoi die prominentesten Vertreter der zweiten These (vgl. S. 369). – Der einsichtsvolle Brandes hält Zolas Position für „schlecht verdaute[n] Darwinismus", wie er andererseits Tolstois Überzeugung als „vernunftwidriges, wiedergeborenes Altchristenthum" (S. 384) zurückweist. Das hindert ihn aber nicht daran, dennoch die Verdienste dieser und anderer Autoren wie bspw. auch Paul Bourget (vgl. hier S. 365) um die Erkenntnis des Menschen hervorzuheben: „Das ist das Anerkennenswerthe bei diesen grossen fremden Dichtern und Schriftstellern, dass sie vor unseren Augen das menschliche Wesen gleich einem Fächer auseinanderschlagen. Es giebt nichts, das aus Furcht vor einem Publikum oder vor einer Journalistik hinweggeheuchelt, hinweggelogen werden soll. Es erschliesst sich uns [...] ein weites Feld seelischen Lebens, ein Ausblick über das Thierisch-Menschliche, das blos Natürliche, das allzu Menschliche bis hin zum rein Menschlichen und dessen Menschenadel. Und Alles, was hier mitgetheilt wird, ist in der bewundernswerth freien Sprache der grossen Litteraturen, ohne Ziererei, ohne Empfindsamkeit gegeben. / Alle bedürfen sie, um eine Vorstellung von dem Reichthume und dem Elende des Lebens zu geben, der Idee einer Spaltung unseres Wesens in zwei Welten". (S. 388) – Vgl. auch Anm. 83.

[13] Vgl. auch die Einleitung (1900) zu *Emigrantenlitteratur*, S. 14f.

[14] Stil ist für Brandes „der sinnliche Ausschlag des Temperaments, als das Mittel, durch welches der Schriftsteller das Auge des Lesers zwingt, so zu sehen, wie er gesehen hat! Der Stil macht den Unterschied aus zwischen der künstlerisch wahrheitsgetreuen Zeichnung und der gelungenen Photographie" („Flaubert", S. 154). Vgl. auch Anm. 32 u. 65.

[15] Vgl. bspw. die Einleitung zu *Emigrantenlitteratur* (Einzelausgabe 1894, S. 5); vgl. auch die Essays über Flaubert (S. 134) und über Zola (S. 239).

kann Material um des Materials, Beschreibungen um der Beschreibungen willen vermieden werden, kann akkumulierender Detailrealismus bzw. -fetischismus und überbordende Verwissenschaftlichung[16] zugunsten von literarischer Konzentration und wirklichkeitsgesättigter Essenz zurückgedrängt werden. („Flaubert", S. 162f.) „Gelehrsamkeit und wissenschaftliche Bildung", heißt es, „können nie und nimmer dichterisches Gefühl und künstlerische Gestaltungskraft ersetzen. Wo die poetische Begabung aber vorhanden ist, da wird der Blick durch Einsicht in die Gesetze der Natur und der menschlichen Seele geschärft und durch das Studium der Geschichte erweitert." (Ebd., S. 179) Vermieden werden müssen Detailfetischismus und überbordende Verwissenschaftlichung nach Brandes aber auch deshalb, weil sonst die Leichtigkeit, das „Leben" und die „Gemüthsbewegung" (ebd., S. 163) abhanden kommen, die Literatur auch zur angenehmen Unterhaltung und nicht nur zur qualvollen Mühe und Arbeit werden lassen – das in dieser zum Schlagwort geronnenen Formulierung Horaz nicht wirklich zuzuschreibende „prodesse et delectare"[17] ist an dieser Stelle nicht zu überhören.

Schließlich die alte Frage nach Wahrheit und / oder Schönheit in der Kunst: Brandes stellt fest, „dass man, wenn von Kunst die Rede ist, eine Neigung hat, diese zwei Worte in einen etwas falschen Gegensatz zu stellen" („Goncourt", S. 199), dadurch, dass man den Stoff ungerechtfertigterweise zur Ursache von künstlerischer Schönheit oder Unschönheit macht. Behauptet werde, dass ein hässlicher Stoff ganz unabhängig von der Art seiner Behandlung zwangsläufig zu künstlerischer Unschönheit führe. Richtig aber sei vielmehr, dass in der Poesie nur die wahre Wiedergabe des *Lebens* und nur die *individuelle* Wahrheit schön sein können" (ebd.). „Das Ideal" sei nichts anderes „als die Umbildung, der die Wirklichkeit dadurch unterworfen wird, dass sie durch die feinen Sinne eines Künstlers geht" (ebd., S. 200), und wenn „ein hässlicher [...] Gegenstand in einem schönen und guten Geist mit reiner Humanität, mit dichterischer Keuschheit behandelt" werde, dann sei „das Kunstwerk schön". (Ebd., S. 201)

Mithilfe der vorgetragenen Überlegungen und Überzeugungen kommt Brandes zu den folgenden An- und Einsichten über die französische Literatur

---

[16] In dieser überbordenden Verwissenschaftlichung sieht Brandes die „irrthümliche[] ästhetische[] Ansicht" – man beachte die nachsichtige Formulierung – des späteren und späten Flaubert, der „Gelehrter und Sammler" („Flaubert", S. 163) geworden sei.

[17] „Aut prodesse volunt aut delectare poetae aut simul et iucunda et idonea dicere vitae", heißt es bei Horaz (V. 333f.).

und über herausragende Autoren des 19. Jahrhunderts als dem Bezugsrahmen[18] für die Zola-Beurteilung.

Das Ur- und damit gewissermaßen Vorbild französischer „Erzählermanier" („Maupassant", S. 266) – Brandes denkt wie die meisten Zeitgenossen auch sehr stark in solchen heute befremdenden nationalkulturellen nen[19] – scheint ihm Abbé Prévosts *Manon Lescaut* (*L'Histoire du chevalier des Grieux et de Manon Lescaut*) von 1731 zu sein, da hier „grundfranzösisch" in wohl geordneter „Composition" (ebd., S. 268) die Beschreibung und die Analyse eines sinnlichen, zuweilen ins Komische gewendeten Stoffes Hand in Hand gehen.[20]

In Victor Hugo als dem Zentrum der romantischen Schule Frankreichs, dann aber vor allem in Balzac[21] sieht Brandes[22] die ersten Autoren in diesem 19. Jahrhundert,[23] die, antimetaphysisch und antiidealistisch gestimmt, „Zeugnisse darüber" ablegen, wie der wirkliche Mensch ist, nicht der metaphysische; sie führten damit einen „neuen Massstab für den Werth dichterischer und historischer Werke" („Zola", S. 228) ein. Bei Balzac vor allem seien es sein „Sinn für das Hässliche und Brutale", sein „leidenschaftlicher Hang zur Wirklichkeit" und seine „Treue der Beobachtung" („Flaubert", S. 135), die bislang unbeschrittene Wege ebneten.[24]

---

[18] In der Zusammenschau dieser Essays zur französischen Literatur der zweiten Hälfte des 19. Jahrhunderts könnte man sagen, dass Brandes auch hier in loser Form „eine geschichtliche Bewegung" (*Emigrantenlitteratur*, Einleitung 1894, S. 4) darstellt.

[19] Das widerspricht nicht dem offensichtlichen Bemühen von Brandes, in gesamteuropäischen Dimensionen zu denken; es hat den Anschein, dass er Europa, wie eine beliebige Nationalliteratur auch, als das Ensemble verschiedener nationaler „Spezialitäten" (s. o.) denkt.

[20] Das komme, heißt es, „dem Hange der französischen Menschenrace entgegen", „bei der physischen Seite der Liebe zu verweilen". Der Deutsche hingegen stelle die Liebe „empfindsam", der Italiener „leidenschaftlich" und der Spanier „feierlich" dar („Maupassant", S. 268).

[21] Balzac ist nach Hippolyte Taine der „zweite[] große[] Führer" („Zola", S. 228) Zolas. Brandes macht an anderer Stelle darauf aufmerksam, dass Taine in *Les philosophes français du 19me siècle* (1856) „erklärte, ohne die Romantiker zu bekämpfen, mit kühler Gleichgültigkeit, dass Hugo und Lamartine schon Classiker seien" („Flaubert", S. 136).

[22] Brandes schließt sich hier offensichtlich der Sicht Hippolyte Taines an, wie dieser sie in *Documents sur la nature humaine* entwickelte.

[23] Bei Taine sind neben Balzac noch Stendhal, Sainte-Beuve, Guizot (vgl. Hoeges, S. 28) und vor allem Saint-Simon und Shakespeare, „das grösste Magazin von Zeugnissen, das wir über die Beschaffenheit der menschlichen Natur besitzen". (Taine, *Documents sur la nature humaine*, zit. nach Brandes, „Zola", S. 228) – Brandes macht darauf aufmerksam, dass bei Zola aus dem Taine'schen „documents sur la nature humaine" das „ungenaue[] Stichwort: documents humains" wird („Zola", S. 228).

[24] Es überrascht in diesem Zusammenhang, dass Eugène Sue in der Darstellung und Argumentation von Brandes gar keine Rolle spielt.

Und dann Gustave Flaubert: Brandes' Auseinandersetzung mit ihm verdiente eine eigene einlässliche Darstellung und Diskussion, vertritt Flaubert für ihn doch „vor allen andern die moderne Richtung und die moderne Formel der französischen Literatur". (Ebd., S. 156) Hier nur soviel: Flaubert hat nach Brandes eine „neue poetische Form" (ebd., S. 135) geschaffen, indem er Chateaubriand – Sprache, Stil[25] – und Balzac – Stoff – weiterentwickelt und synthetisiert hat. So sei er, dem die Welt allein dazu da gewesen sei, „um beschrieben zu werden" (ebd., S. 140),[26] zu einem „kaltblütige[n] Dichter" (ebd., S. 138) in der Nachfolge Prosper Mérimées geworden. Ihn, der „Beobachtungen und Aufklärungen mit der Sorgfalt eines blossen Gelehrten sammelte und seinen Stoff mit der Leidenschaft eines blossen Formanbeters plastisch und harmonisch zu gestalten strebte" (ebd., S. 133),[27] habe in „geheime[r] unerschütterliche[r] Treue" (ebd., S. 137) gegen die romantischen Ideale[28] ein „brennender Hass gegen Dummheit und eine unbegrenzte Liebe zur Kunst" (ebd., S. 139) ausgezeichnet. In seinem Werk habe er von daher, „Imbecillist" (ebd., S. 140), der er gewesen sei,[29] „mit

---

[25]   An anderer Stelle (vgl. „Salambo", S. 139) wird neben Chateaubriand auch Theophile Gautier als stilbildend für Flaubert angeführt; über Gautier heißt es hier, dass er um die Mitte des 19. Jahrhunderts wohl „der einzige" der „großen Künstler" gewesen sei, „aus dessen Geist Worte und Bilder zwanglos zu sprudeln scheinen, und selbst er liess selten das Wörterbuch und die Encyclopädie aus der Hand." („Flaubert", S. 162).

[26]   In der Vorrede an die Jugend zu den hinterlassenen Gedichten von Louis Bouilhet hat Flaubert nach Brandes eine präzise „Zeichnung seiner Eigenthümlichkeit" („Flaubert", S. 144) gegeben. „Wenn Ihr", heißt es dort, „dann so weit gekommen seid, dass Ihr in den Begebenheiten der Welt, so bald Ihr sie wahrnehmt, *nur eine Illusion seht, die zu beschreiben ist*, und das so unbedingt, dass Alles, Eure eigene Existenz mit einbegriffen, Euch keinen andern Nutzen zu haben scheint, und Ihr um dieses Berufes willen zu jeglichem Opfer entschlossen seid, so tretet auf." (Ebd., S. 143).

[27]   An anderer Stelle heißt es: „Niemand hat je seine Kunst ernster und gewissenhafter genommen als er, niemand es sich so wenig leicht gemacht, sich seinem Schaffen mit voller Hingabe geweiht." („Salambo", S. 139).

[28]   Darin unterscheidet sich Flaubert nach Brandes von Zeitgenossen wie Augier, Dumas, Sarcey und Taine; Flaubert habe nur die Karikaturen dieser Ideale angegriffen, nicht aber die Ideale selbst („Flaubert", S. 137).

[29]   „Sein Glaube an den Fortschritt des Geschlechts" sei „äusserst schwankend" (ebd., S. 139) gewesen; es habe die „allgemeine[] Ueberzeugung" dominiert, „dass alles Wesentliche dem Menschen misslingt" (ebd., S. 146). Ihm sei das normale Leben „eine lange Kette kleiner Enttäuschungen mit einzelnen grossen Enttäuschungen dazwischen" (ebd., S. 168) gewesen. Der Roman *L'éducation sentimentale*, der richtiger „Die Liebesillusion und ihre Ausrottung" heißen würde und der Flauberts „eigenthümlichstes und tiefstes Werk" sei, versuche „das reine Nichts in Gestalt der puren Illusion aus all' dem Sehnen und Trachten des gewöhnlichen Menschenlebens heraus zu destilliren" (ebd., S. 165); dabei habe Flaubert allerdings ein „tiefes Verständnis für die Schwärmerei des jungen Mannes", weil es sich dabei um „Selbsterlebtes" (ebd., S. 167) handle.

Meisterhand der menschlichen Beschränktheit und Verblendung [...] Denkmäler" (ebd., S. 139) gesetzt. Er sei zum „Meister des modernen Romans" geworden, „weil er die Selbstüberwindung" gehabt habe, „nur wahre seelische Vorgänge darstellen zu wollen" und weil er „allen Effecten [...], welche auf Kosten der Wahrheit schön oder interessant erscheinen, aus dem Wege" („ebd., S. 134) gegangen sei.

Von *Salammbô* aus, diesem stilistisch gesehen „Werk des letzten großen französischen Romantikers"[30] und thematisch-stofflich gesehen „des ersten großen französischen Naturalisten"[31] („Salambo", S. 141), ergebe sich ein angemessener „Gesichtspunkt für den *Realismus*" („Flaubert", S. 153) auch von *Madame Bovary*; dieser Roman sei eben nicht das Produkt eines „Ultrarealist[en] (ebd., S. 136) und „Copisten des zufällig Wirklichen"[32] („Flaubert", S. 154), wie zeitgenössische Kritiker und das Publikum unkten, sondern verdanke sich „einer eigenthümlichen Präcision der Einbildungskraft" (ebd., S. 155).[33] Flaubert hatte, so beschließt Brandes diesen Gedankengang, „augenscheinlich in gleich hohem Grade die beiden Elemente, die das Wesen des Künstlers ausmachen, die Beobachtungsgabe und die Gestaltungskraft." (Ebd.)[34] Aber schließlich habe die Beobachtungsgabe in Gestalt des „wissenschaftlichen Studiums" (ebd., S. 160) den gestaltenden Künstler in Flaubert erstickt, habe sich das Verhältnis zwischen Wissenschaft und Poesie ganz zuungunsten der Poesie verschoben, seien „menschliche, psychische Elemente" immer mehr in den Hintergrund von „Aeusserlichkeiten" in

---

[30] Brandes weist darauf hin, dass das Werk „mit all der feurigen Liebe der französischen Romantik zu Farbe, Glanz, Glut, Pracht und Klang" („Salambo", S. 141) geschrieben sei.

[31] Hervorgehoben wird das „Verweilen eines tiefschauenden Pessimisten bei der unersättlichen sinnlichen Begierde, den unbändigen Trieben, dem vernunftfressenden Aberglauben und der abscheulichen, wollüstigen Grausamkeit, die sich zu tiefst in der Menschennatur birgt." („Salambo", S. 141).

[32] Für einen solchen hält Brandes in Übereinstimmung mit dem Vorurteil der meisten Zeitgenossen den Photographen: „Photographieren dagegen ist etwas Passives, Maschinenartiges, und gleichgültig gegen den Unterschied zwischen Wesentlichem und Unwesentlichem." („Flaubert", S. 154) Vgl. auch Anm. 14 u. 65.

[33] An *Salammbô* im besonderen, so Brandes' weitere Beurteilung des Romans, zeige sich Flauberts Antrieb, dem Leser „die Relativität aller Lebensformen zu zeigen [...] und ihm eine Ahnung beizubringen, dass unsere Cultur, nach Jahrtausenden ausgegraben und geschildert, sich wenig vernünftiger als die alte oder ferne ausnehmen würde." (Ebd., S. 158).

[34] Doch merkt Brandes an, dass die „vollendete[] Anschaulichkeit aller Einzelheiten" auch „ermüde[]: „Der Dinge, die nichts mit Gemütsbewegungen zu tun haben, sind gar zu viele." („Salambo", S. 140).

unbegrenzter Anzahl[35] getreten: „Flaubert war immer Gefahr gelaufen, ein langweiliger Autor zu werden, und er wurde es immer mehr." (Ebd., S. 161)[36]

Seinen Wunsch, es für die Moderne Lucretius gleichzutun und „die Resultate der modernen Wissenschaft" in einem neuen *De rerum natura* zusammenzufassen, habe er schließlich aufgrund seines Hasses „gegen die menschliche Dummheit" auf „negative Weise und in zwei verschiedenen Formen" verwirklicht: In *La Tentation de Saint-Antoine* zum einen, „in welchem er alle die religiösen und moralischen Systeme der Menschheit als wahnwitzige Hallucinationen" eines Einsiedlers „passieren" lasse, und in *Bouvard et Pécuchet* zum anderen, in dem die Missgriffe und Fehler der Protagonisten den „Vorwand" gäben, „eine Art Encyclopädie von all' den Gebieten des menschlichen Wissens zu liefern, an denen sie sich vergreifen". (Ebd., S. 159)

An dieser Stelle können nur Hinweise auf Brandes' Beobachtungen zu *La Tentation de Saint-Antoine* gegeben werden, Flauberts Hauptwerk nach dessen eigener Einschätzung, da sie im hier zur Rede stehenden Zusammenhang von hohem allgemeinen Interesse sind. In *La Tentation de Saint-Antoine* habe man Flaubert ganz „mit seinem schweren Blut, seiner düsteren Phantasie, seiner schroff sich aufdrängenden Gelehrsamkeit, und seinem Bedürfnis, alte und neue Illusionen, alten und neuen Glauben und Aberglauben zu nivelliren" und die „Wissenschaft – die wie der Teufel gefürchtet wird – ", als „einzige Rettung" (ebd., S. 177) anzupreisen. „Verfehlt" (ebd., S. 171) und „zu Boden gedrückt" wie das Werk „von dem dazu verwendeten Material" (ebd., S. 177) sei, habe dieser einzige „meilenlange[] Monolog", diese „punktuelle Darstellung" dessen, „was in einer Schreckensnacht in dem Gehirn eines einzelnen hallucinirten Menschen vor sich ging", in seiner „schwermüthigen Monotonie" dennoch eine „stille Grösse" (ebd., S. 171). Diese kulminiere zum Schluss in der Vision von der Sphinx und der Chimäre, die Brandes als Flauberts eigene „erstickte Klage über das Gebrechen seines gesamten Lebenswerkes und dieses Hauptwerkes im besonderen"

---

[35] „Bisweilen" habe man „einen geradezu peinlichen Eindruck der Ueberladung" („Flaubert", S. 162).

[36] Brandes zitiert zustimmend Zola: „Es war ein trauriger Anblick, dies so mächtige Talent wie die Gestalten der antiken Mythologie sich versteinern zu sehen. Langsam [...] wurde Flaubert ein Marmor-Standbild." („Flaubert", S. 178) Schon für *Salammbô* stellt Brandes fest: „Er wollte absolut ein genaues Zeitbild geben und machte zu viel daraus. Der historische Apparat wirkt ermüdend. Sein Hass gegen die Dummheit führte ihn hier wie so oft zu weit." (Ebd., S. 168).

(ebd., S. 179) deutet. Flauberts Grundgedanke, das Zusammenwirken von Wissenschaft und Poesie, sei durchaus „gesund und richtig", und in dieser Richtung liege auch „die Zukunft der Poesie", habe diese doch auch in der „Vorzeit" – siehe Lucretius – so angefangen. Aber bei Flaubert sei es so gewesen, dass sich Sphinx und Chimäre, Wissenschaft und Poesie wohl „begehrten" und einander „mit flammender Sehnsucht und Brunst" umkreisten; doch sei ihm „die rechte Befruchtung der Poesie durch die Wissenschaft" (ebd., S. 179) nie gelungen.

An den Brüdern de Goncourt – „ein Doppelschriftsteller, der zugleich Geschichtsschreiber[37] und Romandichter ist" („Goncourt", S. 185), heißt es – diskutiert Brandes das Verhältnis von Wissenschaft und Poesie erneut. Ihre Romane, ein jeder „ein neues poetisches Experiment" (ebd., S. 191), seien sämtlich „ohne jegliches romanhafte Gepräge"; sie seien Ausdruck des Bestrebens, „von Erfindung oder freier Phantasie" unberührte „Studien nach der Natur"[38] zu geben; damit seien sie die „vielleicht [...] am wenigsten romanartigen Romane, die überhaupt geschrieben [worden] sind." (Ebd., S. 186) Während im zeitgenössischen deutschsprachigen Roman die Wahl „auf das Grosse, Bedeutende, Pathetische, Schöne gerichtet" sei und eine „Psychologie der Einzelnen und der Gesellschaft mit nur leise angedeuteter physiologischer Grundlage" (ebd.) geliefert werde, favorisierten die Goncourts in ihren erzählend dargebotenen „moderne[n] Tragödien" (ebd., S. 187) das genaue Gegenteil: ohne „historisches Pathos" (ebd., S. 185), ohne „spannendes oder dramatisches Element" (ebd., S. 187) werde das Privatleben unbedeutender Personen in einem engen Lebenskreis dargestellt.[39] „Ihre Psychologie", so Brandes, „ist Psychophysik" (ebd.), und wie nie zuvor in der Poesie werde „*das Nervenleben* der modernen Menschen, besonders der

---

[37] Nach Brandes enthalten die Bücher der Goncourts über das 18. Jahrhundert zwar „Millionen pikanter und häufig lehrreicher Einzelheiten", aber: „Es fehlt an Ueber- und Unterordnung, an Ruhe, Grösse und weitem Horizont. Es fehlt vor allem an Philosophie; die einzelnen Thatsachen stehen nicht selten roh, unbearbeitet, ideenlos da." („Goncourt", S. 189).

[38] Zu Recht halten nach Brandes die Goncourts Watteau für den größten Dichter des 18. Jahrhunderts, da sie nicht vom Ideellen, sondern vom Bildlichen her kommen. (Ebd., S. 188).

[39] Edmond Goncourt habe, so Brandes, den „Ehrenplatz an der Spitze der naturalistischen Schule" nur „widerstrebend" angenommen und behauptet (Vorrede zu *Les frères Zenganno*), „hässliche und niedrige Naturen nur deswegen geschildert zu haben, weil ihr innerer Mechanismus einfacher und leichter zu durchdringen sei; sein Ehrgeiz gehe darauf hin, ein realistischer Schilderer dessen zu sein, ,was hochherzig ist, was schön aussieht, was gut riecht', weil es viel schwerer sei, ein eindringliches [...] Studium der Schönheit an den Tag zu legen, als das Hässliche zu verstehen und zu malen." (Ebd., S. 200f.).

modernen *Frau* und des moderne[n; sic] *Künstlers*" (ebd., S. 192) dargestellt.[40] Durch diese „bis zum Aeussersten getriebene Empfindlichkeit für die
Eindrücke der Aussenwelt" und das damit verbundene „Bedürfnis unbarm-
herziger Analyse" seien die Romane der Goncourts „im eminenten Sinne"
(ebd., S. 190) modern – was für Brandes freilich kein uneingeschränktes Lob
bedeutet. Die Brüder Goncourt nämlich leiden, so Brandes' Einschränkung,
an einer „Ueberfeinerung ihrer Darstellungsgabe" (ebd.), und in dieser
Hinsicht seien ihre Romane „Erzeugnisse der raffinirtesten Ueberkultur
unserer Zeit". Ihr „Bestes" hätten sie von daher dort geleistet, wo es ihnen
dank ihrer „verwickeltsten und verfeinertsten Bildung" gelungen sei, eine
„höchste Einfachheit" durch eine schrittweise Vereinfachung der Stoffe zu
erreichen. (Ebd., S. 191) Das sei insbesondere in *Madame Gervaisais* der
Fall, der „rücklaufende[n] Entwicklungsgeschichte einer bedeutenden Frauenseele", in der „eigentlich nur Eine Person" vorkomme. Es sei „ein Roman
ohne Begebenheiten, ohne Verwickelung, ohne Spannung, ohne Liebesgeschichte", sei „nichts als die peinlich genaue Darstellung, wie eine französische Dame von höchster Bildung [...] während eines Aufenthaltes in Rom
[allein; d. V.] durch nervöse Einflüsse Schritt für Schritt dazu gebracht wird,
[...] ihr ganzes Wesen zu ändern, um als fanatische Katholikin zu sterben."
(Ebd.) Da alle „tausend Schritte" auf diesem Wege nur „angedeutet" (ebd.)
und somit „Handlung als Begebenheit" (ebd., S. 196) als uninteressant
ausgewiesen worden sei, sei es den Goncourts ebenfalls gelungen, im Sinne
Voltaires drohende Langeweile durch ein Auslassen des Verzichtbaren zu
vermeiden.

Brandes trägt aber dennoch eine weitere kritische Einlassung vor, die die
Darstellungsweise der Goncourts betrifft. Die Goncourts verstünden es
nämlich nicht, wie im stofflichen und im narrativen Bereich, so auch im
sprachlichen Bereich gewinnbringend zu reduzieren.[41] Das Bemühen um den
gesuchten Ausdruck führe zu einer wuchernden Sprache, die sich dem Stoff

---

[40] Nach Brandes ist das „das Nervenleben der zwei am zartesten besaiteten Wesen, die es gibt.
      Und wenn man hier Nervenleben sagt, so sagt man ungefähr Nervenkrankheit oder doch
      Kränkeln der Nerven." (Ebd., S. 192).
[41] Brandes sieht die „Eigenthümlichkeiten" der Goncourt'schen Werke, „die grossen, glänzen-
      den Vorzüge und die auffälligen Mängel ihrer Darstellungsweise bis zu einem gewissen
      Punkt" (Ebd., S. 194) durch die eklektizistische Art ihrer Zusammenarbeit erklärt: „So
      kommt das Ausgesuchte, Exquisite zu Stande; so aber auch das Ueberlastete, der gespickte
      Stil." (Ebd., S. 195).

und der Darstellungsabsicht gegenüber verselbstständige und eher vordergründigen Effekten denn der Sache selbst dienlich sei.

Flaubert und die Brüder Goncourt zeichnet also nach Brandes das unbedingte Streben nach Wissenschaftlichkeit, d. h. nach maximaler Exaktheit und nach Analyse aus. Die Brüder Goncourt haben dabei dem zusehends ermüdende Panoramen entwerfenden Materialfetischisten Flaubert gegenüber tendenziell den „Vorzug" bzw. die „Spezialität", sich dem Umfang und der Entfaltung des Stoffes nach sowie auf das Seelen- bzw. Nervenleben zu beschränken. Flaubert hingegen kann gegenüber den Goncourts darin ‚punkten', dass er ‚wirklichkeitsgesättigter' und erfinderischer ist und in einer Sprache schreibt, die frei ist von Ornamentalem.

Das leitet über zu einem kurzen Blick noch auf Maupassant, wobei es freilich an der einen oder anderen Stelle auch schon explizit um Émile Zola gehen wird.

Der Erzähler, Novellist und Romancier Maupassant[42] ist Brandes zunächst einmal wichtig als „Meister der Composition" und als „kräftiger Stilist", der „durch die Hauptpartien des Satzes, durch Substantive und Verben" („Maupassant", S. 268) male. Bei Flaubert habe Maupassant, „der eigentliche Gallier in dem Kreis der grossen Erzähler" (ebd., S. 293), gelernt, dass das „Genie ein langes Gedulden" (ebd. S, 269) sei und dass der, der „originell" sein wolle, an einer als solchen bekannten Sache etwas sehen müsse, was „noch Niemand gesehen, Niemand dargestellt" (ebd.) hat.[43]

Als Erzähler und Novellist unterscheide Maupassant sich von Zola dadurch, dass er eine „Sinnlichkeit" darstelle, die „naturkräftig" und „ländlich" sei, während bei dem von „pessimistische[r] Bitterkeit" (ebd., S. 273) durchtränkten und moralinsauer verachtenden „Schwarzseher" Zola die „Begierde […] stets mit Enttäuschung oder Unglück" ende und „ihrem Wesen nach ein keuchender, engbrüstiger Trieb" sei, der „langes Sehnen und kurze Lust" beschere. (Ebd., S. 272)[44]

---

[42] Brandes weist auch auf den jungen Maupassant hin, der sich als Lyriker versucht; als Lyriker sei er viel origineller als der gleichfalls als Lyriker in der Nachfolge Alfred de Mussets debütierende Zola; gemessen aber an einem wahrhaften lyrischen Dichter[] wie Richepin sei er „nicht tief" („Maupassant", S. 271).

[43] Brandes bezieht sich hier auf Maupassants Vorrede zu *Pierre et Jean*.

[44] Zola könne die Liebe sogar verachten (*Un page d'amour*), während Maupassant doch „stets Sympathie oder doch Nachsicht demjenigen entgegen" trage, „den Venus beherrscht." (Ebd., S. 272) – Brandes verdeutlicht die Unterschiede an der jeweiligen Darstellung der Courtisane: Maupassant zum ersten betrachte die Courtisane „mit einem Lächeln" (ebd.)

In seinen jungen Jahren sei Maupassant – vgl. bspw. die Erzählung „Die Wildgänse" – vor allem ein dem „Traum von Wildheit und Freiheit" huldigender Kritiker der „Civilisation", die je nach Perspektive aus den Menschen etwas „Hässliches" oder etwas „Komisches" (ebd., S. 275) gemacht habe.

Von daher sorge er in seinen Erzählungen und Novellen immer für ein „Zusammentreffen von Umständen, das „geeignet ist, „jede schmeichelnde Täuschung, der wir uns über die Menschen der civilisirten Gesellschaft hinzugeben geneigt sein könnten, von Grund auf zu zerstören." Das werde wie in der Erzählung „En famille" nicht durch Worte oder gar Kommentare bewerkstelligt, sondern über „die stumme, furchtbare Ironie der Thatsachen" (ebd., S. 278) selbst.[45]

Mit den Jahren habe sich Maupassant vom „Satiriker und Misanthropen" (Nachschrift 1893, ebd., S. 294), vom lustigen „Vergötterer der Natur mit Verspottung der zähmenden und verfeinernden Civilisation"[46] zu einem von „seelenvolle[r] Schwermuth"[47] bestimmten „Forscher der seelischen Tiefe" (ebd., S. 295) entwickelt.[48] „Seine Gabe", so Brandes, „alle Sinneneindrücke in Bildern mit scharfen Umrissen wiederzugeben, vervollständigte sich [nun] durch einen Hang zur gedankenreichen Grübelei. (Ebd.)[49]

---

und führe sie wie in der Erzählung „Boule de suif" eigentlich nur ein, „um die ganze Gemeinheit und Thorheit bloszulegen, welche die […] reguläre bürgerliche Gesellschaft unter ihrem Ueberzuge von Ehrbarkeit birgt. Denn die Durchschnittsmenschen sind ihm überall niedrigstehende Thiere, bald komische, bald widrige Geschöpfe, in der Regel Beides zugleich." (Ebd., S. 274) „Renan andererseits stelle seine Imperia sogar geradezu „mit aufrichtigem, fast an Bewunderung grenzendem Wohlwollen" dar. Bei Zola hingegen drittens sei die Courtisane, siehe Nana, nichts weiter als „das veräctliche Menschenthier, Grund und Ursache lauter veräctlicher Handlungen". (Ebd., S. 273) Vgl. auch Anm. 51.

[45]   Die bürgerliche Gesellschaft sei Maupassant „das komische und niedere Thier", stets habe er den „Hang", „Respectabilität" und „Gemeinheit in Komik aufzulösen". (Ebd., S. 281).

[46]   Er, dessen „Vertrautheit mit der Natur" ihn wie in der Erzählung „Sur l'eau" befähigt habe, die „geheimnisvolle Schönheit eines Flusses" (ebd., S. 289) darzustellen, „endigte mit einem Widerwillen gegen alles Natürliche, sogar gegen das Sinnenleben, als dessen Verherrlicher er einst dastand." (Ebd., S. 295). Vgl. auch Anm. 49.

[47]   An der „Novelette" „La morte" kann man ablesen, so Brandes, wie bei Maupassant immer mehr „Melancholie", „Schwermuth", „Pessimismus" und „Todesgedanken" (ebd., S. 285) die Komik zurückgedrängt haben.

[48]   Nun schildere er auch außergewöhnliche Menschen, nicht nur „gewöhnliche, unbedeutende Menschen" wie von der „intransigenten, naturalistischen Gruppe" (ebd.) gefordert. Der Roman Fort comme la mort zeige zudem, dass der späte Maupassant „weich, warmherzig, voll Empfindung, frei von seiner gewohnten, fast principiellen Menschenverachtung" (ebd.) sei. „Selbst zur feinen Analyse der Empfindungen ist er, der so lange seinen Stolz dareinsetzte, alle Psychologie in Handlung umzusetzen, nunmehr gelangt." (Ebd., S. 286).

[49]   Dazu heißt es weiter: „Auch technisch war er in stetiger Entwicklung begriffen. Er, der Dramatiker als Erzähler, gab sich zuletzt einer sorgfältigen Analyse von seelischen Zustän-

Alle seine Romane liefen angesichts dieser Entwicklung letztlich darauf hinaus dasjenige zu zeigen, was die Franzosen „le désenchantement de la vie" nennen, „die Art, wie das Leben seinen Reiz verliert".[50] (Ebd., S. 282) Seien es in *Une vie* und *Mont-Oriol* die Figuren selbst, denen der Reiz des Lebens abhandenkomme, so sei es bei *Bel-Ami* der Leser, „der aus allen Illusionen in Bezug auf die Gerechtigkeit des Wettlaufs gerissen" werde, liege doch am Ende jeder „auf den Knien vor dem Glück, das [Georges Duroy; d. V.] seiner dreisten Gemeinheit zu danken hat." (Ebd., S. 284)[51]

Brandes zieht ein Fazit über die Stärken und Schwächen der „trefflichsten der nunmehr älteren Generation" (ebd., S. 291) französischer Schriftsteller: Maupassant, der „Urfranzose", gehe eine gewisse Tiefe ab, er sei durch eine gewisse „Oberflächlichkeit" gekennzeichnet, doch beherrsche er seinen „Stoff mit vollkommener Klarheit". (Ebd., S. 293) Diese Tiefe, sofern man darunter das „Nervenleben" und dessen Erforschung verstehe, habe kein zweiter in dem Gerade wie Edmond de Goncourt, der für den Leser die Nerven „in einem anatomischen Präparat" (ebd., S.291) bloß lege.[52] Der „fühlende Künstler" hingegen sei – sein Name fiel bislang nicht – Alphonse Daudet,[53] dem Brandes in der Nachschrift zum Goncourt-Essay von 1896 eine sich unter seiner Paralyse-Erkrankung stetig vertiefende „reiche und starke Menschlichkeit" („Goncourt", S. 215) attestiert: „Niemand", heißt es im Maupassant-Essay, „der Daudet kennt, kann anders, als seine Persönlichkeit noch höher als sein Talent schätzen." („Goncourt", S. 292)

Und sonst wird keiner mehr genannt? Doch, einer noch, und zwar Émile Zola. Aber das Urteil über ihn wurde eingangs bereits zusammen mit den

---

50   den hin." (Ebd., S. 295) Vgl. auch Anm. 46.
     Bei Maupassant, „einer Natur, die ursprünglich mit all den frischen, wildesten Instincten des Urmenschen ausgestattet erschien" (ebd., S. 288), setze die „Désillusion" sehr früh ein.
51   An *Notre coeur* könne man ablesen, dass Maupassant „das Thema von der Entzauberung des Lebens womöglich in noch eindringlicherer Weise" behandele als Paul Bourget mit seiner „psychologischen Methode". (Ebd., S. 287) – Brandes vergleicht Maupassant und Bourget auch noch in anderer Hinsicht: Maupassant sei Bourget in der Darstellung der Natur überlegen; der zeige „in seiner schärferen Intelligenz und reicheren Bildung mehr Sinn für die Ausstattung eines eleganten Hauses, für Luxus und Comfort" (Ebd., S. 290). Vgl. auch Anm. 44.
52   Thematisch wie sprachlich sei Edmond de Goncourt allerdings ein „unfranzösisches Phänomen, oder richtiger, er erweitert den Begriff des Franzosenthums." (Ebd., S. 292).
53   „Leider war er ziemlich lange zu sehr von Dickens beeinflusst", urteilt Brandes, und „nur in seinen vorzüglichsten Arbeiten ist es ihm gelungen, sich von aller Sentimentalität frei zu halten." (Ebd.).

Äußerungen über Ibsen zitiert, so dass unmittelbar zu Émile Zola und den Perspektiven, die Georg Brandes in einlässlicher Auseinandersetzung mit ihm entwickelt, übergegangen werden kann.

Émile Zola hat sich dreimal prominent zu seinem Selbstverständnis als Autor, seinem literarischen Programm und seiner Theorie des Romans geäußert: Im Vorwort nämlich zur 2. Auflage des von der Kritik scharf verurteilten Romans *Thérèse Raquin* 1869, im Vorwort zum ersten Roman des 20bändigen *Rougon-Macquart*-Zyklus' mit dem Titel *La fortune des Rougon* 1871 und schließlich in der ebenso berühmten wie häufig befehdeten und missverstandenen Studie *Le Roman expérimental* von 1880. Diese Studie besteht zu einem Gutteil aus Zitaten[54] aus der *Introduction à l'étude de la médicine expérimentale* des Physiologen Claude Bernard von 1865 und hat diese „zur festen Grundlage" (*Le Roman expérimental*, S. 7), denn: „Meist wird es mir genügen, das Wort ‚Arzt' durch das Wort ‚Romanschriftsteller' zu ersetzen, um meinen Gedanken klar wiederzugeben und ihm die Strenge einer wissenschaftlichen Wahrheit zu verleihen." (Ebd., S. 7f.)[55]

Ihn als Romanschriftsteller treibe generell, so äußert sich Zola im Vorwort zu *Thérèse Raquin*, die „Wissbegier des Forschers" (S. 8), von daher sei sein Ziel „vor allem ein wissenschaftliches". (S. 6) Wie dem Wissenschaftler, so gehe es auch ihm als Romanschriftsteller um „gewissenhafte Arbeit" (S. 9) an „nach eigenem Gutdünken" (S. 9) gewählten Gegenständen,[56] d. h. um exakte Beobachtung, genaue Aufzeichnung, präzise Analyse und den Versuch einer Erklärung in Bezug auf den „Mechanismus" (S. 7) von „Empfindungen und Handlungen" (S. 6), zumal denjenigen zwischen zwei oder mehreren Menschen. An Arbeit dieser Art und an deren Ergebnis, d. h. an einen Roman dieser Art, die moralische Meßlatte zu richten, sei von daher völlig verfehlt.

In *Thérèse Raquin* habe er gemäß seines Programms das „Studium des Temperaments und der tiefgreifenden Veränderungen des Organismus unter

---

[54] Zola spricht hier selbst von einer „Kompilation von Texten" (*Le Roman expérimental*, S. 7).

[55] Von daher wird im Folgenden auch nur dann zwischen Bernard und Zola unterschieden, wenn sich Letzterer explizit von Bernard unterscheidet. Das ist ironischerweise vor allem hinsichtlich der literarischen Stoffe bzw. Betätigungsfelder der Fall. Gegen Bernards exkludierendes Verdikt, dass in „Kunst und Literatur" die „Persönlichkeit" alles beherrsche, postuliert Zola „den Eintritt" der Literatur „in das Gebiet der Wissenschaft". (Ebd., S. 57).

[56] In *Le Roman expérimental* wird es hinsichtlich der Stoffe heißen: „[...]die ganze Natur und der ganze Mensch gehören uns, nicht bloss in ihren Erscheinungen, sondern auch in den Ursachen dieser Erscheinungen." (Ebd.).

dem Drucke der Umwelt und der Umstände" (S. 9) zu betreiben versucht, Kapitel für Kapitel „die Studie eines seltsamen physiologischen Falls" gegeben und „die analytische Arbeit an zwei lebenden Körpern vorgenommen, wie sie Chirurgen an Leichen vornehmen." (S. 6) Das Ergebnis sei der „Anblick nackter, lebender anatomischer Schaustücke" (S. 9); beobachten könne man nunmehr „Temperamente",[57] die gleich „Tieren" „unumschränkt von ihren Nerven und ihrem Blute beherrscht werden, die sich nicht im Besitz ihres freien Urteilsvermögens befinden und bei jeder Handlung in ihrem Leben dem verhängnisvollen Einfluß ihrer körperlichen Triebe unterliegen." (S. 5f.) Wenn man ihm an diesem Roman legitimer Weise etwas vorwerfen könne, so dies vielleicht, dass er (1) eine „Studie über einen zu außergewöhnlichen Fall" sei, der nicht „repräsentativ für das „Drama des modernen Lebens" (S. 9) sei, er (2) zu viele Beobachtungen und Details wiedergebe und darüber den „größere[n] Weitblick" (S. 10) vermissen lasse, (3) die Gesellschaft nicht in ihren „zahlreichen und verschiedenartigen Aspekten" (S. 10) gezeigt werde und (4) der Stil noch nicht einfach, klar und natürlich genug sei.

Mit dem *Rougon-Macquart*-Zyklus nimmt sich Zola dem Vorwort zu *La fortune des Rougon* nach vor, diese eventuellen Mängel von *Thérèse Raquin* zu beseitigen. In einer sachlichen, ungestelzten und folgerichtigen Sprache, die einem Roman angemessen ist, der sich als „Erläuterung", als „Untersuchung" (S. 5) versteht,[58] sollen zeittypische Figuren präsentiert, alle Einzelheiten situativ wie funktional in größere Kontexte eingebettet und ein gesellschaftliches Panorama entworfen werden.

Zola will aber noch mehr, will „versuchen, durch Lösung der zwiefachen Frage des Temperaments und der Umwelt den Faden zu finden und zu verfolgen, der mit mathematischer Genauigkeit von einem Menschen zum anderen führt." (S. 5) Noch einmal anders formuliert: Er will zeigen, wie „das langsame Vererben von Nerven- und Blutsübeln, die in einem Geschlecht als Folge eines ersten organischen Schadens zutage treten" (S. 5), „je nach der Umwelt bei jedem der Einzelwesen dieses Geschlechts [...] alle natürlichen

---

[57] Zola verweigert an dieser Stelle ausdrücklich die Bezeichnung „Charakter", offensichtlich deshalb, weil diese Bezeichnung an das Konzept des „metaphysischen" Menschen gebunden ist und nicht zu demjenigen des „physiologischen" Menschen passt. Vgl. dazu weiter unten.

[58] In *Le Roman expérimental* wird es heißen, dass „der grosse Stil" aus „Logik und Klarheit" (ebd., S. 56) bestehe, weil „die Methode [die experimentelle; d. V.] die Form selbst trifft", „eine Sprache nur eine Logik, eine natürliche und wissenschaftliche Konstruktion" (ebd., S. 55) sei.

und instinktiven menschlichen Äußerungen bestimmen, deren Ergebnisse die überkommenen Bezeichnungen Tugend und Laster annehmen." (S. 5f.)

Was dabei im Ganzen herauskommen soll ist die „Natur- und Sozialgeschichte einer Familie unter dem Zweiten Kaiserreich", ja „die Geschichte d[ies]es Zweiten Kaiserreichs" selbst (Vorwort *La fortune*, S. 6). Dass Zola als Citoyen dieser Geschichte bzw. dem Zweiten Kaiserreich unter Napoleon III. aber keineswegs wissenschaftlich-neutral gegenübersteht, zeigt eine abschließende Bemerkung aus dem Vorwort zu *La fortune des Rougon*, heißt es hier doch geradezu hasserfüllt, es werde „das Bild eines abgestorbenen Regimes, einer seltsamen Epoche des Wahnsinns und der Schande" (S. 6) entworfen.[59]

Ich fasse, bevor ich auf die Studie *Le Roman expérimental* und deren weiterführende Gedanken zu sprechen komme, stichwortartig zusammen:

Zola versteht sich als leidenschaftlich arbeitender, den Gegenständen jedoch indifferent gegenüberstehender wissenschaftlicher Beobachter und Analyst, dessen Aufgabe es ist, jenseits moralischer Fragen Erkenntnisse über menschliches Handeln und menschliches Interagieren zu gewinnen. Hinsichtlich des Menschen ist er einem physiologischen, soziologischen und mechanistischen Bild verpflichtet, das an Monsieur Maschine, an den großen französischen Materialisten La Mettrie und dessen *L'homme maschine* von 1748 erinnert; organische Dispositionen – „Nerven", „Triebe" und „Blut" heißen sie bei Zola – führen unter dem Einwirken situativer Bedingungen – Mitmenschen und ökonomisch-soziale Verhältnisse – mit Notwendigkeit zu bestimmten Handlungen und Denk- und Empfindungsweisen einerseits und zu entsprechenden Nachkommen andererseits.

In der Studie *Le Roman expérimental* werden auf der Grundlage dieser Überlegungen – „Der metaphysische Mensch ist tot" (S. 62), heißt es dort bspw. ganz zum Schluss – mehrere miteinander verbundene Thesen vertreten: Die experimentelle Methode mit ihrem innovativen Kern, der „provozierte[n] Beobachtung" (S. 9),[60] führe mit Notwendigkeit „zur Erkenntnis des

---

[59] In *Le Roman expérimental* wird dem Romanschriftsteller hingegen aufgetragen, „seine persönliche Meinung nur bei den Erscheinungen zur Geltung" zu bringen, „deren Determinismus überhaupt noch nicht festgestellt ist, indem er diese persönliche Meinung [...] so sehr wie möglich durch Beobachtung und Erfahrung zu kontrollieren versucht." (Ebd., S. 61) Zola nimmt also mit seiner Äußerung von 1880 die Ergebnisse seiner romanhaften Experimente der 1880er Jahre schon voraus.

[60] Gewöhnliches wissenschaftliches Beobachten, Empirismus, hält Zola mit Bernard für ein weiterhin „nutzbringendes Herumtappen" (ebd., S. 60) und auf absehbare Zeit aus pragmati-

Gemüts- und Seelenlebens" (S. 8), heißt es eingangs; „eines Tages" werde uns die Physiologie „ohne Zweifel [...] den Mechanismus des Denkens und Fühlens erklären" und zeigen, „wie die individuelle menschliche Maschine funktioniert". (S. 26) Dem sei so, weil der Mensch „in ein innerliches und durchgebildetes Milieu getaucht" sei, das „ebenso wie das äußere Milieu mit konstanten physikalisch-chemischen Eigenschaften ausgestattet" sei.[61] „Von hier aus" gebe es „einen absoluten Determinismus". Dabei wird – und das ist wichtig, weil es häufig im Sinne von Fatalismus missverstanden wird – unter „Determinismus" diejenige Ursache verstanden, „die das Eintreten der Erscheinungen bestimmt" (S. 9) – Zola hätte wohl besser von Determinatoren gesprochen. Nach Zola führt also ein gerader Weg „von der Chemie zur Physiologie, dann von der Physiologie zur Anthropologie und Soziologie." (S. 8)[62] Der Experimentalroman, diese „dunkelste[] und verwickeltste der Wissenschaften" (S. 15),[63] stehe am Ende dieses Weges. In einem Akt der nur auf das Wie, nicht auf die Sinnfrage gerichteten „Vivisektion" (S. 10) verfolge der Experimentalroman die Ziele, die „Beziehungen" aufzufinden, „die irgend eine Erscheinung mit ihrer nächsten Ursache verknüpfen", und die „Umstände" zu bestimmen, die zur Manifestation dieser Erscheinung notwendig sind." (S. 9f.)

Aber wozu bedarf es des Experimentes, und ist in der Literatur neben der Beobachtung das Experiment überhaupt möglich?[64] Zola geht es ersichtlich nicht nur um die Beobachtung und Beschreibung des Wirklichen als einem kontingenten Phänomen,[65] um das bloße, ggf. resignative Aufzeigen von

---

schen Gründen für unverzichtbar.

[61] Der „Mechanismus der Leidenschaft", heißt es an späterer Stelle, arbeitet nach „den von der Natur geordneten Gesetzen". (Ebd., S. 18) Wenige Seiten später spricht er von den „Geset-ze[n] des Denkens und der Leidenschaften" (ebd., S. 22) und versteigt sich sogar zu der sich aus dem Vorgetragenen – „Determinismus" wurde von ihm selbst als „Ursache" definiert – nicht ergebenden, universalistischen Schlussfolgerung: „Der Stein auf der Strasse und das Gehirn im Menschen müssen von ein und demselben Determinismus beherrscht werden." (Ebd., S. 22).

[62] Von daher kann Zola auch den Romanschriftsteller, diesen „Analytiker des Menschen in seiner individuellen und sozialen Tätigkeit" (ebd., S. 23), auf einer Ebene mit dem Physiker, dem Chemiker und dem Physiologen sehen. (vgl. Ebd., S. 23).

[63] Nach Zola sind die naturalistischen Romanschriftsteller „sicherlich die Arbeiter [...], die sich als gleicher Zeit auf die grösste Anzahl von Wissenschaften stützen". (Ebd., S. 45).

[64] Zola verweist auf Stendhal und Balzac. Im Roman *La Cousine Bette* (1846) aus der *Comédie humaine* habe sich Balzac bereits als Experimentator und nicht bloß als Beobachter gezeigt.

[65] Im mechanistisch zu kurz greifenden Verständnis der Zeit – vgl. auch Brandes – ist das Beobachten für Zola gleichzusetzen mit dem Photographieren; Photographieren ist für ihn ein rein reproduktiver Akt. Vgl. Anm. 14 u. 32.

faktischen Oberflächen also; „wir", gemeint sind die Naturalisten, „sind keine Fatalisten" (S. 35), stellt er ausdrücklich heraus. Vielmehr geht es ihm um die das Handeln anleitende Erkenntnis der Wirklichkeit als einem durch Notwendigkeit geprägtes, hochkomplexes System aus Individuellem und Allgemeinen, aus Ursachen und Wirkungen – und damit letztendlich um Prognostik einer- und Modifikations-, ja Beherrschungsmöglichkeiten[66] andererseits. Denn diese Wirklichkeit wird von Zola als defizitär empfunden, herrscht in ihr doch nicht jenes „grösstmögliche Mass von Gerechtigkeit und Freiheit", das für ihn als späten Spross der Aufklärung[67] und der Französischen Revolution das größte „Ziel" (S. 31) auf Erden darstellt. Zola versteht sich also als „Determinist" vor allem auch in dem Sinne, dass er mittels des Experimentalromans, dieses „Dokument[s] zur Lösung von Problemen" (S. 60), zum „Determinismus", besser: Determinator der individuellen und gesellschaftlichen Determinismen, besser: Determinatoren werden möchte, der guten wie der schlechten.[68] Ein solcher Demiurg aber kann er nur werden, wenn er weiß, „was eine solche Leidenschaft, die in einem solchen Milieu und unter solchen Verhältnissen tätig ist, im Hinblick auf das Individuum und auf die Gesellschaft für Wirkung tun wird". (S. 15) Im Fortgang wird diese noch recht abstrakte Aussage konkretisiert. Wenn Zola grundsätzlich auch von einer „reciproken Wirksamkeit der Gesellschaft auf das Individuum und des Individuums auf die Gesellschaft" (S. 26) ausgeht, ist doch nicht zu überlesen, dass er darin einen idealistischen Standpunkt einnimmt, dass sein Veränderungswille vor allem beim Individuum ansetzt. Indem das Individuum verändert wird, soll auf das „soziale Milieu (S. 26) eingewirkt werden:

> „Wir wollen die Herren der Erscheinungen der intellektuellen und
> persönlichen Elemente sein, um sie lenken zu können. Wir sind mit

---

[66] Später heißt es ausdrücklich, dass es darum gehe, „den Determinismus der Erscheinungen zu erkennen", um „uns zu Herren dieser Erscheinungen zu machen." (Ebd., S. 25).

[67] Auch Brandes hat – siehe dessen Voltaire-Bücher – „seine politische und ästhetische Heimat in der französischen Aufklärung" (Bohnen, Vorwort, S. VI).

[68] Der Experimentalroman wird als Fortsetzung und als Ergänzung der Physiologie aufgefasst. Vgl. *Le Roman expérimental*, S. 29. Hinsichtlich der Ziele wird rhetorisch gefragt: „Das Gute und das Böse beherrschen, das Leben regulieren, die Gesellschaft ordnen, mit der Zeit alle Probleme des Sozialismus lösen, besonders der Rechtsprechung eine feste Grundlage geben, indem man die Fragen der Kriminalität durchs Experiment entscheidet, heisst das nicht der nützlichste und sittenförderndste Arbeiter am menschlichen Werke sein". (Ebd., S. 32) Und an späterer Stelle: „Wir zeigen den Mechanismus der Nützlichen und des Schädlichen, wir legen den Determinismus der menschlichen und der sozialen Erscheinungen bloss, damit man sie eines Tages beherrschen und lenken kann." (Ebd., S. 37).

einem Wort experimentierende Sittenbildner, indem wir experimentell zeigen, wie sich eine Leidenschaft in einem sozialen Milieu verhält." (S. 31)

Um zum erstrebten „besten sozialen Zustand" (S. 31) zu kommen, sollen also insbesondere die Leidenschaften behandelbar werden und „so unschädlich wie möglich" (S. 31) gemacht werden: „Auf diese Weise treiben wir praktische Soziologie, auf diese Weise unterstützen unsere Arbeiten die politischen und ökonomischen Wissenschaften." (S. 31) So soll, heißt es in der Rhetorik eines organizistischen Gesellschaftsbildes, die Her- bzw. Wiederherstellung der „Gesundheit im sozialen Körper" (S. 37) vorbereitet werden. Die Gesellschaft selbst hat dann die Aufgabe, bestimmte Erscheinungen „immer oder nicht mehr zu produzieren, je nachdem das Resultat nützlich oder schädlich ist." (S. 37)

Ein umfängliches, ja ein gigantisches weil allumfassendes Wissen über die Erscheinungen und deren Ursachen ist also letztendlich anzustreben bzw. unabdingbar. Dieses Wissen bzw. Teile davon kann nach Zola nur erreicht werden, wenn der Beobachter der Wirklichkeit, der Empirist, zu deren Interpret wird, zum Experimentator. Dieser Experimentator formuliert eine Idee bzw. eine Hypothese hinsichtlich bestimmter Eigenschaften, Phänomene oder Zusammenhänge und überprüft diese Idee bzw. Hypothese dann experimentell. Das sieht dann praktisch so aus, dass er zunächst als bloßer reproduktiver Beobachter einer vorgefundenen Wirklichkeit von einem bestimmten realen „Ausgangspunkt" (Zeitpunkt) und einem realen „Grund und Boden" (Ort) ausgeht; dann aber modifiziert er als Experimentator diese vorgefundene Wirklichkeit dahingehend, dass er in dieses Koordinatennetz keine realen Personen stellt, sondern von ihm entworfene, hypothesengerechte Figuren; diese lässt er dann „in eine[r] besondere[n] Handlung" (S. 14), wiederum einer Erfindung also, agieren und interagieren. Der Roman ist dann „das Protokoll des Experiments" (S. 15) und gibt den „Mechanismus der Tatsachen" (S. 15) wieder.

Entscheidend ist hier, dass jedes Experiment, „und sei es auch das einfachste", „stets auf eine Idee begründet" ist, „die selbst wieder aus einer Beobachtung herrührt." (S. 17) Und mit dieser Idee, dieser Hypothese über die Erzeugung von Erscheinungen und deren Lenkung, kommt der Romanschriftsteller mit seinem ihm eigenen „Temperament" und mit seinem „persönlichen Ausdruck" (S. 17) ins Spiel: „Hier liegt, was wir an Erfindung, an Genie im Werke zu leisten haben." (S. 17) Zunächst zum „Temperament" des

Schriftstellers: Mit Worten Bernards kommt Zola zu dem Schluss, dass die Erforschung der Wahrheit durch „das Gefühl, den Verstand, das Experiment" (S. 40) erfolge. Erzeuge das Gefühl[69] stets zunächst „die apriorische Idee oder die Intuition", so entwickele der Verstand die Idee und leite „ihre notwendigen Konsequenzen" (S. 40), das Experiment nämlich, ab. Wo also wenig Gefühl, wenig Verstand vorhanden ist, da fällt das Experiment als letztes Glied in der Kette flach aus. Je zündender hingegen das Gefühl, je schärfer der Verstand ist, kurz, je größer das Genie ist, dass der Roman-schriftsteller einbringt, umso größer wird auch das Experiment ausfallen. Wird in diesem Experiment dann auch noch die Wahrheit der „apriorische[n] Idee" (S. 42) in Teilen oder sogar ganz bestätigt, fällt dies noch einmal steigernd auf das Genie zurück. Anders formuliert: Das Experiment ist „die Probe auf das Genie" (S. 43).[70]

Abschließend zum „persönlichen Ausdruck" des Schriftstellers, zur Form und zum Stil seiner Werke als weiterem Ausdruck seines „Genies".[71] Man gebe der Form dann ein „übertriebenes Übergewicht" (S. 55), wenn man sie den Gegenständen und den methodischen Zugriffen gegenüber verselbststän-dige; deshalb sei man heutzutage „angefault von Lyrismus" (S. 56). Tatsäch-lich aber habe es so zu sein, dass „die Methode die Form selbst trifft". Im Falle der experimentellen Methode bedeute dies, dass die „Sprache nur eine Logik, eine natürliche und wissenschaftliche Konstruktion" (S. 55) sei. Sofern dies berücksichtigt werde, seien „alle rednerischen Künste, die her-vorgebracht werden", als „Ausdruck der literarischen Temperamente" (S. 55) erlaubt – dieses Letzte habe ich nicht verstanden, ebenso wenig wie Georg Brandes das tut, dessen Zola-Essay von 1887 nunmehr abschließend zu besprechen ist.[72]

---

[69] Das Gefühl stützt sich bei einem naturalistischen Romanschriftsteller selbstverständlich auf Wissenschaften wie Physik, Chemie und Physiologie. (Vgl. ebd., S. 45).

[70] „An die Stelle der persönlichen Autorität" tritt „ein wissenschaftliches Kriterium." (Ebd., S. 50). Zola fordert nach dem Motto „Freie Bahn für Intuitionen und Theorien" geradezu einen Wettbewerb, „an dem jedermann seinem Genie entsprechend mitwirkt. Alle Theorien sind zugelassen und die Theorie, die den Sieg davonträgt, ist jene, die am meisten erklärt." (Ebd., S. 51f.).

[71] „Das Genie", heißt es ausdrücklich, „liegt [...] nicht allein im Gefühl, in der apriorischen Idee, sondern auch in der Form, im Stil." (Ebd., S. 55) Und: „Ich konstatiere, dass nach mei-ner Meinung die Persönlichkeit des Schriftstellers nur in der apriorischen Idee und in der Form liegen kann." (Ebd., S. 59).

[72] Es ist erstaunlich, wie salopp sich Zola hinsichtlich der Sprache bzw. hinsichtlich der Sagbarkeit des Wirklichen über Probleme hinwegsetzt, die die realistischen Autoren seit Balzac beschäftigt haben. Zola fällt diesbezüglich aufgrund seines geringen Probleme-

Brandes hält dafür, dass Zola, nachdem er über Jahre seinem ersten Gewährsmann Taine[73] gegenüber noch das „Genie" gegen den „Haufen" verteidigt habe, mit *Thérèse Raquin* „ganz in die mechanische Anschauung" („Zola", S. 227) Taines aufgegangen sei. Doch sei Taines Definition des Kunstwerks[74] – „Ein Kunstwerk ist ein Stück der Schöpfung / Natur wiedergegeben durch ein Temperament" („Un ouvre d'art es tun coin de la création [nature; d. V.][75] vu à travers un tempérament") – „frisch und durch ihre Einfachheit ansprechend" (ebd., S. 229); sie lasse darüber hinaus, auch wenn viele Naturalisten das anders sähen, einen nicht unbeträchtlichen Spielraum. Jedenfalls habe diese Definition Zolas „Drange nach Wirklichkeit"[76] und nach „Persönlichkeit in der Kunst" (ebd.) befriedigt.

Doch was sei unter „Tempérament" zu verstehen? Eine „kräftige angeborene Eigenthümlichkeit" (ebd., S. 230), wie Zola meine? Und inwiefern forme diese „Eigenthümlichkeit" dann um, zumal sich ja Zola und die anderen nicht nach dem Tempérament als „Personalisten" bezeichneten, sondern als „Naturalisten"? Und wann höre die „umgeformte Natur auf, Natur zu sein?" (ebd.) Wenn Zola gegen „das lose Erfinden der Einbildungskraft" sei, „welche über den Gegenständen und ausserhalb der dargestellten Menschen schwebt" (ebd.) und die auf ein „Arrangement der Natur" und auf die „systematische[] Amputation der Wahrheit" (ebd., S. 231) hinauslaufe, so sei dies ein berechtigter Angriff gegen die historische Kunst. Doch werfe nicht auch das Tempérament „eine Draperie über die Wahrheit"? (Ebd.) Die Antwort könne nur lauten: „dass auch nicht der Naturalismus jener Umbildung der Wirklichkeit entgehen kann, die sich aus dem Wesen der Kunst

---

wusstseins / seiner fehlenden Reflexionshöhe aus dem Kreis der in diesem Beitrag Genannten heraus.

[73] Mit spöttischem Unterton formuliert Brandes: „Taine war mit anderen Worten augenscheinlich der erste zeitgenössische Denker, den Zola las und verstand." („Zola", S. 227) – Bei Taine und bei Zola registriert Brandes eine Einfachheit im Grundriss eines Buches und eine überströmende, bisweilen ermüdende Fülle in den Einzelheiten"; beide seien „Systematiker und Beschreiber". (Ebd.).

[74] Taines Kunsttheorie ist für Brandes die von Metaphysik befreite „Lehre der deutschen Aesthetik, dass das Ziel des Kunstwerkes das ist […] klarer und vollständiger zu offenbaren, als die wirklichen Gegenstände thun." (Ebd., S. 229).

[75] Das metaphysisch aufgeladene „création" wird später durch „nature" ersetzt.

[76] Zola habe sich bereits in seinem ersten Roman *La Confession de Claude* höchst entschieden mit „Sie lügen, sie lügen, sie lügen" (ebd., S. 233) gegen Musset und Murger ausgesprochen, sei also „im Voraus entschlossen" gewesen, „die Kehrseite zu schildern, der Dichter der Kehrseite zu werden." (Ebd., S. 233).

ergiebt." (Ebd.)[77] Der „Vorzug" der naturalistischen Kunst gegenüber der historischen liege allein darin begründet, dass sie Modelle benutze und benutzen könne, sei doch das Modell „das Blut der Wirklichkeit, ohne welches das Geschöpf der Phantasie leblos bleibt." (Ebd., S. 232)[78] Und schaue man genauer hin, schreibe Zola genau entlang dieser Überzeugungen.

Brandes kommt auf die „grosse Romanfolge" (ebd., S. 234) *Rougon-Macquart* zu sprechen, deren generelles Ziel es sei, „das grosse Ganze in dem vollen Strom des allgemeinen Lebens zu schildern (en pleine coulée de la vie universelle)" (ebd., S. 245), wie das der Dichter Sandoz, ein Selbstporträt Zolas, in *L'oeuvre* formuliere.

In *La fortune des Rougon* könne man beobachten, wie das Tempérament in die Natur eindringe und sie umbilde. Die Landschaft, insbesondere ein „alter, seit unvordenklichen Zeiten verlassener Kirchhof" (ebd., S. 252), lebe hier „wie ein menschliches Wesen. (Ebd., S. 236) Diese „durchgehende Personifikation eines unpersönlichen Gegenstandes, um welchen herum er Alles gruppirt" (S. 251), sei Zola überhaupt am „eigenthümlichsten". Gebäude, Orte und dergleichen dienten ihm „als Symbol der Mächte", „die über die Lebensweise und die Verhältnisse eines ganzen Standes oder einer ganzen Menschenklasse walten." (Ebd.)[79] Zola sei in *La fortune des Rougon* „so romantisch, dass er dem Leser Novalis ins Gedächtnis" (ebd., S. 252) hervorrufe. Aber mehr noch: Die „Arbeiter aus der Provence", um die es in diesem Roman gehe, seien „in dem Lichte der Helden aus der Iliade gesehen" (ebd., S. 237),[80] und Miette, die weibliche Heldin, sei ein romantisches Symbol im Stile von Delacroixs „Die Freiheit auf den Barrikaden". (Ebd., S. 238) Dazu erhebe sich die Sprache im Roman zu „einer Schwärmerei, die an Victor Hugo (ebd., S. 239) erinnere. Von daher gelte: „Die persönliche Eigenthüm-

---

[77] Auch bei Zola begegneten wir in allen Teilen seiner Werke notwendigerweise „immer ihm selbst". (Ebd., S. 233) „Indem er sich in seinen Gegenstand vertieft, theilt er ihm unwillkürlich und nothwendig einen grossen Theil seines Wesens mit." (Ebd., S. 234).

[78] Brandes verweist auf Friedrich Spielhagen, der ganz „treffend den modernen Künstler mit Odysseus in der Unterwelt verglichen" (ebd., S. 232) habe.

[79] Brandes verweist auf bestimmte Örtlichkeiten, die in vielen Romanen Zolas eine symbolisch überhöhte Rolle spielen. In *L'oeuvre* sei es das Atelier des Malers Claude, in *L'Assommoir"* die Branntweinschenke, in *Au bonheur des dames* eine Modehandlung, in *Germinal* eine Grube, in *Pot-Bouille* ein heuchlerisches Haus und in *La ventre de Paris* seien es die Hallen von Paris. (Vgl. ebd., S. 252).

[80] In dieser Hinsicht lasse sich *La fortune des Rougon* als Variante „des althellenischen Schäferromans" (ebd., S. 245) begreifen.

lichkeit, wie sie noch dazu von der Cultur bereichert und entwickelt worden ist, ist hier im höchsten Masse wirksam gewesen." (Ebd.)

Im Folgenden geht es Brandes an unterschiedlichen Beispielen immer wieder um Zolas „Vorliebe für die symbolische Behandlung" (ebd., S. 240) der Wirklichkeit. In *L'Assommoir* wolle Zola den „Eindruck naiven Wohllebens" (ebd., S. 239) in einer Arbeiterfamilie hervorbringen und tue dies im Stile von Jacob Jordaens. Das Verspeisen einer einzigen Gans werde dank des Zola'schen „Künstlertemperament[s]" in einer Weise dargestellt, dass man „nicht anders" hätte „sprechen können, wäre ein ganzer Elephant angerichtet worden." (Ebd., S. 240) In *Nana*, einem Roman, der „überhaupt nur in geringem Grad auf Beobachtung und Erfahrung" beruhe, werde aus einem „unzüchtige[n]", „zufällige[n] Individuum" schließlich „der Geist der Zügellosigkeit, der über dem Paris des Kaiserthums schwebt." (Ebd., S. 243) Dazu der hochsymbolische Schluss: Zu dem verhängnisvollen „Geschrei ‚Nach Berlin! Nach Berlin!'", dass zur Katastrophe von Sedan am 2. September 1870 führen werde, sehe man Nana „in den letzten Zuckungen" und als einen „Klumpen eiternder Geschwüre". (Ebd., S. 243)

La faute de l'abbé Mouret, diese „Variante der Paradieslegende" (ebd., S. 245) mit jenem Garten zum „Mittelpunkt", „der wie ein übernatürliches Wesen sein eigenes Leben lebt, lockt, überredet und belehrt" (ebd., S. 251), sei „durchdrungen" von dem „Hange, die Hauptgestalten zu grossen Symbolen zu machen". (Ebd., S. 244) Wie in einer „Ovidischen Metamorphose" gehe hier die Verwandlung der Schwester von Serge Mouret „zur Göttin" (ebd., S. 247) Cybele vor sich. Nicht „Naturstudium", sondern „Bibelauslegung" (ebd., S. 250), nicht Wirklichkeitswiedergabe, sondern „Mythenbildung" und „Umformung der Wirklichkeit zur Legende" (ebd., S. 248) würden geboten. In dieser seiner Eigenart, Hauptgestalten als Symbole zu fassen, könne Zola sogar mit Autoren verglichen werden, die „einer himmelweit verschiedenen Poetik huldigen, wie Milton und Klopstock." (Ebd., S. 250)

Wie Taine, sei auch Zola kein Psychologe à la Edmond de Goncourt. Zolas Figuren seien meist statisch, von den „grossen, einfachen Grundtrieben" (ebd., S. 254) beherrscht und in ihrem Seelenleben ausgesprochen einfach.[81] Im Zentrum seines Interesses stünde also nicht die Entfaltung und Entwick-

---

[81] Brandes spricht freundlich von einer „Neigung zum psychologischen Simplificiren, die ihn zum Repräsentativen führt." (Ebd., S. 256).

lung komplexer Charaktere, sondern „die Charakteristik grosser Gruppen, grosser Massen" (ebd.), und so liege denn in dem Auffassen und der Wiedergabe „typische[r] Züge" Einzelner und „grosse[r] Totalitäten" auch seine „Hauptfähigkeit" (ebd., S. 256) oder „Spezialität". Mit Blick insbesondere auf diese „grosse[n] Gruppen", diese „grosse[n] Massen" sei Zola in der erdrückenden Mehrzahl der Fälle fundamental pessimistisch – hier deutet sich eine Parallele zu Nietzsche an. Dieser Pessimismus, den er in *La joie de vivre* eigens zum Thema gemacht habe, sei seiner „durchgehends äusserst düster[en]" Lebensanschauung geschuldet, und so habe sich Zola als „Romandichter zum leidenschaftlichen Verfechter einer rein mechanischen Psychologie entwickelt." Alles „Menschliche" werde bei ihm „zum Animalen" zurückgeführt, das „höchste Willensleben und das feinste Spiel der Intelligenz" hingegen geschleift und entfernt; „selbst die am vorzüglichsten ausgeprägte Persönlichkeit" (ebd., S. 256) werde als „eine fast unbewusste oder kraft einer Art Manie fungirende Maschine" (ebd., S. 256) dargestellt. Von daher seien die Romane des *Rougon-Macquart*-Zyklus' bis auf *Au bonheuer des dames*[82] auch nach dem ‚Strickmuster' „Abscheulichkeiten und eine Nemesis" (ebd., S. 255) gebaut. *La curée, Le ventre des Paris, Eugène Rougon* und *Pot-Bouille* enthalten nach Brandes „reinen, unvermischten Pessimismus" (ebd.). In anderen Romanen – Brandes nennt *La conquête des Plassans, Nana* und *Germinal* – sei die Nemesis „in der Gestalt einer Art von Naturgerechtigkeit" (ebd.) angedeutet.

In der „Nachschrift" zum Zola-Essay von 1893 beschäftigt sich Brandes dann mit jenen Romanen des Zyklus', die 1887 noch nicht vorlagen, also mit *La Terre, Le Rêve, La Bête humaine,*[83] *L'Argent, La Débâcle* und mit *Le Docteur Pascal*. Wie mit dem Essay selbst, geht es Brandes auch mit dieser „Nachschrift" darum, weit verbreiteten Vorurteilen über Zola „entgegen zu treten". (Ebd., S. 258) Wenn das Publikum Zola als Naturalisten von „photographische[r] Treue" sehe und ihm frei nach Nietzsches „Zola oder die

---

[82] Dieser Roman habe „einen gewissen Optimismus von wenig glaubwürdiger und wenig geistreicher Art". (Ebd., S. 255).
[83] In diesem Roman, heißt es in „Das Thier im Menschen", sei Zolas Standpunkt ausnahmsweise nicht der moralische, sondern der naturhistorische." (Ebd., S. 382). Das Tier werde als „ein als schlummernder Rest aus der Urzeit in uns Zurückgebliebenes" dargestellt, das unter gewissen Umständen zu unserem Schrecken erwachen" könne: Alle Menschen, die er vorführe, seien „von dieser ursprünglichen Mordgier beherrscht", die in einem „Zusammenhang" mit einer „kurzstämmigen, aber lebenskräftigen Erotik" (ebd., S. 383) stehe. Vgl. auch Anm. 12.

Freude zu stinken"[84] eine „unreine Freude an dem Gemeinen" (ebd., S. 258) unterstelle, so sei dies falsch. Richtig sei vielmehr, dass Zola „alles Reelle" mit „dichterischer Phantasie völlig umgestaltet" habe. (Ebd.) *La Terre* widerlege die Behauptung, er wühle gerne „in dem Gemeinen und Grässlichen" (ebd., S. 258), *Le Rêve* die Unterstellung, Zola hege kein Interesse an der „Poesie eines unschuldigen Traumlebens" (ebd.), *La Débâcle* schließlich „die Legende von Zola's aller Poesie feindlichen Brutalität".[85] (Ebd., S. 259)

Mit *Le Docteur Pascal* werde der Zyklus schließlich „schön und würdig [...] geschlossen": „Hier tönt das ganze Werk in Harmonien aus. Das Zeichen worunter es steht, ist das sehr altmodische: Glaube, Treue, Hoffnung". (Ebd.) Geglaubt nämlich werde in diesem Roman an sich selbst, an Plan und Wissenschaft, an die Liebe und an das Leben. Dieser Glaube gebe „Hoffnung auf eine bessere grosse Zukunft" und versöhne dergestalt auch „mit dem Leben" als solchem[86]: „Ohne verwischt zu sein, haben sich die Züge in der geistigen Physiognomie Zola's hier stark gemildert." (Ebd. S. 260)

Brandes, der *L'Assommoir* und *Germinal* als die „besten, typischen" Werke Zolas zur Lektüre nahelegt, mit denen dessen Name auch „stehen und fallen" (ebd., S. 261) werde, kommt noch einmal auf sein zentrales Argument zu sprechen, auf den Grund, warum er sich so einlässlich mit *Thérèse Raquin* und mit dem *Rougon-Marquart*-Zyklus auseinandergesetzt hat. Zolas Behauptung, eine „Illustration der Erblichkeitslehre" gegeben zu haben,[87] sei falsch. Vielmehr lasse Zola in seinen Romanen dem „Spiel der Phantasie" „frei Hand" und biete „uns die Combinationen [...], die er will." (Ebd., S. 260)[88]

---

[84] Vgl. „Zola: oder ‚die Freude zu stinken'" als Teil von „Meine Unmöglichkeiten".

[85] Über diesen Roman heißt es weiterhin: „La Debâcle steht als litterarisches Kunstwerk hinter anderen Romanen Zola's zurück; das [...] Buch hat aber eben jenes Gepräge einer Volksepopöe, das den dichterischen Fähigkeiten Zola's entstammt und ihnen entspricht." (Ebd., S. 259).

[86] In der zweiten Nachschrift von 1899 verweist Brandes diesbezüglich noch auf *Fécondité*, Zolas „letzte[n], kühne[n], moralisirende[n] Roman". (Ebd., S. 263) Nie habe Zola „mit grösserer Macht seine Liebe zum Leben, zur ewig üppigen Fülle des Erdendaseins an den Tag gelegt". (Ebd., S. 264).

[87] Diese Behauptung hat sicherlich zum Urteil des Publikums und der Mehrzahl der Kritiker nachhaltig beigetragen.

[88] In der zweiten Nachschrift von 1899 geht Brandes dann auch noch auf die Trilogie *Lourdes – Rome – Paris* ein, „die im Ganzen geistvoll und wuchtig die religiöse und sociale Grundfrage unserer Zeit" (ebd., S. 261) behandele. „Neue Wege" habe Zola „in dieser gross angelegten Trilogie" (ebd., S. 262), in der *Lourdes* das beste, *Rome* das schwächste (ebd., S. 261) Werk sei, allerdings nicht eingeschlagen." (Ebd., S. 262).

Hat Brandes mit seinen Behauptungen recht? Ja und nein. Recht hat er sicherlich darin, dass Zolas Romane keine puren Reproduktionen einer nicht-fiktiven Wirklichkeit sind, und Recht hat er auch darin, dass Zolas Romane mit Figuren, Figurenensembln und Figurenkonstellationen bevölkert sind, die ganz seinem eigenen Willen entsprungen sind. Doch hat Zola an irgend-einer Stelle behauptet, etwas anderes tun zu wollen? Ruft man sich noch einmal die Überlegungen aus *Le Roman expérimental* in Erinnerung, muss man dies bestreiten. Es scheint vielmehr so zu sein, dass Brandes offene Türen einrennt, weil auch er den Theoretiker Zola irrtümlicher Weise für einen kopierenden Fatalisten und nicht für einen Deterministen bzw. für einen an Gesetzmäßigkeiten orientierten Konstruktivisten hält; als einen solchen aber sieht sich Zola selbst eindeutig. Zu kurz greift Brandes auch, wenn er Zola auf die Erblichkeitslehre reduzieren will. Immer wieder macht Zola in der genannten Programmschrift deutlich, dass für ihn neben physio-logischen auch soziologische und situative Faktoren eine entscheidende, eine freilich nachrangige Rolle spielen. Und eben diese Nachrangigkeit soziologi-scher Faktoren ist es auch, mittels deren letztlich bei Zola doch wieder ein in welchem noch so geringem Maße auch immer freier Wille ins Spiel kommt, der die Möglichkeit für Alternativen offen lässt. Wie sonst könnte Zola der rigorose Moralist sein, als den ihn ja auch Brandes nahezu durchgängig sieht?[89]

Dass Brandes aber Zola hoch schätzt, weil er einen „Vorzug", eine „Spe-zialität hat, die keiner der anderen Großen zu bieten hat, lässt sich abschlie-ßend durch ein Zitat aus der zweiten Nachschrift zum Zola-Essay von 1897 noch einmal hervorheben, die auf Zolas Trilogie *Lourdes – Rome – Paris* eingeht. Hier heißt es, diese Trilogie erfreue gegenüber dem *Rougon-Macquart*-Zyklus durch eine „noch grossartigere Ueberlegenheit der Darstel-lung" und „eine Gewalt in der Erfassung der Hauptsache, die alles Kleinli-che" verschmähe, „um nur den Granit der Verhältnisse mit sicherem Profil hervortreten zu lassen."

---

[89]   Vgl. hier Anm. 83.

Literatur

Primärliteratur

Alberti, Conrad: Der moderne Realismus in der deutschen Literatur und die Grenzen seiner Berechtigung. Vortrag, gehalten im deutschen Litteraturverein zu Leipzig. Hamburg1889.

Ders.: Was erwartet die deutsche Kunst von Kaiser Wilhelm II.? Zeitgemäße Anregungen. Leipzig 1889.

Bernard, Claude: Einführung in das Studium der experimentellen Medizin [1865]. Leipzig 1961.

Bleibtreu, Carl: Geschichte der englischen Litteratur im neunzehnten Jahrhundert. 2 Bde. Leipzig 1888.

Ders.: Revolution in der Litteratur. Leipzig 1886.

Ders.: Über Realismus. In: Magazin für die Litteratur des In- und Auslandes 56, Bd. 112, Nr. 27, S. 385–387.

Bölsche, Wilhelm: Die naturwissenschaftlichen Grundlagen der Poesie. Prolegomena einer realistischen Ästhetik. Leipzig 1887.

Brandes, Georg: Die Emigrantenlitteratur [1872]. Übersetzt und eingeleitet von Adolf Strodtmann. Vierte, vermehrte Auflage. Leipzig 1894 [= Ders.: Die Hauptströmungen der Litteratur des neunzehnten Jahrhunderts. Vorlesungen, gehalten an der Kopenhagener Universität. Erster Band].

Ders.: Einleitung zu „Die Emigrantenlitteratur" [1872]. In: Die Hauptströmungen der Litteratur des neunzehnten Jahrhunderts. Vorlesungen, gehalten an der Kopenhagener Universität. Übersetzt und eingeleitet von Adolf Strodtmann. Bd. 1, 8. Aufl., Charlottenburg 1900, S. 1–16, zit. nach Bohnen, Der Essay als kritischer Spiegel. Georg Brandes und die deutsche Literatur. Eine Aufsatz-Sammlung. Ausgewählt und mit einer Einführung und Bibliographie versehen von Klaus Bohnen. Königstein/Ts. 1980, S. 2–16.

Ders.: Emile Zola [1887/ 1899; zit. als „Zola"]. In: Ders.: Menschen und Werke. Essays [1894]. Dritte von neuem durchgesehene und vermehrte Auflage. Frankfurt a./M. 1900, S. 226–264.

Ders.: Guy de Maupassant [1890/ 1893; zit. als „Maupassant"]. Ebd., S. 265–296.

Ders.: Das Thier im Menschen [1890; zit. als „Thier"]. Ebd., S. 365–390.

Ders.: Gerhart Hauptmann [1893/ 1899; zit. als „Hauptmann"]. Ebd., S. 542–560.

Ders.: Vorwort [1881/ 1896/ 1900]. In: Ders.: Moderne Geister. Literarische Bildnisse aus dem neunzehnten Jahrhundert [1882]. Vierte, von neuem durchgesehene und vermehrte Auflage. Frankfurt a./M. 1901, S. III–VI.

Ders.: Ernest Renan [1880; zit. als „Renan"]. Ebd., S. 73–132.

Ders.: Gustave Flaubert [1881; zit. als „Flaubert"]. Ebd., S. 133–180.

Ders.: Edmond und Jules de Goncourt [1882/ 1896; zit. als „Goncourt"]. In: Ebd., S. 181–217.

Ders.: Henrik Ibsen [1883; zit. als „Ibsen"]. In: Der Essay als kritischer Spiegel. A.a.O., S. 63–79.

Ders.: Aristokratischer Radicalismus. Eine Abhandlung über Friedrich Nietzsche [1890; zit. als „Nietzsche"]. In: Ebd., S. 94–136.

Ders.: Anatole France [1901; zit. als „France"]. In: Ders.: Gestalten und Gedanken. Essays. München 1903, S. 129–132.

Ders.: Salambo. In: Ders.: Gestalten und Gedanken. Essays. München 1903, S. 138–141.

Conrad, Michael G.: Parisiana. Plaudereien über die neueste Literatur und Kunst der Franzosen. Breslau u. a. 1880. – S. 191–238: Der Großmeister des Naturalismus. Emile Zola.

Ders.: Zola als Kritiker. In: Das Magazin für die Literatur des In- und Auslandes. Organ des Allgemeinen Deutschen Schriftsteller-Verbandes. Jg. 50, 1881, Nr. 40, 1. Oktober, S. 586–588.

Ders.: Die litterarische Bewegung in Deutschland. In: Die Gesellschaft. Monatschrift für Litteratur, Kunst und Sozialpolitik 1893, Juli, S. 813–825.

Ders.: Von Emile Zola bis Gerhart Hauptmann. Erinnerungen zur Geschichte der Moderne. Leipzig 1902.

Ders.: Emile Zola. Berlin 1906.

Hart, Heinrich u. Julius: Kritische Waffengänge. Leipzig. H. 1, 1882 – H. 5, 1884.

Heller, O.: Emile Zola und die naturalistische Schule. In: Magazin für die Litteratur des Auslandes 48, Bd. 96, Nr. 50, 1879, S. 763–767.

Literarische Manifeste des Naturalismus 1880–1892, hrsg. von Erich Ruprecht. Stuttgart 1962.

Holz, Arno: Die Kunst. Ihr Wesen und ihre Gesetze. Berlin 1891.

Horaz: Ars poetica. Ditzingen 1986.

Naturalismus. Manifeste und Dokumente zur deutschen Literatur 1880–1900, hrsg. von Manfred Brauneck u. a. Stuttgart 1987.

Nietzsche, Friedrich: Götzen-Dämmerung. Streifzüge eines Unzeitgemässen. Meine Unmöglichkeiten. In: Ders. Werke in sechs Bänden, hrsg. von Karl Schlechta. München / Wien 1980, S. 991.

Pfau, Ludwig: Emile Zola. In: Nord und Süd 13, 1880, S. 32–81.

Steiger, Edgar: Der Kampf um die neue Dichtung. Leipzig 1889.

Stifter, Adalbert: Vorrede. In: Ders.: Bunte Steine und Erzählungen. München o. J.

Taine, Hippolyte: Balzac. In: Nouveaux essais de critique et d'histoire. Paris [3]1880, S. 72.

Ders.: Philosophie der Kunst {Philosophie de l'art, I–II, Paris [8]o.J.}. Übersetzt von Ernst Hardt. Jena 1901.

Theorie des bürgerlichen Realismus. Eine Textsammlung, hrsg. von Gerhard Plumpe. Stuttgart 1985.

Theorie des Naturalismus. Bibliogr. erg. Ausgabe, hrsg. von Theo Meyer. Stuttgart 1997.

Zola, Emile: Vorwort zur zweiten Auflage [1869]. In: Ders.: Thérèse Raquin. München 1982, S. 5–10.

Ders.: Vorwort [1871]. In: Ders.: Das Glück der Familie Rougon [= Ders.: Die Rougon–Macquart. Natur– und Sozialgeschichte einer Familie unter dem Zweiten Kaiserreich. Herausgegeben von Rita Schober]. München 1981, S. 5f.

Ders.: [Über Hippolyte Taine]. In: Magazin für die Litteratur des In- und Auslandes 49, 1880, S. 197–199.

Ders.: Der Experimentalroman. Eine Studie [1880]. Leipzig 1904.

Sekundärliteratur

Bohnen, Klaus: Einführung. In: Der Essay als kritischer Spiegel. Georg Brandes und die deutsche Literatur. Eine Aufsatz-Sammlung. Ausgewählt und mit einer Einführung und Bibliographie versehen von Klaus Bohnen. Königstein/Ts. 1980, S. I–VIII.

Bunzel, Wolfgang: Einführung in die Literatur des Naturalismus. Darmstadt 2008 (= Einführungen Germanistik).

Die Münchner Moderne. Die literarische Szene in der 'Kunststadt' um die Jahrhundertwende. Hrsg. von Walter Schmitz. Stuttgart 1990.

Grimm, Jürgen (Hrsg.): Französische Literaturgeschichte. Stuttgart 1994.

Gumbrecht, Hans Ulrich: Zola im historischen Kontext. Für eine neue Lektüre des Rougon-Macquart-Zyklus. München 1978.

Ders. u. Hassauer-Roos, Friederike J.: Émile Zola. In: Französische Literatur des 19. Jahrhunderts. III Naturalismus und Symbolismus, hrsg. von Wolf-Dieter Lage. Heidelberg 1980, S. 212–235.

Hoeges, Dirk: Literatur und Evolution. Studien zur französischen Literaturkritik im 19. Jahrhundert. Heidelberg 1980.

Kaiser, Gerhard R.: Michael Georg Conrad als Vermittler Zolas und Münchner Romancier. In: Proceedings of the XIIth Congress of the International Comparative Literature Association. Hrsg. von Roger Bauer u. a. Bd. 1. München 1990, S. 176–184.

Mahal, Günther: Naturalismus. 3. Aufl. München 1996 (= UTB, 363).

Mahr, Johannes: Michael Georg Conrad. Ein Gesellschaftskritiker des deutschen Naturalismus. Marktbreit 1986 (= Beiträge zur Kultur, Geschichte und Wirtschaft der Stadt Marktbreit und ihrer Nachbarschaft, 13).

Meyer, Theo: Naturalistische Literaturtheorien. In: Naturalismus, Fin de siècle, Expressionismus: 1890–1918. Hrsg. von York-Gothart Mix. München u.a. 2000 (= Hansers Sozialgeschichte der deutschen Literatur vom 16. Jahrhundert bis zur Gegenwart, 7), S. 28–43.

Moe, Vera Ingunn: Deutscher Naturalismus und ausländische Literatur. Zur Rezeption der Werke von Zola, Ibsen und Dostojewski durch die deutsche naturalistische Bewegung (1880–1895). Frankfurt am Main u. a. 1983. (= Europäische Hochschulschriften; Reihe 1; 729)

Scheuer, Helmut (Hrsg.): Naturalismus. Bürgerliche Dichtung und soziales Engagement. Stuttgart u. a. 1974.

Schneider, Lothar L.: Realistische Literaturpolitik und naturalistische Kritik. Über die Situierung der Literatur in der zweiten Hälfte des 19. Jahrhunderts und die Vorgeschichte der Moderne. Tübingen 2005 (= Studien zur deutschen Literatur, 178).

Sprengel, Peter: Geschichte der deutschsprachigen Literatur 1870–1900. Von der Reichsgründung bis zur Jahrhundertwende. München 1998 (= Geschichte der deutschen Literatur von den Anfängen bis zur Gegenwart, IX.1).

Stöckmann, Ingo: Der Wille zum Willen. Der Naturalismus und die Gründung der literarischen Moderne 1880–1900. Berlin u. a. 2009 (= Quellen und Forschungen zur Literatur- und Kulturgeschichte; 52).

Stumpf, Gerhard: Michael Georg Conrad. Ideenwelt, Kunstprogrammatik, Literarisches Werk. Frankfurt a. M. 1986 (= Europäische Hochschulschriften; Reihe 1, 914). – Vgl. bes. S. 250–255 (Gesellschaft für modernes Leben).

Vinken, Barbara: Zola – Alles Sehen, Alles Wissen, Alles Heilen: Der Fetischismus im Naturalismus. In: Historische Anthropologie und Literatur, hrsg. von Rudolf Behrens, Roland Galle. Würzburg 1996, S. 215–226.

Wanning, Frank: Französische Literatur des 19. Jahrhunderts. Stuttgart 1998.

Christian Riedel

„Gefühle der Menschen in einer Reihe von Spiegeln" – Das Spiegelmotiv bei Herman Bang[1]

I. Einleitung

Im Werk des 1912 verstorbenen dänischen Autors Herman Bang, der im Laufe seiner wechselvollen Rezeptionsgeschichte[2] mal als Realist, mal als Impressionist, mal eher unter dem Label des Fin de Siècle und der Dekadenzdichtung rezipiert worden ist, nimmt das Motiv des Spiegels einen, wenn auch nicht zentralen, so doch wichtigen Platz ein. Dies betrifft sowohl Bangs poetologische Überlegungen zum Roman, in denen er, um sein eigenes Schreiben zu charakterisieren, die Spiegel-Metapher verwendet, als auch seine Romane und Erzählungen, in denen Spiegel und Spiegelungen unter wechselnden Vorzeichen sowohl als Requisit wie als Ding- und Leitmotiv auftauchen. Schließlich steht der eigene Blick in den Spiegel auch ganz am Ende des Schreibens von Bang.

Zunächst (II) werden knapp einige poetologische Positionen Bangs, die er in den späten 1870er Jahren formulierte, erläutert, in denen optische Elemente und die Spiegelmetapher eine Rolle spielen. Anschließend (III + IV) werden zunächst einige Arten der Verwendung des Spiegelmotivs bei Bang benannt, ausführlich wird dann das Spiegelmotiv in Bangs autobiographischem Doppel-Roman *Das weiße Haus* (*Det hivde hus*, erschienen 1898) und *Das graue Haus* (*Det graa hus*, erschienen 1901) untersucht.[3] Von einem Doppel-Roman ist zu sprechen, weil beide Texte sich eng aufeinander beziehen und miteinander verzahnt sind. Während im *Weißen Haus* unter idyllischen Vorzeichen die verlorene Welt der Kindheit beschworen wird, wird im *Grauen Haus* der Zerfall der Familie beschrieben. Das Verhältnis zwischen

---

[1] Vortrag, gehalten am 7. Oktober 2009 an der Johannes Gutenberg-Universität in Mainz auf der Tagung „Spiegel", 5. Mainzer Arbeitsgespräche.

[2] Eine ausführliche Darstellung von Bangs Rezeptionsgeschichte findet sich in: Heitmann, Annegret / Stephan Michael Schröder: „Zur Einführung: Geschichte und Perspektiven der deutschen wie internationalen Herman Bang-Rezeption und –Forschung". In: Annegret Heitmann / Stephan Michael Schröder (Hg.): *Herman-Bang-Studien. Neue Texte – neue Kontexte*. München 2008, S. 9–46.

[3] Bang, Herman: *Das weiße Haus. Das graue Haus. Zwei Romane*. Aus dem Dänischen und mit einem Nachwort von Walter Boehlich. Frankfurt am Main 2007.

beiden Texten als Stück und Gegenstück ist so eng, dass man von *einem* Text sprechen muss.[4]

II. Poetische Überlegungen Bangs

Wichtige poetische Überlegungen Bangs finden sich in seinem 1879 publizierten Text *Realisme og Realister* (Dt.: *Realismus und Realisten*). Hier bezog Bang eine deutliche Gegenposition zu den ästhetischen Postulaten des Literaturkritikers Georg Brandes.[5] Dieser hatte Anfang der 1870er Jahre mit seinen Kopenhagener Vorlesungen über die Hauptströmungen der europäischen Literatur des 19. Jahrhunderts großes Aufsehen erregt, sie gelten bis heute als Initialzündung der Moderne in Dänemark und dem übrigen Skandinavien.[6] Für Brandes sollte moderne Literatur auf die sich rasch vollziehende Veränderung der Lebenswelt in der modernen Gesellschaft reagieren[7], etwa auf aktuelle Entwicklungen wie die Industrialisierung oder die Wahrnehmung der modernen Großstadt.[8] Ebenso sollten aktuelle wissenschaftliche oder philosophische Diskurse in Literatur verhandelt und aufgegriffen werden, etwa der Darwinismus.[9] Brandes forderte Tagesaktualität von Literatur[10], die

---

[4] Walter Boehlich charakterisiert den Zusammenhang zwischen beiden Texten in seinem Nachwort zu den Romanen wie folgt: „Man kann das *Weiße Haus* und das *Graue Haus* jedes für sich lesen, aber sie gehören zusammen. Sie sind einander so deutlich und so absichtlich entgegengesetzt, so vielfältig aufeinander bezogen, durch so unzählige Fäden miteinander verknüpft, daß man ihren Kunstcharakter mindert, wenn man sie nicht als Bild und Gegenbild versteht." (Herman Bang, *Das weiße Haus / Das graue Haus*, a. a. O., S. 300). Die Zusammengehörigkeit beider Romane betont auch Antje Wischmann (Vgl. Wischmann, Antje: *Ästheten und Décadents. Eine Figurenuntersuchung anhand ausgewählter Prosatexte der Autoren H. Bang, J.P. Jacobsen, R.M. Rilke und H. v. Hofmannsthal.* Frankfurt am Main 1991, S. 94 und S. 97.

[5] Genauer ausgeführt werden die abweichenden Auffassungen von Brandes und Bang in den ästhetischen Debatten dieser Zeit in Ivy Möller-Christensens Beitrag in diesem Band. Meine Ausführungen zu den poetologischen Positionen Bangs folgen im Wesentlichen Annegret Heitmanns einlässlicher Darstellung (Heitmann, Annegret: „Die Moderne im Durchbruch (1870–1910)". In: Glauser, Jürg (Hg.): *Skandinavische Literaturgeschichte.* Stuttgart / Weimar 2006, S. 183–229).

[6] Heitmann, a. a. O., S. 187 und S. 190.

[7] Heitmann, a. a. O., S. 184 und S. 190. Heitmann betont die Forderung von Brandes nach einer „Hinwendung zur Alltagsrealität und ihren Problemfeldern" (S. 184) sowie seinen „Appell zur Aktualität" (S. 190).

[8] Heitmann, a. a. O., S. 187f.

[9] Heitmann, a. a. O., S. 189.

[10] Heitmann, a. a. O., S. 190. „Seine formelhafte Wendung ,dass eine Literatur in unserer Zeit lebt, zeigt sich daran, dass sie Probleme zur Debatte stellt' wurde wie eine Fanfare aufgenommen." Vgl. auch: Heitmann, a. a. O., S. 191.

sich jedoch auf eine Ausgestaltung aktueller Fragen auf der Inhaltsebene von literarischen Texten beschränkte.[11] Hier hakte Bang ein. Er propagierte durchaus auch die Behandlung aktueller Entwicklungen auf der Inhaltsebene, die sich rapide vollziehenden gesellschaftlichen Entwicklungen kommen in seinen Romanen wohl vor.[12] Bang stand jedoch einer direkten Ausgestaltung aktueller Diskurse im Kunstwerk ablehnend gegenüber. Modernität war für ihn eine stilistische Frage, keine inhaltliche Ausrichtung oder Tendenz.[13] Er verlangte von Literatur ein Erfassen der Welt mit der Genauigkeit des Wissenschaftlers. Man solle „die Gesellschaft, die man schildern [will], ebensogut kennen wie ein Botaniker den Bereich, in dem er wohnt und sich ständig bewegt."[14]

Die poetologischen Beschreibungsparameter für die eigene literarische Arbeit suchte Bang in der Malerei und in optischen Vergleichen.[15] Aufgabe eines Realisten sei es das Leben „mit der Sorgfalt eines Porträtisten zu malen".[16] Wichtig ist hierbei zunächst der Verzicht auf eine kommentierende Erzählinstanz.[17] Bang postuliert: „[J]e gewissenhafter ein Autor sich seiner Aufgabe stellt, umso mehr verschwindet er hinter seinem Bild."[18] Und weiterhin: „[D]as Gesehene hängt, wie wir wissen, von den Augen, die es

---

[11] Heitmann, a. a. O., S. 192. „Nun hatte Brandes bei seinem Aufruf für eine problemdebattie-rende Literatur zwar die Themenfelder Sexualität, Ehe, Eigentumsverhältnisse und Religion als die dringenden Anliegen der Zeit benannt, eine Ästhetik hat er in dem Zusammenhang allerdings nicht entworfen."

[12] Dies lässt sich exemplarisch etwa an den Handlungsorten verdeutlichen, die Bang für seine Romane wählt, handelt es sich doch häufig – mit Jürgen Osterhammel zu sprechen – um „spezielle Städte" die typisch neue Erscheinungen des 19. Jahrhunderts sind, wie etwa die moderne Großstadt im Roman *Stuk*, der touristische Badeort in der Erzählung *Sommerfreuden* oder die Eisenbahner-Siedlung im Roman *Am Weg* (Vgl. Osterhammel, Jürgen: *Die Verwandlung der Welt. Eine Geschichte des 19. Jahrhunderts*. München 2010, S. 355ff.).

[13] Bang, Herman: *Etwas über dänischen Realismus*. In: Herman Bang. Werke in drei Bänden. Dritter Band. München / Wien 1982, S. 291–298, hier S. 298. „Vor allem sollte man unermüdlich wiederholen, daß der Realismus eine Form ist und keine Tendenz; eine Methode, die alte Dinge in ein neues Licht stellen kann."

[14] Herman Bang: *Etwas über dänischen Realismus*, a. a. O., S. 295.

[15] Vgl. Heitmann, a. a. O., S. 192.

[16] Herman Bang: *Etwas über dänischen Realismus*, a. a. O., S. 295.

[17] Herman Bang: *Etwas über dänischen Realismus*, a. a. O., S. 296. „Ihre Autoren [die Autoren der realistischen Schule] lassen das Leben moralisieren; für sie ist die Moral das Fazit menschlicher Leben, die sie beobachtet haben, und sie überlassen es uns selbst, dieses Fazit zu ziehen, und zwar aus dem einfachen Grunde, weil sie glauben, die Fakten des Lebens seien überzeugender als ihre privaten Äußerungen und die Darbietung ihrer privaten Meinung." Vgl. Heitmann, a. a. O., S. 194.

[18] Bang, Herman: *Etwas über dänischen Realismus*, a. a. O., S. 293.

sehen, ab –, doch was sie einmal gesehen haben, referieren sie ohne Kommentar."[19] Dies Referieren ohne Kommentar beinhaltet bei Bang nicht nur den Verzicht auf herkömmliche auktoriale Erzählergesten, insbesondere das Vermeiden von Werturteilen. Dies hatte Flaubert schon Jahre vorher gefordert.[20] Er skizzierte eine Romankunst, die „wissenschaftlich und unpersönlich"[21] sein soll. Flaubert betonte, „daß ein Romancier nicht das Recht hat, seine Meinung über irgend etwas auszudrücken. Hat der liebe Gott jemals seine Meinung gesagt?"[22]

Bang wollte auch eine Veränderung der Perspektive. Das Sehen der Wirklichkeit sollte bei Bang „mit chinesischen Augen"[23] erfolgen. Mit dieser Metapher meinte er die epische Breite eines Erzähl-Panoramas, in dem keine hierarchische Abstufung der beschriebenen Welt erfolgt. Alle Gegenstände erscheinen gleichberechtigt nebeneinander, „der impressionistische Autor [lässt] ‚alle seine Details in einer zinnsoldatenartigen Reihe aufmarschieren'".[24] Dieses Nebeneinander hat in den Texten Bangs seinen stilistischen Niederschlag im Vorherrschen der Parataxe und im weitgehenden Verzicht auf unterordnende Konjunktionen gefunden.[25]

Bang kannte die großen französischen Romane des 19. Jahrhunderts sehr genau. In Stendhals *Le Rouge et le noir* (1830) findet sich nun eine Passage, die einen Roman mit Hilfe der Spiegelmetapher zu charakterisieren versucht. Es heißt dort: „ein Roman ist ein Spiegel, der sich auf einer Landstraße bewegt. Bald spiegelt er das Blau des Himmels wider, bald den Schlamm und die Pfützen des Weges."[26] Wie Matthias Bauer dargelegt hat, lässt diese Metapher zwei plausible Deutungen zu. Sie kann einer realistischen Darstellungsweise das Wort reden, denn neben dem erhabenen Blau des Himmels soll auch der Dreck der Straße nicht ausgeblendet werden, die Welt als

---

19 Bang, Herman: *Etwas über dänischen Realismus,* a. a. O., S. 297. Heitmann, a. a. O., S. 194.
20 Eine Nähe von Bangs poetischen Vorstellungen zu Flaubert betont auch Heiko Uecker in seinem Abriss über Bang (Vgl. Uecker, Heiko (unter Mitarbeit von Joachim Trinkwitz): *Die Klassiker der skandinavischen Literatur. Die großen Autoren vom 18. Jahrhundert bis zur Gegenwart.* Düsseldorf 1990, S. 28–32, hier S. 29.
21 So Flaubert in einem Brief an George Sand im Jahr 1866, zitiert nach: Bauer, Matthias: *Romantheorie und Erzählforschung. Eine Einführung.* Stuttgart / Weimar 2005, S. 73.
22 Vgl. Bauer, a. a. O., S. 73.
23 Zitiert nach: Heitmann, a. a. O., S. 193.
24 Heitmann, a. a. O., S. 193.
25 Heitmann, a. a. O., S. 195.
26 Zitiert nach: Bauer, a. a. O., S. 71.

Ganzes also im Text präsent sein. Der Spiegel soll ein komplettes Bild der Realität geben. Dadurch, dass der Spiegel jedoch mal das Eine, mal das Andere – nie jedoch alles auf einmal – zeigt, wird auch die Ausschnitthaftigkeit, das Fragmenthafte der Wahrnehmung betont.[27] Realistische Darstellungen aller Lebensbereiche und die Fragwürdigkeit des Blicks beschäftigen auch Bang. Bang prägt ein Bild des Spiegels für sein Schreiben, in dem ein dezidiertes Plädoyer für die indirekte Mitteilung steckt: Bangs Poetik „scheut jegliche direkte Mitteilung und zeigt uns nur die Gefühle der Menschen in einer Reihe von Spiegeln – ihren Handlungen.“[28]

Innerhalb dieser indirekten Poetik kommt Gesten, Körperhaltungen, oder der Frage, wohin eine Person blickt, eine zentrale Bedeutung zu. Das gehäufte Auftreten von Spiegeln bei Bang, von in den Spiegel blickenden Personen und von Personen, die im Spiegelbild zu sehen sind, sind innerhalb einer solchen Poetik Stilmittel, um auf die zu zeigende Relativität von Wahrnehmungen, auf die Duplizierungen von Bildern und die Flüchtigkeit von Eindrücken hinzuweisen.

III. Verwendungsarten des Spiegel-Motivs bei Bang

Bevor ich mich dem Doppel-Roman *Das weiße Haus / Das graue Haus* zuwende, sollen einige Arten der Verwendung des Spiegelmotivs in anderen Texten Bangs zumindest kursorisch benannt werden, ohne hierbei einen Anspruch auf Vollständigkeit oder systematische Typologie zu erheben. Tatsächlich vergehen in etlichen Bang-Texten kaum einmal zehn Seiten, ohne dass eine Figur vor dem Spiegel steht oder gespiegelt wird.

Der Spiegel findet sich – sehr naheliegend – als bloßer Gegenstand, ohne dass eine Figur des Textes sich darin spiegelt. In diesem Zusammenhang stellt er ein selbstverständliches Wohnungsinterieur dar. Innerhalb des bei Bang geschilderten Milieus des dänischen Bürger- und Kleinbürgertums handelt es sich um einen weit verbreiteten, vollkommen alltäglichen Einrichtungsgegenstand.[29] Dies gilt bei Bang auch bereits für die Provinz.[30] In der

---

[27] Vgl. Bauer, a. a. O., S. 71.

[28] Zitiert nach: Heitmann, a. a. O., S. 194.

[29] Helena Frenschkowski zeichnet in ihrer komparatistisch ausgerichteten Dissertation aus dem Jahr 1995 – mit Herman Bang beschäftigen sich ihre Untersuchungen jedoch nicht – den Weg des Spiegels zu „eine[m] unverzichtbaren, statussymbolisierenden Gegenstand[] des bürgerlichen Interieurs" nach (Frenschkowski, Helena: *Phantasmagorien des Ich. Die Moti-*

Erzählung *Sommerfreuden* etwa, in welcher eine provinzielle, mit nicht eben viel Kapital hastig renovierte Pension auf die Urlaubssaison mit potentiellen Badegästen vorbereitet wird, scheinen die Betreiber vollkommen selbstverständlich davon auszugehen, dass ein fehlender Spiegel in einem Raum für Verstimmung bei den Gästen sorgen könnte und sofort als Mangel registriert würde.[31] In anderen Passagen der gleichen Erzählung stehen Menschen wiederholt vor Wand- oder Handspiegeln.[32] Das Stehen vor dem Spiegel wird im Text mehrfach als ein längeres Innehalten der jeweiligen Figur, nicht als hastiger Blick betont. Versunken stehen die Menschen vor dem eigenen Bild, zugleich wird jedoch gerade vor dem Spiegel das nicht-Sehen-können, oder die Anstrengung der Selbsterkennung betont:

> „Frau Brasen stand vor dem Spiegel. ‚Ich sehe nichts‘, sagte Frau Brasen. So geblendet waren ihre Augen."[33]
> „Ihr [Fräulein Ingeborgs] Kleid war gelb und mit Mohnblumen besetzt. Vor ihrem Spiegel legte sie eine Perlenschnur um den Hals, *eine* Perlenreihe. Ihre Augen blieben am Spiegel haften, und geraume Zeit betrachtete sie unverwandt ihr eigenes Gesicht mit einem Blick, wie jemand, der liest – regungslos. Sie hatte nicht gehört, daß es leise an der Tür geklopft hatte[.]"[34]

In *Tine* findet sich gleich auf der ersten Seite des Romans der Verweis auf den Spiegel in der Stube des Oberförsters Berg.[35] Nach der durch den Ausbruch des Krieges bedingten plötzlichen Abreise von Frau Berg nach Kopenhagen repräsentiert der Spiegel eine verbliebene Konstanz im Haushalt, ein Gegenstand, der noch an seinem angestammten Platz ist, während sich

---

ve Spiegel und Porträt in der Literatur des 19. Jahrhunderts. Frankfurt am Main 1995, S. 37.). Sie stellt fest, dass „die Spiegelleidenschaft des Rokoko primär eine Sache des Adels" (Frenschkowski, a. a. O., S. 37) war: „Erst mit dem beginnenden neunzehnten Jahrhundert zieht die Spiegelmanie massiv in die bürgerliche Sphäre ein." (Frenschkowski, a. a. O., S. 37).

[30] Für das 19. Jahrhundert konstatiert Frenschkowski noch eine Diskrepanz der Verbreitung von Spiegeln zwischen Metropolen und Provinz, wo Spiegel deutlich länger vielleicht keine exklusiven, zumindest jedoch nicht selbstverständliche Gegenstände bleiben (Frenschkowski, a. a. O., S. 37).

[31] Herman Bang: *Sommerfreuden.* In: Herman Bang. *Sommerfreuden. Erzählungen.* Aus dem Dänischen übersetzt von Ingeborg und Aldo Keel. Nachwort von Aldo Keel. Zürich 2007, S. 5–180, hier S. 28.

[32] *Sommerfreuden,* a. a. O., S. 90, S. 119, S. 121, S. 136.

[33] *Sommerfreuden,* a. a. O., S. 90.

[34] *Sommerfreuden,* a. a. O., S. 119.

[35] Vgl. Bang, Herman. *Tine.* In: Herman Bang. Werke in drei Bänden. Erster Band. München 1982, S. 219–372, hier S. 221.

rundherum schon erste Veränderungen in Form von weißen Flecken an den Wänden zeigen, erste und vorerst noch harmlose motivische Vorboten einer später durch den Krieg hervorgerufenen vollkommen zerstörten Ordnung des Haushaltes und der Verheerung des gesamten bürgerlichen Lebens: „Rings um den Spiegel waren helle Flecken auf der Tapete, Spuren der abgenommenen Familienporträts."[36] Die leeren Flecken an der Wand hält Protagonistin Tine kaum aus: „Sie mochte die auffälligen hellen Flecken rings um den Spiegel nicht sehen, die müßten unbedingt verdeckt werden."[37] Viel später, als sich im Fortgang des Romans der Fokus auf die verängstigten Menschen der Flüchtlingsströme, die aus den vom Krieg verheerten Gebieten kommen, richtet, kennzeichnet das Klammern der Menschen an die zerbrochenen Spiegel drastisch die hilflose Erinnerung an das einstmals bestehende geordnete Leben und illustriert das Nicht-Verstehen der Vorgänge:

> „Selbst das Klagen hatten die Menschen aufgegeben. Sie trugen auch nicht mehr Dinge von Wert, sondern schleppten nur sinnlos mit, was der Schreck ihnen in die Hände gespielt hatte. Kinder trugen wertlosen Hausrat, alte Weiber hielten krampfhaft wie einen Schatz zerbrochene Spiegel fest, in denen der strömende Regen das Bild ihrer trostlosen Gesichter verwischte."[38]

Zuletzt wird dem Leser auch das seelische Zerbrechen von Tine zuerst in unmittelbarer Umgebung des im Romanauftakt bereits angesprochenen Spiegels gezeigt.[39]

Der narzisstische Blick in den Spiegel begegnet dem Leser etwa in Bangs kurzer Erzählung *Franz Pander*.[40] Pander träumt von einer Zukunft in großstädtischen Hotels „mit klafterhohen Spiegeln"[41] die endlich unbegrenzte Selbst-Bespiegelung erlauben würden. Auch die von Pander begehrte Miß

---

[36] *Tine*, a. a. O., S. 221.
[37] *Tine*, a. a. O., S. 226.
[38] *Tine*, a. a. O., S. 322f.
[39] *Tine*, a. a. O., S. 336f.
[40] Herman Bang: *Franz Pander*. In: Herman Bang. *Ein herrlicher Tag*. Erzählungen. Auswahl und Nachwort von Tilman Spreckelsen. Berlin 1999, S. 442–458, hier S. 445. „Er [Franz Pander] freute sich auch, weil er sah, daß er mit jedem Tag hübscher wurde. Am Abend, wenn er todmüde auf seine Kammer kam, konnte er lange dasitzen, einen brennenden Lichtstummel vor seiner Spiegelscheibe, und glückselig sein Gesicht betrachten." Vgl. auch: Herman Bang. *Fräulein Caja*. In: Herman Bang: *Sommerfreuden*, a. a. O., S. 291. „Eugenia, mit dem Spülwassereimer mitten im Zimmer stehend, war vor dem Spiegel der Jungen in ihr Spiegelbild versunken (es gab keinen Spiegel im Haus, der nicht mehrmals täglich Eugenias etwas aufgedunsene Physiognomie wiedergegeben hätte) und rührte sich nicht vom Fleck."
[41] *Franz Pander*, a. a. O., S. 445.

Ellinor posiert selbstverliebt vor dem Spiegel[42], und als sich die Blicke der beiden im Spiegel treffen, ist just dies erregende Initialzündung für den einzigen Kuss zwischen beiden.[43]

Bangs Erzählung *Die Raben* zeigt Protagonistin Viktoria Sejer mehrfach vor dem Spiegel. Hier wird der Spiegel im eigenen Haus zum Hilfsmittel, um die eigene Maskerade zu überprüfen.[44] Sejer inszeniert für die eigene Verwandtschaft ein genau durchchoreographiertes Abendessen, und sowohl der Ablauf des Abends als auch das eigene Auftreten sind genau festgelegt. Zugleich wird Fräulein Sejer als unglücklicher Mensch gezeigt, der aufgrund seiner körperlichen Entstellung den Blick in den Spiegel nicht erträgt:

> „Zum Schluß nahm sie ihre Festtagsperücke und hängte sie auf den Kerzenständer neben dem Toilettenspiegel. Sie wollte sich setzen, warf aber plötzlich einen Schal über ihre Blöße, und mit Händen, die zu zittern begannen – Fräulein Sejer bekam schnell dieses nervöse Zittern, wenn sie vor dem Spiegel saß – riß sie die alte Perücke herunter und setzte die neue auf den kahlen Schädel, schnell und ohne in den Spiegel zu schauen."[45]

In *Die Raben* finden sich weiterhin Motive der Mehrfach-Spiegelung[46], in anderen Texten des Autors treten Zerr- und Hohlspiegel[47] auf. Völlig selbstverständlich gehört das Spiegel-Motiv zur Welt der Artisten und Akrobaten in der Erzählung *Die vier Teufel*[48], in der auch das mit dem Spiegelmotiv traditionell eng verwandte Motiv von Abspaltung und Doppelgängertum zumindest anklingt[49], als tragendes Motiv eines Romans oder einer Erzählung findet es sich bei Bang hingegen nicht. Wie sich in den späteren Ausführungen zu *Das weiße Haus* und *Das Graue Haus* zeigen wird, klingen bei Bang

---

[42] *Franz Pander,* a. a. O., S. 451.
[43] *Franz Pander,* a. a. O., S. 451.
[44] Herman Bang: *Die Raben.* In: Herman Bang. *Sommerfreuden,* a. a. O., S. 181–273, hier S. 192.
[45] *Die Raben,* a. a. O., S. 200.
[46] *Die Raben,* a. a. O., S. 199. „Mit einem Mal begann sie [Fräulein Sejer] aufs neue mit vorgestreckten Armen durch den Salon zu laufen, während die zwei Eckspiegel ihre Gestalt wiederspiegelten, hin und her, auf und ab – als bereite sie sich insgeheim auf einen Kampf vor."
[47] *Fräulein Caja,* a. a. O., S. 299.
[48] Herman Bang: *Die vier Teufel.* In: Herman Bang. *Ein herrlicher Tag,* a. a. O., S. 228–279, hier etwa S. 232, 257, 262.
[49] Vgl. *Die vier Teufel,* a. a. O., S. 266. „Und Aimee saß wieder vor ihrem Spiegel, in dem sie ihr eigenes Bild sah – ohne sich zu rühren –, als wenn zwei Schlafende mit offenen Augen einander anstarrten."

auch mit Spiegeln verbundene Spuk-Motive an und es finden sich reich verzierte Prunkspiegel – hier kommen auch für das Fin de Siècle so typische Momente des Schilderns erlesener Interieurs zum Ausdruck.

Die angeführten Textstellen aus Bangs-Prosa, denen sich noch weitere an die Seite stellen ließen, zeigen deutlich die stetige Präsenz des Spiegel-Motives in Bangs Texten, ohne dass es notwendigerweise handlungstragend sein muss. Es verweist den Leser jedoch häufig auf Zusammenhänge von Wahrnehmung, Blick, Doppelung und Perspektive.

IV. Spiegel-Motive in *Das weiße Haus* und *Das graue Haus*

Wie der fast gleichzeitig erschienene Roman *Buddenbrooks* von Thomas Mann könnte auch Bangs Doppel-Roman den Untertitel *Verfall einer Familie* tragen.[50] Der 1857 auf der dänischen Insel Alsen im heutigen südlichen Dänemark geborene Bang[51] lebte die ersten sechs Jahre seines Lebens in jenem ‚weißen Haus‘, dem Pfarrhaus des Vaters, das er im Roman – wie eng dieses auch immer an das reale Haus angelehnt sein mag[52] – zum verlorenen Paradies der Kindheit stilisierte. 1863 zog die Familie nach Horsens, einer

---

[50] Boehlich parallelisiert in seinem Nachwort Thomas Manns *Buddenbrooks* und *Das graue Haus* in ihrer Eigenschaft als Verfalls- und Generationenromane. Er erklärt Bangs Roman für das „modernere Buch" (Boehlich, a. a. O., S. 303). Einen Zusammenhang zwischen beiden Romanen sah auch bereits Rainer Maria Rilke, der 1902 *Buddenbrooks* und *Das weiße Haus* in einer gemeinsamen Rezension besprach (Kersten, Joachim: „Schreiben, um zu Leben. Über Herman Bang". In: *Herman Bang. Eines Dichters letzte Reise*. Drei Erzählungen von Herman Bang, Klaus Mann und Friedrich Sieburg. Hamburg / Zürich 2009, S. 11–43, hier S. 34).

[51] Einen Überblick über Bangs Biographie gibt: Müller, Lothar: *Herman Bang*. Berlin 2011.

[52] Ob Herman Bangs Doppel-Roman zumindest partiell biographisch zu lesen ist, ist umstritten. Zwar betont etwa Boehlich in seinem Nachwort die Diskrepanz zwischen der Biographie Bangs und dem Roman-Text (vgl. Boehlich, a. a. O., S. 295 „In einem eigentümlichen Sinne sind seine [Bangs] Romane Spiegelungen eigenen Erlebens, Spiegelungen, nicht Schilderungen.") legt aber dennoch in seiner direkten Gegenüberstellung von Lebensdaten Bangs und der Roman-Szenerie des *Weißen Hauses* eine biographische Lesart zumindest nahe (Vgl. Boehlich, a. a. O., S. 297 „Das Pfarrhaus ist das Paradies seiner Jugend, das er [Bang] später als weißes Haus geschildert hat."). Ähnlich verfährt Müller, wenn er etwa Bangs Großvater Oluf Lundt Bang als Vorbild für die Figur des ‚Excellenz‘ im *Grauen Haus* herausarbeitet und ein Porträt der historischen Person mit einem Roman-Zitat untertitelt (Müller, a. a. O., S. 26f.). Wischmann hingegen betont in ihrer Dissertation den „allein fiktionalen Status" der beiden Texte (Wischmann, a. a. O., S. 94). Die biographische Lesart sieht Wischmann auch als Produkt des Roman-Vorwortes, „dem sentimentalen Prolog […] der das verlockende autobiographische Angebot bereithält."

nördlicher gelegenen Kleinstadt.[53] Hier erlebte die Familie den Krieg zwischen Dänemark und Preußen mit, der 1864 mit der Niederlage Dänemarks endete. In der Folge war das ‚weiße Haus' auf Alsen also auch aus territorialer Perspektive ein unerreichbarer Ort, denn nach der Niederlage verlor das Land seine südlichen Territorien, die jahrhundertelang zu Dänemark gehört hatten. Diese Niederlage – sie bildet auch den Hintergrund zu Bangs Roman *Tine* – wurde als traumatisch erfahren. Es schwingt also neben dem familiären und biographischen Verlust des Heims der Kindheit der nationale Verlust stets mit. In der Folge vollzog sich der Niedergang der Familie Bang. 1869 brach die Depression des Vaters aus[54], 1871 starb Bangs geliebte Mutter an Tuberkulose.[55] Jenes graue Haus, in welchem sich im Roman die Auflösung der Familie vollzieht, ist dem großbürgerlichen Haus von Bangs Großvater in Kopenhagen nachgestaltet, in welchem Bang ab 1875 zeitweise lebte.[56] Dass Vater und Mutter in diesem Haus als Figuren im Text weiterleben, belegt, dass Bang mit seinem biographischen Material sehr frei umgeht, der Text zwar Elemente einer Autobiographie hat, jedoch keinesfalls in biographischen Dimensionen aufgeht.

Auf den ersten Blick scheint es nicht sehr ergiebig zu sein, Bangs Doppel-Roman im Hinblick auf das Spiegel-Motiv zu untersuchen. Verglichen mit anderen, oben bereits erwähnten Texten des Autors ist die Frequenz des Motivs eher gering. Doch betrachtet man zunächst die wenigen Spiegel-Motive in *Das weiße Haus*, so fällt auf, dass diese sämtlich mit der zentralen Person der Mutter verknüpft sind, und allesamt mit Spiegeln assoziierte abergläubische Vorstellungen aufrufen.

Es ist ein wesentliches Charakteristikum des Spiegelmotivs, das sich sehr heterogene Konzepte unter dem Motiv zusammenfassen lassen. Von Momenten rationaler (Selbst)Erkenntnis[57] bis hin zu Vorstellungen des Übersinnlichen, des Spuks und des Aberglaubens.[58] Diesem Vorstellungsbereich

---

[53] Müller, a. a. O., S. 81.
[54] Kersten, a. a. O., S. 14.
[55] Müller, a. a. O., S. 81.
[56] Müller, a. a. O., S. 81. Kersten, a. a. O., S. 15.
[57] Den Spiegel als Erkenntnissymbol betont etwa der Beitrag im Lexikon literarischer Symbole (Vgl. Butzer, Günter / Joachim Jacob (Hg.): *Metzler Lexikon literarischer Symbole*. Stuttgart / Weimar 2008, S. 357. Für den Spiegel als Erkenntnissymbol vgl. auch: Frenschkowski, a. a. O., S. 43f.
[58] Diese Facette „der okkulte[n] Seite des Spiegelmotivs", „de[s] Aberglaubens […] als ein wesentlicher Teilbereich" betont etwa Sigrid Mittermayr (Vgl. Mittermayr, Sigrid: *Spiegel und Spiegelmotive in der Literatur. Vornehmlich dargestellt anhand von Texten E.T.A.*

entspringen die Spiegel in *Das weiße Haus*. Dies wird etwa in den Erzählungen der Mutter deutlich:

> „– Es hat schon immer auf Aaholm gespukt, sagte die Mutter: aber dies ist wahr, denn Olivia saß da und frisierte sich für den Ball, als sie plötzlich eine Dame aus der Wand hervorkommen sieht – leibhaftig – sie sah sie im Spiegel... In grauem Seidenkleid mit großen Rosensträußen kam sie einfach und stellte sich hinter ihren Stuhl. – Aber Olivia sprang auf und stürzte auf den Flur und schrie und schrie...“[59]

Hier ist es die Vorstellung des Spiegels als Schnittstelle zwischen der Welt der Lebenden und der Geister[60], die Vorstellung, Geistererscheinungen im Spiegel sehen zu können.

Ein zweites Beispiel für Spiegelmotive des Aberglaubens betrifft die Vorstellung, ein Spiegel sei auch mit heilenden Kräften ausgestattet. So glaubt die Mutter, eine obskure Zahnbehandlung vor dem Toilettenspiegel durch das Hausmädchen würde sie auf immer vor Zahnweh schützen.[61]

Eine dritte Spiegelfläche, auf die in *Das weiße* Haus permanent verwiesen wird, häufiger eigentlich, als dass es sich über die bloße Schilderung der Umgebung des Hauses rechtfertigen ließe[62], ist der zum Grundstück zugehörige Teich, der, wie es explizit heißt, „spiegelblank“[63] daliegt. Die Begrenzungen des Teiches, in Form seiner „Wasseroberfläche“[64] und der „Teichkante“[65] wird erwähnt, und als an einer Stelle der Blick auf den Teich betont wird, geht dies unmittelbar in eine Erinnerung über, in welcher ein Mensch in den Teich gestürzt ist.[66] Das Starren auf das Wasser evoziert in Gedanken die Möglichkeit, das altbekannte Schicksal des Narziss zu erleiden.[67] In diesen Themenkreis des Teiches, des Spiegelns und des Narziss

---

Hoffmanns. Saarbrücken 2009, S. 6). Auch Frenschkowski betont Motive des Aberglaubens als wesentlichen Aspekt des Spiegelmotivs (Vgl. Frenschkowski, a. a. O., S. 40ff.).

[59] *Das weiße Haus,* a. a. O., S. 44.

[60] Vgl. Mittermayr, a. a. O., S. 25.

[61] *Das weiße Haus,* S. 18f.

[62] Vgl. etwa: *Das weiße Haus,* S. 62, S. 94, S. 95, S. 99, S. 102, S. 103, S. 106, S. 107, S. 126.

[63] *Das weiße Haus,* a. a. O., S. 99.

[64] *Das weiße Haus,* a. a. O., S. 95.

[65] *Das weiße Haus,* a. a. O., S. 107.

[66] Vgl. *Das weiße Haus,* a. a. O., S. 94f. „Und sie setzen sich hinein und auf die weiße Bank, und sie starrten hinaus auf den Teich, und sie sprachen darüber, wie es voriges und vorvoriges Jahr war[.] [...] Aber am schlimmsten war es an dem Geburtstag, an dem die dicke Madam Jespersen in den Teich gefallen war.“

[67] Narziss-Mythos und Spiegel-Motiv gehören traditionell eng zusammen, vgl. etwa: Mittermayr, a. a. O., S. 35ff., Butzer, a. a. O., S. 357ff.

gehört auch eine Textpassage aus dem autobiographischen Text *Mein erstes Heim*[68], wo die aus *Das weiße Haus* bekannte Szenerie aufgerufen wird und es heißt:

> „Das weiße Hauptgebäude mit der grüngestrichenen Treppe zum Garten und das Stallgebäude und die Scheune und den Holzschuppen an der Hecke, die den kleinen Teich verbarg. Aus Schachteldeckeln bauten wir Schiffe, die weite Reisen über den Teich unternahmen, hinüber zum anderen Ufer[.] [...] Und das Wäldchen. Das Wäldchen, wo er wohnte, der ‚schwarze Mann‘ wie alle Kindermädchen sagten, der die Kinder bestrafte, die sich spiegelten, die mit Kerzen spielten und die weinten, wenn sie ins Bett mußten."[69]

Zusammenfassend lässt sich also sagen, das in *Das weiße Haus* ein Spiegel-Diskurs des Irrationalen und des Aberglaubens in Bezug auf die für den Text so zentrale Mutterfigur[70] etabliert wird, dies geschieht im Text nicht nur[71], aber doch prominent durch das Einsetzen des Spiegel-Motivs.

Beide Häuser sind, wie schon bei flüchtiger Lektüre erkennbar ist, statisch-antagonistisch einander entgegen gesetzt.[72] Die helle (Kindheits-)Vergangenheit in *Das weiße Haus* trifft auf eine katastrophale Gegenwart in *Das graue* Haus. Im weißen Haus ist fast alles licht, der Blick geht weit, fast alle Türen und Fenster – mit Ausnahme der Tür zum Zimmer des Vaters – stehen stets offen.[73] Im grauen Haus dominieren hingegen Schatten und Erstarrung, die Türen sind geschlossen, die Einrichtung abgedeckt.

---

[68] Der knapp 2-seitige Prosatext eröffnet in der dreibändigen Werkausgabe von Hanser die Textgruppe *Erinnerungen* (Vgl. Herman Bang: *Mein erstes Heim.* In: Herman Bang: Werke in drei Bänden. Dritter Band. München 1982, S. 343-344).

[69] *Mein erstes Heim*, a. a. O., S. 343.

[70] Irina Hron stellt in ihrem Aufsatz heraus, dass die Mutter-Figur und die Großvater-Figur der Exzellenz „jeweils den Fluchtpunkt eines der beiden Texte darstellen" und verweist zurecht auf die zentrale Rolle der Mutter für *Das weiße Haus* und des Großvaters für *Das graue Haus* (Hron, Irina: ‚Der Fortpflanzung soll gedient werden. Lasst sie zeugen und sterben.‘ Vom Zeugen und Gebären um 1900: Herman Bangs *Det hvide hus* und *Det graa Hus*. In: Heitmann, Annegret / Stephan Michael Schröder (Hg.): *Herman-Bang-Studien. Neue Texte – neue Kontexte.* München 2008 (=Münchener Nordistische Studien 1), S. 223–258, hier S. 229.

[71] Die Ansichten der Mutter bilden auch Abseits des Spiegel-Motivs geradezu einen Katalog abergläubischer und irrationaler Vorstellungen, verwiesen sei exemplarisch nur auf ihren Gespenster-Glauben (*Das weiße Haus*, a. a. O., S. 43) oder die Überzeugung, dass einige Tiere (Eulen und Hunde) über hellseherische Fähigkeiten verfügen (*Das weiße Haus*, a. a. O., S. 45).

[72] Boehlich, a. a. O., S. 300.

[73] Vgl. Boehlich, a. a. O., S. 305.

Zu Beginn von *Das graue Haus* wird nun ein gänzlich anderer Blick in den Spiegel inszeniert. Es ist die Perspektive des Großvaters väterlicherseits, des Hausherren, im Text als ,seine Excellenz' bezeichnet. Es heißt:

> „Seine Excellenz erhob sich in dem Fichtenbett und zündete ihre Kerze an. Dann stand er auf. Er überschüttete sich mit Wasser, während er sich in seinem Spiegel betrachtete: der Körper war knorrig und stark wie ein alter Pfahl. Gegen die weiße Wand hob er sich ab wie der Schatten eines Riesen."[74]

Es erfolgt also gleich zu Beginn der Blick in den Spiegel durch eine Hauptfigur. Hier wird jedoch nicht jener Motivbereich des Blicks in den Spiegel gezeigt, der den Spiegel als Schnittstelle zwischen Wirklichkeitserfahrung und metaphysischer Region betont. Vielmehr steht dieser Blick in den Spiegel im Zeichen des sich selbst Betrachtens, der Erkenntnis, des sich selbst Bewusstseins.[75] Man könnte einwenden, dass der morgendliche Blick in den Spiegel lediglich alltägliche Routine ist, doch die Verknüpfung der Großvater-Figur mit einem Erkenntnis-Diskurs[76] bestimmt insgesamt den Romananfang. Die Excellenz wird als jemand gezeigt, der im Wortsinne ,Licht ins Dunkel' bringt, indem er „mit dem Licht in der Hand durch die vielen Zimmer"[77] des Hauses geht und bis in das letzte Zimmer vordringt.[78] Auch die folgenden Beschreibungen der Figur stützen eine weiterreichende Deutung, denn die im Zitat anklingenden Elemente, der Blick und der starre Körper, sind die wesentlichen Beschreibungs-Attribute der Exzellenz. Die Augen, die erkennen wollen, sind durchgängiges Motiv. Zugleich wird jedoch häufig auf das Defizitäre des menschlichen Blicks im Allgemeinen und der Excellenz im Besonderen hingewiesen.[79] Die Exzellenz steht für eine von ihr lediglich behauptete Erkenntnis:

---

[74] *Das graue Haus,* a. a. O., S. 133.

[75] Vgl. Anmerkung 57.

[76] Irina Hrons detaillierte und sehr plausible Interpretation verknüpft die Figuren von Mutter und Großvater mit zwei unterschiedlichen Diskursen: „Während [...] der Großvater über das Medium des Auges einen Diskurs des Erkennens und der Erkenntnis figuriert, repräsentiert die Mutter über das Medium der Stimme den Diskurs der Musik und der Lyrik[.]" (Hron, a. a. O., S. 234f.). An anderer Stelle schreibt Hron, dass gerade die beiden Roman-Auftakte den mit der Hauptfigur assoziierten Diskurs aufrufen: „Während der Anfang von *Det hvide Hus* vorwiegend im Medium der Stimme modelliert wird, fokussiert der Beginn von *Det graa Hus* das Medium des Auges." (Hron, a. a. O., S. 253).

[77] *Das graue Haus,* a. a. O., S. 133.

[78] *Das graue Haus,* a. a. O., S. 133.

[79] Auch Hrons Aufsatz verweist auf den defizitären Blick des Großvaters (Hron, a. a. O., S. 256f.).

- „Er schrieb, mit geneigtem Haupt und zusammengekniffenen Augen, als wolle er ihnen Sehkraft aufzwingen."[80]

- „Unbeweglich mit Augen, die wohl nichts sahen, stierte er, vor seinem Tisch, vor sich hin, auf die Familienbilder oder die leere Wand…"[81]

- „Nein, sagte er plötzlich: ich kann nicht. Es sind die Augen, die Augen wollen nicht."[82]

Der vermeintlich erkenntnisorientierte, jedoch im Text als defizitär ausgestellte Blick des Familienoberhaupts, und das durch ihn vertretene Weltbild zeichnen sich durch einen selbstgefälligen Überlegenheitsgestus aus. Man hält sich für rational und ergeht sich in großspurigen Sentenzen über das Leben als Ganzes. Man glaubt stets, im Bunde mit der Vernunft zu sein:

- „Die Menschen werden nie vernünftig werden, ehe nicht all diese kitschigen Worte aus der Sprache herausgeschnitten sind […], und außerdem weiß ich wirklich nicht, warum ihr so viel von den Urenkeln der Affen verlangen wollt."[83]

- „Lassen Sie sie [die Menschen] aufwärts schauen. Dann werden sie nie ihrer selbst gewahr werden."[84]

Die Weltsicht der Mutter[85] kommt in diesen durchweg männlich dominierten Gesprächen kaum vor; ihr Weltbild ist aus dem ‚grauen Haus' verbannt. Das Eintreten des Großvaters für das Rationale geht einher mit einem demonstrativen Verachten von Erinnerungen: „Erinnerungen, sagte er: Erinnerungen – wir haben Geschwätz genug. […] Nein, es ist es nicht wert Zeugnis abzulegen."[86]

Durch das demonstrative Verachten von Erinnerungen seitens der Excellenz treten die Excellenz und der Romantext selbst, der ja als Ganzes eine Erinnerungsleistung darstellt, in ein Konkurrenz- und Spannungsverhältnis. Die zentrale Bedeutung von Erinnerung für den Doppel-Roman hat Annegret Heitmann in der Analyse des Text-Rahmens nachgewiesen: Man

---

[80] *Das graue Haus*, a. a. O., S. 134.
[81] *Das graue Haus*, a. a. O., S. 198.
[82] *Das graue Haus*, a. a. O., S. 137.
[83] *Das graue Haus*, a. a. O., S. 232.
[84] *Das graue Haus*, a. a. O., S. 237.
[85] Zu beachten ist, dass die Ähnlichkeiten der Mutterfiguren im *Weißen Haus* und im *Grauen Haus* zwar evident ist, nicht zuletzt durch die in beiden Texten gesungenen Lieder, dass Wischmann jedoch zurecht darauf hinweist, dass „[a]ufgrund der abweichenden Namensgebung [] der Rückbezug nicht stringent [ist]." (Wischmann, a. a. O., S. 97).
[86] *Das graue Haus*, a. a. O., S. 138.

betritt den Text durch einen komplexen, verschränkten mehrsprachigen paratextuellen Korridor[87], der sich vollends leider nur dem Leser des dänischen Originals erschließt.[88] In der Rahmung des Textes wird in Form eines englischen Liedes[89] der für den Roman so zentrale Komplex von Erinnerung und Erzählung erstmals evoziert – „Tell me the Tales / That to me were so dear / long long ago / long long ago"[90] –, ebenso wie der Erinnerungsprozess an das lange zurückliegende Einst der Kindheit gerade durch die mehrstufige Rahmung als etwas potentiell Brüchiges, Gefährdetes und in hohem Maße Vermitteltes dargestellt wird.[91] Das in der Rahmenhandlung zitierte Lied

---

[87] Heitmann, Annegret: „Vorgebliche Unmittelbarkeit. Herman Bangs Textanfänge." In: Annegret Heitmann / Stephan Michael Schröder (Hg.): Herman-Bang-Studien. *Neue Texte – neue Kontexte.* München 2008, S. 315–331, besonders S. 327ff. Heitmann weist in einer genauen Analyse einen aus sechs Einzelstufen bestehenden Rahmen für das *Weiße Haus* nach, der zu einer „Verzögerung des Handlungseinsatzes" (S. 327) führt: „Bang wählt ein sechsstufiges Vorgehen: Dem Titel folgt zunächst ein deutsches Zitat von Georg Hirschfeld, dann die Widmung ,Til en Ven' (,An einen Freund') der ungenannt bleibt, dann folgt die englische Volksliedstrophe ,Tell me the tales, that to me were so dear, long long ago, long long ago' und schließlich eine Vorrede, die wiederrum mit dem Refrain des Volkslieds überschrieben ist, das dann innerhalb der Vorrede mehrfach zitiert wird. Auf diese Weise werden Rahmen und Gerahmtes verschränkt, bevor der erste Satz des ,eigentlichen' Textes ein Erinnerungsbild evoziert."

[88] Es ist zu beachten, dass sowohl die Insel-Ausgabe (die von mir im Aufsatz verwendete Übersetzung von Boehlich), wie auch die dreibändige Hanser-Werkausgabe von 1982 die Rahmenstruktur des dänischen Originals verändert und dessen Komplexität reduziert. Die Insel-Ausgabe lässt die zweite Stufe des Rahmens, das deutschsprachige Hirschfeld-Zitat, weg, so dass sich die von Heitmann analysierte Rahmung des Originals (Vgl. die vorige Fußnote) von sechs Stufen (in drei Sprachen) auf fünf Stufen (in zwei Sprachen) vermindert. Trotz dieser Veränderung bleibt die Stufung der Rahmenstruktur für den Leser dieser Ausgabe zumindest grundsätzlich nachvollziehbar, da die Reihenfolge der übrigen Bestandteile des Rahmens beibehalten wird und – mit Ausnahme der Widmung „Einem Freunde" (*Das weiße Haus,* a. a. O., S. 9) auch deutliche Abstände die einzelnen Bestandteile des Rahmens voneinander absetzen und diese kennzeichnen. Für den Leser der Hanser-Werkausgabe geht die Dimension der Rahmenstruktur leider vollkommen verloren: Erneut fehlt das Hirschfeld-Zitat. Die Widmung „Für einen Freund" (Bang, Herman: *Das weiße Haus. Das graue Haus.* In: Herman Bang. Werke in drei Bänden. Erster Band. München 1982, S. 5–217, hier S. 5.) steht *über* dem Romantitel „Das weiße Haus". Dadurch, dass die Zeilen des englischen Volksliedes (Rahmenstufe 4 nach Heitmanns Analyse) nicht deutlich von der Vorrede (Rahmenstufe 5) abgesetzt sind, lässt sich auch kaum nachvollziehen, dass eine Zeile des Volkslieds auch als Überschrift der Vorrede dient. Zuletzt ist noch nicht einmal der Sprung in die erzählte Zeit der Haupthandlung als eindeutige Zäsur markiert, wird er doch lediglich durch eine zusätzliche Leerzeile von der Vorrede abgesetzt (Vgl. S. 8). Die zumindest mit Abstrichen beibehaltene Struktur der Rahmung, deren große Relevanz für die Gesamtstruktur des Textes Heitmann nachgewiesen hat, scheint mir ein gewichtiger Vorzug der Insel-Ausgabe zu sein.

[89] Vgl. Heitmann: „Vorgebliche Unmittelbarkeit", a. a. O., S. 328.

[90] *Das weiße Haus,* a. a. O., S. 10.

[91] Vgl. Heitmann: „Vorgebliche Unmittelbarkeit", a. a. O., S. 327. Heitmann betont, dass „der

stellt eine Aufforderung an die erinnernde Instanz des Textes dar, und diese Aufforderung wird im Schreibprozess umgesetzt, indem die lang zurückliegende Vergangenheit der Kindheit im ‚weißen Haus‘ erzählt wird.

Die Erinnerungen kreisen in *Das weiße Haus* zwar um alle Aspekte des Lebens, die Figur der Mutter ist in ihnen jedoch zentral. Es heißt, die Erinnerungen „kommen und sammeln sich um *Eine*".[92] Kulturellen Zeugnissen der Literatur, auch denen, die in jedem literarischen Kanon auftauchen, prophezeit das Familienoberhaupt der Excellenz im ‚grauen Haus‘ jedoch keine Dauer: „– Und was bleibt von einem Goethe? [...] Erst ein paar Bücher, dann ein Buch... dann ein Name und einmal zu allerletzt nur ein paar Buchstaben, deren Form niemand mehr deuten kann."[93] Formuliert wird ein langsamer Vergessensprozess und der letzte Teil des Zitats „ein paar Buchstaben, deren Form niemand mehr deuten kann", nimmt das nicht mehr Lesen-Können einer Schrift, die Materialität eines Textes selbst in den Blick.

Vor dem Hintergrund seines Verachtens von Erinnerung mag es paradox anmuten, dass auch der Großvater ein Schreibender ist, aber er schreibt Schauspiele: Der Enkel versucht einmal, einen Blick auf diese Texte zu erhaschen, hat aber Mühe „die unleserliche Schrift zu durchdringen, in der Buchstaben vergessen waren und Sätze ausgefallen waren."[94] Die Mutter erscheint im Text zwar nicht als Schreibende, aber doch als Modulatorin von Texten, denn wenn sie den Kindern aus Büchern vorliest, verändert sie die Texte: „Es gab kein Buch, das in ihren Gedanken dasselbe Buch blieb."[95] Und über eines der von ihr gesungenen Lieder heißt es: „Vielleicht hatte sie es selbst gedichtet."[96]

Während der Hausherr großspurig über Autorennamen spricht, aber keine konkreten Texte zitiert, gelangen durch die Mutter Intertexte ins Buch, die

---

erinnernde Zugang zum vergangenen Geschehen als nicht problemlos zu überbrückende Distanz des Erinnerungsprozesses markiert ist."

[92] *Das weiße Haus*, a. a. O., S. 23.

[93] *Das graue Haus*, a. a. O., S. 238.

[94] *Das graue Haus*, a. a. O., S. 137. Auch Hrons Interpretation weist auf das stetige Schreiben des Großvaters bei gleichzeitiger Unlesbarkeit der Texte hin (Hron, a. a. O., S. 244).

[95] *Das weiße Haus*, a. a. O., S. 42.

[96] *Das weiße Haus*, a. a. O., S. 74. Auch Hrons Deutung, die ja die Mutterfigur über „das Medium der Stimme und damit des gesprochenen bzw. gesungenen Wortes" (Hron, a. a. O., S. 252) charakterisiert, geht auf die Rolle der Mutter als Sängerin, Rezitatorin und Modulatorin von Liedern und Gedichten ein (Hron, a. a. O., S. 253) und weist darauf hin, dass „[f]ür die Mutter jede Form der reinen Schriftlichkeit mit Täuschung und Lüge verbunden [ist]" (Hron, a. a. O., S. 254).

dort einen breiten Raum einnehmen. Diese Intertexte stammen nicht aus der vermeintlich hohen, kanonischen Literatur, sondern aus weltlichen und kirchlichen Lieder- und Jahresbüchern. Eine Textpassage zeigt die Mutter als Leserin in einer von Spiegeln umrahmten Szene. Der Spiegel reflektiert an dieser Stelle neben der Mutter das Buch, den Text selbst: „Dann trocknete sie die Tränen und richtete die schönen Augen wieder auf das Buch, das gegen die Kante des Spiegels gelehnt stand wie ein Gebetbuch gegen ein Betpult."[97] Sie liest eine Passage aus einem Gedicht, das da lautet: „Die Thränen strömen und verwischen / Den Schriftzug mir; doch ward er gleich verwischt, / Stellt er erneut sich dar".[98] In dem Gedicht scheint die Utopie auf, dass die verwischte Schrift gerettet werden kann. Der Spiegel verweist in dieser Szene nicht nur auf die Medialität des Buches, sondern auch auf den affektiven Charakter der Lektüre. Die Mutter ist von dem Gedicht ergriffen und weint: „Zwei Tränen waren auf das Blatt niedergefallen. Die Mutter sah sie nicht[.] […] Sie hatte das Buch mit ihren beiden weißen Händen umfaßt."[99]

Im *Grauen Haus* findet also zunächst ein Verwischen der Schrift, der Texte der Mutter statt; dieses geschieht aber an der Stelle im Text, an der gerade anhand des im Spiegel zu sehenden Buches die Utopie geretteter Schrift aufscheint. Die Stelle funktioniert als ein Mise en abyme: Auf engstem Raum werden die Themenfelder Schrift, verwischende Schrift, Erinnerung enggeführt, und der Spiegel fokussiert dabei das Buch.

Diese Rettung der Texte der Mutter geht natürlich über die Figurenperspektive hinaus. Die Mutter hat lediglich ein trauriges Gedicht gelesen, in dem es hieß: „Fort ist der Glanz mit aller Zauberei / […] Kein Rückruf jener heitern sel'gen Tage […] Nur milde Seufzer, armes Herzchen, wage, / Als klare Spiegel der verschwundnen Lust"[100], ein Nachklang des verloschenen Glanzes des verzauberten weißen Hauses. Ihr Blick in den Spiegel auf der reinen Handlungsebene fällt entsprechend ernüchtert aus, sie erkennt sich nicht im eigenen Bild: „Ihre Hände glitten an dem Buch herab, und still starrte sie in den Spiegel, hinein in ihr eigenes Bild, das sie nicht sah."[101]

Die Figur der Mutter zeichnet sich – wie erwähnt – durch modulierte Erzählungen und das Singen von Liedern aus, die sie ebenfalls verändert. Gerade diese

---

[97] *Das graue Haus*, a. a. O., S. 246.
[98] *Das graue Haus*, a. a. O., S. 247.
[99] *Das graue Haus*, a. a. O., S. 246f.
[100] *Das graue Haus*, a. a. O., S. 246.
[101] *Das graue Haus*, a. a. O., S. 248.

flüchtigen Formen werden durch die Erzählung konserviert. Sie entstammen dem individuellen Familiengedächtnis, eine Form des kommunikativen Gedächtnisses, da es nicht fixiert ist und an seine Gedächtnisträger gebunden ist. Gerade diese Elemente sind es, die nun schriftlich fixiert werden und vor dem Hintergrund einer prekären Erinnerungssituation – des sich faktisch vollziehenden Verfalls der Familie – in eine dauerhafte Form des kulturellen Gedächtnisses, das literarische Archiv, überführt werden. Gerade die im realen Leben nicht oder nur von den Kindern gehörten Texte – in den dröhnenden Männerrunden des *Grauen Hauses* war die Mutter nur Randfigur – werden vor dem Spiegel wieder lesbar gemacht. Betrachtet man Bangs Romantext, dann bleiben von der Exzellenz lediglich einige Äußerungen über Texte, jedoch nicht die von ihm angefertigten schriftlichen Zeugnisse. Die Texte der Mutter nehmen hingegen breiten Raum ein und werden durch ihre Festschreibung im Text der Sphäre der Mündlichkeit und damit des Vergessens entrissen. Das Medium der Schrift – vom Großvater als Machtinstrument gebraucht[102] – wird gegen das Familienoberhaupt gewendet. In diesem Umschreiben der Familiengeschichte liegt – trotz des Verfalls der Familie – die Utopie des Romans von Bang.

IV. Zusammenfassung

Zusammenfassend können drei wesentliche Formen des Spiegelmotivs bei Bang konstatiert werden:

(1) In seinen poetologischen Betrachtungen verwendet Bang die Spiegelmetapher, um innerhalb seiner Poetik den indirekten Blick zu betonen. Perspektiven, Blicke und die Duplizierung von Wahrnehmung werden dabei problematisiert.

(2) In den Texten Bangs sind Spiegel ein sehr frequentes Motiv. Einige Arten der Blicke in den Spiegel wurden genannt. Durch die Häufigkeit des Motivs wird der Leser permanent dazu angehalten, die Fragwürdigkeit der Wahrnehmung im Blick zu behalten. Häufig sind die Motive jedoch eher auf der Textoberfläche angesiedelt.

(3) In *Das weiße Haus* und *Das graue Haus* werden anhand zweier unterschiedlicher Blickweisen in den Spiegel, die auch zwei wesentliche Strö-

---

[102] Vgl. Hron, S. 244. „Der Großvater schreibt ohne Unterlass und übt durch die Schrift seine Macht als genealogischer ‚Herr im Haus' aus."

mungen der Motivtradition des Spiegels darstellen, die beiden Hauptfiguren charakterisiert, wobei das janusköpfige Spiegelmotiv die für die jeweilige Figur relevante Motiv-Facette hervorhebt. Auf der Fläche des Spiegels wird nicht zuletzt auch die Machart des Romans selbstreferentiell kenntlich gemacht.

V. Letzter Blick in den Spiegel

Eingangs hieß es, der Blick in den Spiegel stehe auch am Ende des Schreibens von Herman Bang. Bang starb im Jahr 1912 während einer Lesereise auf einer Eisenbahnfahrt im US-Bundestaat Utah.[103] Keiner der Mitreisenden wusste, um wen es sich handelte, da Bang kaum Englisch sprach, und mit niemandem nähere Bekanntschaft gemacht hatte. Erst aus dem Pass des Toten erfuhr man, dass er Däne war. Der in seiner Heimat wegen seiner Homosexualität als „Fräulein Hermine Bang"[104] verspottete Autor hatte in seinen letzten Lebensjahren vor allem aus Geldnot immer entlegenere Lesereisen auf sich genommen und war einer Einladung der dänischen Kolonie in New York gefolgt. Auf der Schiffs-Passage von Cuxhaven nach New York schrieb er einen letzten Prosatext. Geschildert wird eine Schiffsgesellschaft, die es angesichts eines aufziehenden schweren Sturms mit der Angst zu tun bekommt. Am Ende leisten sich der Erzähler und ein Mitreisender Gesellschaft, zusammen lässt sich das Unwetter wohl besser aushalten. Obwohl die letzten Zeilen von Bang natürlich nicht als letzte Zeilen, als Abschluss des Werkes, intendiert sind, mögen sie hier am Ende stehen:

> „Herr v. Tschirnitz kommt herein und stolpert in der Tür.
> ‚Darf ich ein bisschen hierbleiben?' sagt er.
> ‚Ja, gern.'
> ‚Aber sprechen kann ich nicht.'
> ‚Ich auch nicht.'
> Und wir sitzen auf dem zitternden Sofa, schweigend, nebeneinander, vor dem großen Spiegel – vor unseren eigenen Zitternden Bildern."[105]

---

[103] Vgl. Kersten, a. a. O., S. 28f. Kersten schildert ausführlich die folgende Episode, die sich auch in anderen biographischen Abrissen zu Herman Bang nachlesen lässt.
[104] Kersten, a. a. O., S. 17.
[105] Herman Bang: „Der grosse Kahn". In: Herman Bang – Eines Dichters letzte Reise. Drei Erzählungen von Herman Bang, Klaus Mann und Friedrich Sieburg. Herausgegeben von Joachim Kersten. Hamburg / Zürich 2009, S. 43–66, hier S. 66.

Literatur

Bang, Herman: Das weiße Haus. Das graue Haus. Zwei Romane. Aus dem Dänischen und mit einem Nachwort von Walter Boehlich. Frankfurt am Main 2007.

Bang, Herman: Das weiße Haus. Das graue Haus. In: Herman Bang. Werke in drei Bänden. Erster Band. München 1982, S. 5–217.

Bang, Herman: Etwas über dänischen Realismus. In: Herman Bang. Werke in drei Bänden. Dritter Band. Erzählungen. Eindrücke und Ansichten. Erinnerungen. Briefe. München / Wien 1982, S. 291–298.

Bang, Herman: Sommerfreuden. Erzählungen. Aus dem Dänischen übersetzt von Ingeborg und Aldo Keel. Nachwort von Aldo Keel. Zürich 2007.

Bang, Herman: Tine. In: Herman Bang. Werke in drei Bänden. Erster Band. München 1982, S. 219–372.

Bang, Herman: Franz Pander. In: Herman Bang. Ein herrlicher Tag. Erzählungen. Auswahl und Nachwort von Tilman Spreckelsen. Berlin 1999, S. 442–458.

Bang, Herman: Die vier Teufel. In: Herman Bang. Ein herrlicher Tag. Erzählungen. Auswahl und Nachwort von Tilman Spreckelsen. Berlin 1999, S. 228–279.

Bang, Herman: Mein erstes Heim. In: Herman Bang: Werke in drei Bänden. Dritter Band. München 1982, S. 343–344.

Bauer, Matthias: Romantheorie und Erzählforschung. Eine Einführung. Stuttgart / Weimar 2005.

Butzer, Günter / Joachim Jacob (Hg.): Metzler Lexikon literarischer Symbole. Stuttgart / Weimar 2008.

Frenschkowski, Helena: Phantasmagorien des Ich. Die Motive Spiegel und Porträt in der Literatur des 19. Jahrhunderts. Frankfurt am Main 1995.

Heitmann, Annegret / Stephan Michael Schröder: Zur Einführung. Geschichte und Perspektiven der deutschen wie internationalen Herman Bang-Rezeption und -Forschung. In: Annegret Heitmann / Stephan Michael Schröder (Hg.): Herman-Bang-Studien. Neue Texte – neue Kontexte. München 2008, S. 9–46.

Heitmann, Annegret: Die Moderne im Durchbruch (1870–1910). In: Glauser, Jürg (Hg.): Skandinavische Literaturgeschichte. Stuttgart / Weimar 2006, S. 183–229.

Heitmann, Annegret: Vorgebliche Unmittelbarkeit. Herman Bangs Textanfänge. In: Annegret Heitmann / Stephan Michael Schröder (Hg.): Herman-Bang-Studien. Neue Texte – neue Kontexte. München 2008, S. 315–331.

Hron, Irina: ‚Der Fortpflanzung soll gedient werden. Lasst sie zeugen und sterben.‘ Vom Zeugen und Gebären um 1900: Herman Bangs *Det hvide hus* und *Det graa Hus*. In: Heitmann, Annegret / Stephan Michael Schröder (Hg.): Herman-Bang-Studien. Neue Texte – neue Kontexte. München 2008 (=Münchener Nordistische Studien 1), S. 223–258.

Kersten, Joachim: Schreiben, um zu Leben. Über Herman Bang. In: Herman Bang. Eines Dichters letzte Reise. Drei Erzählungen von Herman Bang, Klaus Mann und Friedrich Sieburg. Hamburg / Zürich 2009, S. 11–43.

Mittermayr, Sigrid: Spiegel und Spiegelmotive in der Literatur. Vornehmlich dargestellt anhand von Texten E.T.A. Hoffmanns. Saarbrücken 2009.

Müller, Lothar: Herman Bang. Berlin 2011.

Osterhammel, Jürgen: Die Verwandlung der Welt. Eine Geschichte des 19. Jahrhunderts. München 2010.

Stendhal: Rot und Schwarz. Chronik des 19. Jahrhunderts. Aus dem Französischen von Otto Flake. Mit einem Nachwort von Franz Blei. München 2001.

Wischmann, Antje: Ästheten und Décadents. Eine Figurenuntersuchung anhand ausgewählter Prosatexte der Autoren H. Bang, J.P. Jacobsen, R.M. Rilke und H. v. Hofmannsthal. Frankfurt am Main 1991.

Uecker, Heiko (unter Mitarbeit von Joachim Trinkwitz): Die Klassiker der skandinavischen Literatur. Die großen Autoren vom 18. Jahrhundert bis zur Gegenwart. Düsseldorf 1990.

Markus Pohlmeyer

Georg Brandes: Kierkegaard – Psychogramm eines literarischen Genies

Vor-Bild(er)

Auf dem Titelbild einer Anthologie[1] ist der berühmte dänische Journalist und Literaturkritiker Georg Brandes (1842–1927) in einer Haltung abgebildet, die auf eine lange literarische und kunsthistorische Tradition verweist. Es mag zuweilen irritieren, beispielsweise den Heiligen Joseph auf Krippendarstellungen zu sehen, wie er mit geschlossenen Augen seine Wange in die Hand schmiegt und dabei das bedeutsame Ereignis der Menschwerdung Gottes zu verschlafen scheint. Ein Gedicht von Walther von der Vogelweide hilft weiter:

> „Ich saß auf einem Stein,
> dabei deckte ich Bein mit Bein,
> darauf setzte ich meinen Ellbogen,
> ich hatte in meine Hand geschmiegt
> das Kinn und eine meiner Wangen,
> dabei dachte ich sehr eindringlich darüber nach,
> wie man auf der Welt leben solle […].“[2]

Der Sprecher beschreibt eine Meditationshaltung. Er meditiert über die Welt, was zunächst harmlos klingt, sich aber im weiteren Verlauf zu einem kritisch-resignativen Kommentar zur „Situation des Reiches seit 1197“[3] entwickelt. Die Grundfrage scheint unlösbar, wie man denn Ehre, irdischen Besitz und Gottes Gnade zusammenbringen könne,[4] übersetzt: wie kommen soziale, materielle und religiöse Dimensionen konfliktfrei zusammen. Alle drei Aspekte sind im mittelhochdeutschen Urtext trotz Hierarchisierung voneinander

---

[1]   G. Brandes: *Der Wahrheitshass. Über Deutschland und Europa 1880–1925.* Aus dem Dän. v. P. Urban-Halle u.a., ausgewählt, kommentiert u. mit einem Nachwort v. H. Grössel. Berlin 2007.

[2]   Walther von der Vogelweide: *Werke. Gesamtausgabe.* Bd. 1: Spruchlyrik. Mittelhochdeutsch/Neuhochdeutsch. Hg., übers. u. kommentiert v. G. Schweikle. Stuttgart 1994, S. 73. Zu dem Bildtopos vgl. den Kommentar auf S. 338. In dieser Haltung wird der Dichter auch im Codex-Manesse dargestellt.

[3]   Walther von der Vogelweide, a. a. O., S. 338.

[4]   Vgl. dazu H. Weddige: *Einführung in die germanistische Mediävistik.* 2. Aufl. München 1992, S. 284. Weddige verweist auf die antik-philosophische Herkunft dieser Begriffe: *utile, honestum, summum bonum.*

abhängig, können also nicht unabhängig existieren und verweisen auf eine ernüchternde Realität von Gewalt, Rechtsbruch und Unfrieden.

Wenn sich das Brandes-Bild (die Wange in einer Hand, leicht geneigten Hauptes, überschlagene Beine, ein Buch auf dem Schoß) so wie manche Darstellungen des Heiligen Joseph in diese ikonographische Tradition einreiht, sei hier ein Vergleich erlaubt: auch Brandes meditiert über seine Zeit, unterstellen wir ihm: in den Oberbegriffen ‚Europa', ‚Moderne' und ‚Atheismus'; diese fungieren durchaus auch als Gegenbild und Utopie (wie in dem mittelalterlichen Gedicht) zu parallel laufenden Phänomenen wie Nationalismus, Modernitätsverweigerung (z.B. in Gestalt des Widerstandes gegen die Emanzipation der Frau) und Klerikalismus, den Brandes in einem Text von 1925 neben Kommunismus etc. als großes europäisches Problem ansieht.[5] Anders formuliert: ein *neues Europa* ist *der* Weg aus desaströsem Nationalismus; die Emanzipation der Frau wendet sich gegen Hierarchien und Machtgefälle in Gender und Sexus; Atheismus liest sich bei Brandes wie eine Befreiung von klerikalen Institutionen – Themen, die sich in seiner Kierkegaard-Biographie variiert wiederfinden: seien es Kierkegaards heroischer Kampf gegen die dänische Staatskirche im *Augenblick*, das problematische Bild von der Ehe in *Entweder-Oder* wie auch Brandes' eigene Analysen zur politischen Situation Dänemarks in der Zeit des größten dänischen Schriftstellers. Brandes ist ein Grenzgänger jüdischer Herkunft, säkularisiert, erschüttert von dem sich ausbreitenden Antisemitismus, zeitweilig begeistert von Bismarck und Deutschland, gleichzeitig Kritiker des preußischen Militarismus, enttäuscht von Dänemark, aber immer Däne, enttäuscht von den sozialen Bewegungen und ihren Protagonisten, ohne je die sozialen Ideale aufzugeben. Und er hat Nietzsche und Kierkegaard europaweit ins Gespräch gebracht.[6]

---

[5] Vgl. dazu Brandes: *Wahrheitshass,* a. a. O., S. 164.
[6] Vgl. dazu auch das Kapitel „Die Moderne im Durchbruch (1870–1910)". In: J. Glauser (Hg.): *Skandinavische Literaturgeschichte.* Stuttgart / Weimar 2006, S. 183–190.

Von der Bildfläche verschwunden: Kierkegaard

„After a tempestuous life, he [Kierkegaard; MP] died amidst recrimi-
nation, odium, and scandal. When he died in 1855, the Danish public,
exhausted by the demands he had made on it, consigned the man and
his works to oblivion, hoping never to hear his name again. [...] The
first monograph about him (1877) was by the positivist philosopher
Georg Brandes, and it is on record that Brandes himself said that [...]
he wrote about Kierkegaard to free the Danes from his influence."[7]

Damit ist auch schon ein Motiv angeklungen, das im weiteren Verlauf immer
wieder aufscheinen wird: sowohl Kierkegaard als auch Brandes hatten eine
unglückliche Liebesgeschichte mit Dänemark. Aber ich lese die Monographie
von Brandes in Teilen auch gegen das Zitat von Poole: Kierkegaard soll
einerseits gerade in seiner zukunftsweisenden Bedeutung *für* Dänemark
herausgearbeitet werden. Und damit auch für die auf- und anbrechende Moderne, so wie Brandes sie versteht. Andererseits werden die vermeintlich
traditionellen Züge im Werke Kierkegaards auf dem Hintergrund eben dieser
auf- und anbrechenden Moderne von Brandes als unzeitgemäß und rückwärts
gewandt kritisiert.

So unbestreitbar die Leistung von Brandes ist, Kierkegaard überhaupt bekannt gemacht zu haben, so geht dieser Aufsatz – in enger Anlehnung an den
Text der Biographie – dennoch auch der Frage nach, welches Kierkegaard-
Bild Brandes der Leserin/dem Leser präsentiert. Auf die besonderen Schwie-
rigkeiten, die mit Kierkegaard-Biographien verbunden sind, verweist J. Garff.
Er berichtet nämlich zu Beginn seiner großen Kierkegaard-Biographie von
einem Skandal am Rande von Kierkegaards Beisetzung: „Das ganze Theater
um die Beerdigung zeugt davon, daß im Falle Kierkegaard nicht einmal der
Tod Leben und Werk voneinander zu trennen vermag."[8] Dennoch geschieht
eine paradoxe Entwicklung in der nach Garff spärlichen Biographik über
Kierkegaard:

„[...] jahrzehntelang hat man geradezu eine systematische Vertreibung
des Mannes aus seinem Werk betrieben. [...] Der Grund dafür ist

---

[7]   R. Poole: „The unknown Kierkegaard. Twentieth-century receptions". In: A. Hannay – G.
    D. Marino: *The Cambridge Companion to Kierkegaard*. 8. Aufl.. Cambridge 2007, S. 48–
    75, hier S. 49.

[8]   J. Garff: *Søren Kierkegaard. Biographie*. Aus d. Dänischen v. H. Zeichner u. H. Schmid.
    München / Wien 2004, S. 16. Vgl. ausführlich zum Thema *Biographie*: *Reallexikon der
    deutschen Literaturwissenschaft,* Bd. 1 A-G. Hg. v. K. Weimar. Berlin / New York 2007,
    S. 233–238.

nicht nur, daß sich Kierkegaard von seinen pseudonymen Schriften distanziert und sich im übrigen das neugierige Interesse an seiner Person verbeten hat; dazu beigetragen hat bestimmt auch in den späteren Jahren die Furcht davor, daß eine biographische Darstellung früher oder später zu einer Vereinfachung führen könnte, wobei theologische und philosophische Probleme ganz banal mit Verdrängungen, ödipalen Konflikten oder mit schicksalsträchtigen Treffen mit einem kalten Nachttopf in Verbindung gebracht wurden.“[9]

Das Problem liegt im Werk des Dänen selbst: „There can be no attempt, that is, to ‚fit‘ Kierkegaard into some overarching scheme [...]. His irony and his many-voiced-ness, his *heteroglossia*, distance him from any position that could be asserted to be finally ‚his‘ position.“[10] Durch dieses Chamäleonhafte wurde Kierkegaard, nicht-gründender Gründer philosophischer Schulen, oft einer genuinen Exegese wie auch Eisegese unterzogen, z.B.: „If Heidegger had phenomenologized Kierkegaard, it was Jean-Paul Sartre, who existentialized him.“[11]

Brandes trennt nicht Mann und Werk und zeigt auch keine Scheu, die Verdrängungen und ödipalen Konflikte Kierkegaards einzublenden. Wie weit diese Ausführungen psychoanalytisch zutreffen und in einer Eins-zu-eins-Relation mit dem Werk stehen, soll hier nicht weiter diskutiert werden. Wichtiger erscheint mir, welchen Effekt Brandes bei seiner durchaus (bis dato noch ungeneigten?) Leserschaft erreichen möchte, wenn er den Totgeschwiegenen in seiner literarischen und geistigen Größe zu restituieren versucht, und welche seiner eigenen Ideen er mit denen Kierkegaards entweder verneinend kontrastiert oder bejahend parallelisiert. In Bezug auf die andere Thematik sei auf Garff verwiesen, und zwar auf das Kapitel mit der Kierkegaard-Zitat-Überschrift: „Kopenhagen ist eine sehr schmutzige Stadt“, die dann im Haupttext drastisch zugespitzt wird: „Kopenhagen war eine wahre Bakterienbombe [...].“[12] Nach diversen Ausführungen zur Kopenhagener Hygiene folgt dann bei Garff das Kapitel „Die Krankheit zum Tode“.

---

[9] Garff: *Kierkegaard,* a. a. O., S. 16.
[10] Poole: *Kierkegaard,* a. a. O., S. 48.
[11] Poole: *Kierkegaard,* a. a. O., S. 54.
[12] Garff: *Kierkegaard,* a. a. O., S. 606. Vgl dazu auch S. 605–612.

Ins Bild gerückt: die Biographie von 1877

Die folgenden Ausführungen zeichnen sich durch zahlreiche Brandes-Zitate aus: zum einem, weil die deutsche Übersetzung, die meinen Ausführungen zugrunde liegt, nicht mehr leicht zugänglich ist; zum anderen, weil Brandes sich kongenial in das Phänomen Kierkegaard einfühlt. Auch wenn er sich manchmal *vorbei*-fühlt. Die Biographie beginnt mit einer Kindheitsanekdote, die ein Licht darauf wirft, was in Dänemark bis dato von Kierkegaard bekannt gewesen sei, polemisch und überspitzt formuliert: sein (legendäres) Outfit:

> „Meine früheste Erinnerung, was Kierkegaard betrifft, ist die: Wenn ich als kleiner Junge meine Hosen nicht glatt und sorgfältig über die damals üblichen langen Stiefelschäfte zog, sagte das Kindermädchen warnend zu mir: ‚Søren Kierkegaard!' [...] Die Karikaturzeichnungen im Kopenhagener Witzblatt ‚Corsaren' hatten Kierkegaards Beine in Kreisen bekanntgemacht, zu denen sein Genie nicht vorgedrungen war."[13]

Hinter der hier nur kurz eingespielten Karikaturenaffäre verbirgt sich eine große Tragik in Kierkegaards Leben, nämlich seine fehlende Akzeptanz in der Kopenhagener Gesellschaft, ein Schicksal, das Brandes mit ihm teilen sollte. (Außerdem wird hier auf das destruktive Potential moderner Medien verwiesen.) So wurde Brandes als Nachfolger einer vakanten Ästhetik-Professur gehandelt, was zu heftigen Kontroversen führte. Seine Veröffentlichung beispielsweise von Gottfried Kellers *Romeo und Julia auf dem Dorfe* führte zu heftiger Kritik:

> „Carl Ploug verwendete in ‚Fædrelandet' (20.11.1875) 7 Zeitungsspalten, um Brandes für diese Übersetzung an den Pranger zu stellen. [...] Die Novelle sei im höchsten Grade unsittlich, denn hier wird uneheliche Liebe und Selbstmord dargestellt, ohne verurteilt zu werden. Noch anstößiger wird das Ganze dadurch, daß die Initiative von der Frau auszugehen scheint. Dies zeigt also – so Ploug –, daß Brandes moralisch vergiftet ist. [...] Was für Brandes tatsächlich vergiftet war, war die geistige Atmosphäre in Dänemark. [...] Erst 1901, also 30 Jahre nach seinen Vorlesungen, erhielt Brandes die Professur für Ästhetik. [...] Selber bemerkt er bitterironisch in seinem Tagebuch (23.2.1872): ‚Die ganze Stadt ist voll von den wahnsinnigsten Gerüch-

---

[13] G. Brandes: *Søren Kierkegaard. Eine kritische Darstellung.* Aus dem Dänischen, eine anonyme Übersetzung aus dem Jahre 1879. Bearbeitet u. mit Anmerkungen versehen v. G. Perlet. Leipzig 1992, S. 7.

ten über mich (...) Ich hätte so und so viele Mädchen verführt. Ich hätte eine Bande von Mordbrennern unter mir (...). Es ist eine wahre Orgie in allen Gesellschaften der Stadt. Ich werde zum ersten, zweiten und dritten Gang serviert.'"[14]

Während Brandes zum Essen serviert wurde, zogen Kierkegaards Hosen in die Kinderstuben ein. Was war das Problem? Zu große Genies in einem zu kleinen Lande, das sich ständig selbst überschätzte?

> „[... Kierkegaard; MP] teilte den irrigen Glauben an alles Dänische, der damals bei den Dänen verbreitet war. Er glaubte [...], Dänemark besitze in Mynster den größten Prediger, in Heiberg den größten existierenden Ästhetiker, in Madvig den ersten Philologen dieser Zeit und, was er nicht aussprach, zuweilen aber doch auch zu verstehen gab: in ihm den größten lebenden Prosaschriftsteller – eine Vermutung, die sogar weniger überspannt war als die zuvor genannte. Soviel ist gewiß: er war für Dänemark viel zu groß. Das sollte er bald mit bitterem Schmerz zu spüren bekommen."[15]

Auf die komplexe und weitverzweigte Rezeptionsgeschichte Kierkegaards kann hier nicht eingegangen werden, aber das Zitat von Poole (s. Anm. 7) hat illustriert, wie man mit der Affäre ‚Kierkegaard' vorerst umzugehen gedachte: mit einer *damnatio memoriae*. Dagegen nun Brandes, dem es gelingt, am Anfang seiner Biographie auf knapp zweieinhalb Seiten (in der deutschen Übersetzung) eine Kurzcharakteristik von Kierkegaard zu entwerfen, der „[...] in Kopenhagen als ein Straßenoriginal bekannt [...]"[16] war und dessen regelmäßige Kutschfahrten ein merkwürdiges Nebeneinander von Flucht, Meditation und Exaltation darstellten:

> „Er, dem es so schwerfiel, sich selbst zu vergessen, der sich niemals ganz verlieren konnte, nicht in die Natur, deren Studium er geringschätze, nicht in die Geschichte, für die ihm bei seiner ausgeprägt philosophischen Anlage der Sinn fehlte, kaum in die Musik, in der er nur seine eigenen Ideale aufsuchte, fand ein Gefallen daran, hier in der Einsamkeit sich selbst als Zentrum zu fühlen."[17]

Mit Natur, Geschichte und Musik führt Brandes Themen ein, die er später im Rahmen seiner kritischen Überlegungen aufgreift und ausbaut. Wenn

---

[14] E. Fredsted: „Georg Brandes – ein dänischer ‚Emigrant' in Deutschland". In: *Grenzfriedenshefte,* Heft 2, Juni 1986, S. 75–86, hier S. 77 f.
[15] Brandes: *Kierkegaard,* a. a. O., S. 161 f.
[16] Brandes: *Kierkegaard,* a. a. O., S. 7.
[17] Brandes: *Kierkegaard,* a. a. O., S. 8. Dies mag man wiederum lesen als Anspielung auf eine der Karikaturen des *Corsaren.*

Natur verstanden wird als Naturwissenschaft (und nicht beispielsweise als Romantik), so wird Brandes Kierkegaards merkwürdiges Desinteresse daran kritisieren:

> „Kierkegaards Unglück besteht darin, daß ihm der Naturbegriff der modernen Wissenschaft vollkommen fremd ist und daß er sich deshalb gezwungen sieht, den Gegnern seinen theologischen Gottesbegriff zu unterstellen."[18]

> „Kierkegaard habe in seinem Tagebuch hervorgehoben notiert: *Alles Verderben wird am Ende von den Naturwissenschaften kommen*' – alles Verderben nämlich für seinen positiven Glauben. Die Entdeckung des Mikroskops versetzt ihn in einen Zustand krampfhafter Verbitterung [...]."[19]

> „Leider kann man gewiß sein, daß Kierkegaard, hätte er den Darwinismus erlebt [...], einer der Eifrigsten im Witzereißen gewesen wäre, was die Abstammung des Menschen vom Affen [...] betrifft [...]."[20]

Wenn Musik bei Kierkegaard verstanden wird als seine Vorliebe für Mozart und dessen Oper *Don Giovanni*, so wird Brandes diese Einseitigkeit und Engführung kritisieren (ungeachtet der brillanten musikästhetischen Beobachtungen in *Entweder-Oder*): „Er war nicht sonderlich musikalisch; wäre er es gewesen, so hätte er wahrscheinlich viel mehr von seinem tiefsten Wesen bei Beethoven, den er niemals erwähnt, als bei dem sorglosen und sprudelnden Mozart gefunden."[21]

Außerdem erweist sich Kierkegaard für Brandes weder als Historiker noch als Geschichtsphilosoph. Dessen Denken kollidiert folglich mit der bisweilen geschichtsoptimistischen Sicht des Positivisten Brandes, welche sich als gewissermaßen durch Darwinismus naturalisierte Hegel'sche Geschichtsteleologie gesellschaftlich bahnbrechen soll und sich schon bei bestimmten Literaten und Philosophen artikuliert:[22]

> „[... Kierkegaard; MP] hatte in seinen *Brocken* ja entwickelt, daß eine Philosophie der Geschichte unmöglich sei, und damit war der Begriff einer historischen Entwicklung bereits geleugnet. Außerdem mußte

---

18 Brandes: *Kierkegaard,* a. a. O., S. 150.
19 Brandes: *Kierkegaard,* a. a. O., S. 155 f.
20 Brandes: *Kierkegaard,* a. a. O., S. 156. Brandes deutet Darwin als Antwort auf die ungelösten Fragen in Hinblick auf die Teleologie Kants.
21 Brandes: *Kierkegaard,* a. a. O., S. 106.
22 Vgl. dazu Brandes: *Kierkegaard,* a. a. O., S. 157: „Selbst für eine so tief eingreifende historische Tatsache wie die gradweise Emanzipation der modernen europäischen Literaturen von biblischen Betrachtungsweisen und vom kirchlichen Geist ist er vollkommen blind."

ihm der kulturgeschichtliche Fortschritt schon aus dem Grunde ein Unding sein, weil mit der Einführung des Christentums in der Welt das Höchste erreicht war."[23]

Hinzu kommt, dass der Theologe Kierkegaard aus Brandes' Perspektive nicht um die (exegetische) Debatte über den historischen Jesus bemüht war, obwohl Kierkegaard die Problemstellung durchaus klar war.[24] Die anfängliche Euphorie, den historischen Jesus gegen den von den Kirchen gepredigten Christus freilegen zu können, endet ernüchternd: „Der ‚projektive Charakter der Leben-Jesu-Bilder' wurde durch A. Schweitzers *Geschichte der Leben-Jesu-Forschung* aufgedeckt. Schweitzer zeigte, daß jedes der liberalen Jesusbilder genau die Persönlichkeitsstruktur aufwies, die in den Augen ihres Verfassers als höchstes anzustrebendes, ethisches Ideal galt."[25] Der projektive Charakter der Leben-Kierkegaard-Bilder wird hier auch aufzuzeigen sein, nämlich als literarisches Ideal des Verfassers Georg Brandes, als ideale Einheit von Werk und Persönlichkeit.[26]

Das Porträt, das Brandes am Beginn seiner Biographie entwirft, ist ein dreifaches: Kierkegaard als diskutierender Sokrates[27] in den Straßen Kopenhagens (ohne nur eine Kopie des Atheners zu sein), fern jeglicher Menschenscheu; in seiner Wohnung, aber abgeschieden, so wie ein Mönch (ohne Mönch zu sein), in seinem Scriptorium nur dem Werk hingegeben; und wie ein Romantiker (ohne Romantiker zu sein), in der Natureinsamkeit zu sich selbst kommend. Hinter der Witzfigur des *Corsaren* legt Brandes eine gänzlich andere Persönlichkeit frei: „Solchergestalt, so sonderbar und monoton

---

[23] Brandes: *Kierkegaard,* a. a. O., S. 157.

[24] Brandes bemerkt, dass Kierkegaard befremdlicherweise nicht gegen die Hauptakteure dieser Debatte reagieren würde: „Nicht gegen einen Strauß, nicht gegen einen Feuerbach führte er seine Schläge, sondern gegen einen Marheineke, einen Martensen und ihre Schüler! Während er auf dem Wall stand und die Festung gegen harmlose Spekulanten verteidigte, gab er nicht darauf acht, daß hinter seinem Rücken die Freidenker eindrangen und den Platz eroberten." Brandes: *Kierkegaard,* a. a. O., S. 24. „Von der ganzen modernen Religionswissenschaft, von der vergleichenden Mythologie, von den historischen Studien über die älteste christliche Zeit, welche alle zu eben dieser Zeit ihren Anfang nehmen und welche im Verlauf von etwa zwanzig Jahren die gesamte Anschauung vom Wesen der Religion verändert haben, hat er keine Ahnung. Überhaupt besaß er wenig oder gar keinen Sinn für das, was im Aufbrechen und Anbrechen begriffen war." Brandes: *Kierkegaard,* a. a. O., S. 143.

[25] G. Theißen – A. Merz: *Der historische Jesus. Ein Lehrbuch.* 3. Aufl.. Göttingen 2001, S. 25.

[26] Hermeneutisch fundierter, aber wie eine Fortschreibung von Brandes liest sich: W. Dilthey: *Das Erlebnis und die Dichtung. Lessing – Goethe – Novalis – Hölderlin.*16. Aufl.. Göttingen 1985, z. B. 126 f.

[27] Siehe auch Brandes: *Kierkegaard,* a. a. O., S. 44 f.

nahm sich die äußere Seite eines Lebens aus, das innerlich eins der bewegtesten war, das jemals in Dänemark geführt worden ist."[28]

Brandes konzipiert eine Synthese aus Kierkegaards Werk und seiner Biographie. Das Werk wird kursorisch und chronologisch dargestellt; Schwerpunkte bilden *Entweder-Oder* und *Der Augenblick*. Dadurch erreicht Brandes Folgendes: beide Werke markieren Anfang und Ende der schriftstellerischen Tätigkeit Kierkegaards: mit ersterem wurde er berühmt, mit letzterem berüchtigt. *Entweder-Oder*, so Brandes, sei in seiner konzeptionellen Gestaltung etwas vollkommen Neues und ein bisher nie dagewesener Höhepunkt der dänischen Literatur.[29] Kierkegaards Auseinandersetzung mit Ehe und Erotik (*Tagebuch des Verführers*) erlaubt Brandes, seine neuen Vorstellungen von der Ehe und seine Kritik am Bürgertum diesem Diskurs bestätigend wie auch kritisch einzuschreiben.

Der Augenblick markiert publizistisch ein Novum insofern, als Kierkegaard sein pseudonymes Verfahren aufgibt und journalistisch tätig wird, und dies extrem agitatorisch. *Der Augenblick* bildet in der Interpretation von Brandes auch den Abschluss einer inneren Entwicklung Kierkegaards, deren Beginn in dessen früher Kindheit gesehen wird. Brandes versucht, in der Kombination einerseits von Genialität und dunkler Religiosität andererseits, mit der schon der junge Søren von seinem Vater erzogen wurde, die Genese der Werke des Erwachsenen einsichtig zu machen. Brandes' psychologisches, ableitendes Verfahren scheint mir aber oft der Gefahr von Projektion ausgesetzt zu sein, z.B. wenn er versucht, die Gemütslage und Isolation von Søren als Schüler zu rekonstruieren. Bei aller Problematik einer solchen Vorgehensweise: die Haltung eines allwissenden Erzählers, der einen absoluten ‚point of view' einnimmt, ist literarisch sehr geschickt: der Leser/die Leserin schaut durch die Augen eben dieses Erzählers empathisch auf die Leiden des jungen Søren. Kierkegaard wird somit zu einer literarischen Figur. Dennoch geben diverse autobiographische Zeugnisse von Kierkegaard Anlass zu solchen Spekulationen. Für Brandes ist *Der Augenblick* deshalb *das* Dokument, welches Kierkegaards Befreiung vom Christentum am Ende seines Lebens markiert; damit wird dramaturgisch geschickt auch der Bogen

---

[28] Brandes: *Kierkegaard,* a. a. O., S. 9.
[29] „‚Entweder-Oder' erschien 1843, und mit diesem Buch […] macht Kierkegaard in der dänischen Literatur Epoche." Brandes: *Kierkegaard,* a. a. O., S. 91. „Hier lag nicht nur ein neues Buch, sondern eine neue Art von Buch vor." Brandes: *Kierkegaard,* a. a. O., S. 92.

zur Kindheit geschlagen, in einer Art sich steigernder Doppelbewegung: Kierkegaard habe die Axt an sein Gottesbild gelegt![30]

Durch dieses Bild wird die *bestehende* Christenheit in den Status eines Heidentums katapultiert, dessen heilige Bäume von einem neuen Missionar gefällt werden; außerdem vollzieht sich dadurch quasi ein ödipaler Doppelmord: an dem Vatergott und an dem Gott des Vaters. Zudem bedeutet das auch Kierkegaards Abschied von der Institution Kirche, die in seiner Lebensgeschichte eine nicht unbedeutende Rolle gespielt hat. Dennoch hat diese Kampfschrift für Brandes zusätzlich enorme soziale Bedeutung: er misst ihr ein revolutionäres Potential für die Arbeiterbewegung zu.[31] Außerdem sieht er Dänemark durch Kierkegaard herausgefordert, sich einer dramatischen, peripatetischen Alternative zu stellen: katholisch oder frei sein, so als drohe die dänische Staatskirche hinter die Errungenschaften der Reformation zurückzufallen.

Dennoch wirkt Kierkegaards Nähe zu Religion und Theologie auf den Atheisten Brandes immer wieder befremdlich. Brandes erweckt bisweilen den Eindruck, als hätte es für Kierkegaard niemals die Aufklärung gegeben. Auch bleiben die philosophische Wucht, mit denen Kierkegaard Diskurse z.B. des Deutschen Idealismus aufnimmt und fortschreibt, seine genialen psychologischen und geradezu prä-freudianischen Analysen und die theologischen Dimensionen seiner Werke weitestgehend ausgeblendet, vielleicht auch unverstanden. Dagegen stehen die literarischen Verfahrensweisen, die unerreichte und unerreichbare rhetorische und stilistische Brillanz, die gesellschaftlichen wie institutions- und medienkritischen Implikationen Kierkegaards für Brandes im Vordergrund: „Kierkegaard meißelt die Sprache nicht zur Statue, er verwandelt sie in ein unendliches Panorama, das mit einem musikalischen Akkompagnement fast zu schnell an unserem Auge vorüberzieht."[32]

Brandes unterscheidet weiter sehr geschickt zwischen Kierkegaards Unbehagen gegenüber Dogmatismus im Diskurs und den dogmatischen Themen, an denen sich Kierkegaard genial, bis an die Grenze des Unheimlichen, abarbeitet:

---

[30]   Vgl. dazu Brandes: *Kierkegaard,* a. a. O., S. 200.
[31]   Vgl. dazu Brandes: *Kierkegaard,* a. a. O., S. 199.
[32]   Brandes: *Kierkegaard,* a. a. O., S. 123.

„Seine erstaunliche Fähigkeit, stringent und folgerichtig zu denken, wandte er ausschließlich dazu an, korrekte Schlüsse aus seinen fixen Voraussetzungen zu ziehen, und jenen Widerwillen gegen das Dogmatische [...], richtete er, da ihm sein Autoritätsglaube verbot, Dogmen anzugreifen, ausschließlich auf das Dogmatische in der Mitteilungsweise, das er unablässig persiflierte und als ein unfehlbares Kennzeichen von Geistlosigkeit und Dummheit abstempelte. So geschah es, daß er in einem Vortrag, der sowenig dogmatisch wie möglich war, einen rein dogmatischen Inhalt formte."[33]

Kierkegaard erscheint wie der doppelgesichtige Ianus: ein Theologe, der eine kirchenkritische Schrift verfasst, die ihresgleichen sucht (der gegenüber übrigens auch die angesprochenen Zeitgenossen verstummten); ein Kritiker der Presse, der selbst journalistisch tätig wird; ein Anhänger der Monarchie, der unermüdlich das Wort für die existenzielle Dimension des Einzelnen führt; ein literarischer Erotiker, der – im Gegensatz zu Brandes erotischer Praxis – fast so asketisch wie in einem Kloster zu leben scheint und eher das Patriarchat verteidigt als die Emanzipation der Frau; kurz: ein hochmoderner, visionärer Autor, der in die Zukunft schaut, und gleichzeitig mit verklärtem Blick einem politischen wie religiösen Traditionalismus verhaftet ist, der mehr als unzeitgemäß wirkt.[34] Aber dies sollte nicht dazu verführen, allzu schnell darüber hinwegzugehen, dass Kierkegaard massive Kritik an der Masse(ndemokratie) übt oder auf die Gefahren eines aufkommenden, anonymen Journalismus verweist – ungeachtet dessen, dass er selbst am Ende seines Lebens journalistisch tätig wurde. Deshalb kann Brandes das Fazit ziehen:

So groß die Wandlungen auch erscheinen, die ein Schriftsteller wie Kierkegaard durchgemacht hat, dessen Charakter und Schicksal bewirkten, daß er ständig selbst zertrümmern musste, was er mehr als irgendein anderer bewundert und vergöttert hatte (zum Beispiel Hegel,

---

[33] Brandes: *Kierkegaard,* a. a. O., S. 154.

[34] „Sowenig Blick Kierkegaard für die religiöse Bewegung der Gegenwart hatte, genausowenig Sinn hatte er für ihre politische Entwicklung." Brandes: *Kierkegaard,* a. a. O., S. 159. Nach Brandes habe er auch das Pathetische bei Shakespeare (in der Schlegel-Tieckschen Übersetzung) nicht verstanden. Und was geschieht mit Lessing? „Bei ihm wird Lessing zu einem in tiefes Inkognito gehüllten Selbstdenker, von dem man beständig annehmen kann, daß er im Grunde seiner Seele ein Christ gewesen ist. Lessing, der offene, kühne, unerschrockene Lessing! Spinozas Schüler, Mendelssohns Freund, Goethes Lehrer!" Brandes: *Kierkegaard,* a. a. O., S. 158. Ein ähnliches Uminterpretationsschicksal würden auch Goethe und Lichtenberg erleiden; vgl. dazu Brandes: *Kierkegaard,* a. a. O., S. 158f.

Heiberg, Mynster, das Bestehende, die Kirche), so ist seine Geistesform in Wirklichkeit stets dieselbe.[35]

Kierkegaards Psyche

Kierkegaards *Geistesform* erscheint in der Schilderung von Brandes düster, psychologisch hoch aufgeladen und den weiteren Weg des zukünftigen
Schriftstellers determinierend:

> „Es gibt noch andere große Männer als Kierkegaard, deren Erziehung
> darauf angelegt schien, das Kind in ihnen zu vernichten."[36]

> „Er war zu alt und zu furchtsam, um an den Spielen und Balgereien
> der anderen Knaben teilzunehmen. Versuchte einer ihn zu schlagen,
> lief er immer davon; [...]. Seine Waffen waren die des körperlich
> Schwachen: beißender Witz, schneidender Spott, blutige Ironie, wel-
> che seinen Gegner dem Gelächter preisgab – jene Waffen, die ihm
> sein ganzes Leben lang eigen blieben. Keiner seiner Mitschüler ahnte
> in ihm das Genie."[37]

Brandes geht so weit, dass er glaubt, aus dem Stolze Kierkegaards, nicht
„Opfer des Mitleids"[38] werden zu wollen, eine Genese seines späteren literarischen Verfahrens ableiten zu können:

> „Darum griff er zu Verstellung und Betrug als Notwehr, er griff dazu
> mit dem ganzen Hang zur Verdopplung seines Wesens, der ihm eigen
> war, und man irrt sich wohl kaum, wenn man hierin den Keim jener
> tief verwurzelten Vorliebe für Mystifikation, Selbstverdopplung und
> Verborgenheit sucht, die sich während seiner ganzen schriftstelleri-
> schen Tätigkeit verfolgen lässt."[39]

Ob diese Psychologisierung wirklich z.B. die Funktion der Pseudonymität
umfassend erklärt, sei dahingestellt. In seiner Kierkegaard-Fiktion konstruiert
Brandes eine Einheit von der Psyche des Autors mit seinem Werk, die als
leitende Idee und Methode seine Kierkegaard-Biographie bestimmt und mit
Deduktionen und Determinismen arbeitet, die sich nachträglich auch als
Rückprojektionen und Zirkelschlüsse entpuppen können, wie schon oben

---

[35] Brandes: *Kierkegaard*, a. a. O., S. 32 f.
[36] Brandes: *Kierkegaard*, a. a. O., S. 14.
[37] Brandes: *Kierkegaard*, a. a. O., S. 17.
[38] Brandes: *Kierkegaard*, a. a. O., S. 18.
[39] Brandes: *Kierkegaard*, a. a. O., S. 18.

erwähnt. Somit käme für Brandes, plakativ verstanden, die postmoderne Position vom „Tod des Autors"[40] kaum in Frage.

Die Kierkegaard-Biographie ist 1877 erschienen; 1899 veröffentlicht Freud *Die Traumdeutung* [mit der Jahresangabe: 1900] Bei allem psychologischen Interesse, das gewissermaßen in der geistigen Luft der Zeit lag, erscheint es befremdlich, wie Brandes fast nur beiläufig (aber sehr lobend) Kierkegaards Werke *Der Begriff Angst* und *Die Krankheit zum Tode* behandelt. Forschungsgeschichtlich dürfte erst das Werk von K. Nordentoft[41] Kierkegaard als Psychologen maßgeblich rehabilitiert haben. Brandes' blinder Fleck in diesem Bereich mag daran liegen, dass Kierkegaard seine psychologischen Analysen und Beobachtungen auf philosophische und/oder theologische Grundfragen zurückführt. So wird beispielsweise der Begriff Angst einer ‚relecture' auf dem Hintergrund der Sündenfallgeschichte unterworfen; und die Konzeption von Verzweiflung ist nur einsichtig auf dem Hintergrund der Selbstbewusstseinsdebatten des Deutschen Idealismus.[42] Eine ‚einfache' Psychologie ist bei Kierkegaard nicht zu finden.

Hinzu kommt, dass Brandes den ‚Begriff Angst' auf eine Ansammlung von, gelinde gesagt, archaischen Kuriosa verkürzt, z.B.

> „[…] daß der Tod die Strafe für die Sünde sei, daß durch das Essen der Frucht der Erkenntnis ‚die Differenz zwischen Gut und Böse in die Welt […]' gekommen sei. Ja, er spottet darüber, daß man in unseren Tagen ‚sentimental und empfindsam' bei dem Gedanken wird, daß es keine Hexenprozesse oder Scheiterhaufen und Feuer der Inquisition mehr gibt."[43]

So Brandes. Aber wer genau spottet hier: Kierkegaard oder sein Pseudonym Vigilius Haufniensis? Außerdem erweist sich *Der Begriff Angst* bei näherem Hinsehen als eine theologische Schrift, die fast ohne Gott auskommt und die Sündenfallerzählung auf ein Minimum hin modelliert.

---

40 Vgl. dazu J. Culler: Literaturtheorie. Eine kurze Einführung. Übers. v. A. Mahler. Stuttgart 2002, S. 96–101 und Roland Barthes: „Der Tod des Autors". In: *Texte zur Theorie der Autorschaft.* Hg. u. kommentiert v. F. Jannidis u. a.. Stuttgart 2000, S. 185–193.

41 K. Nordentoft: *Kierkegaard's Psychology.* Übers. v. B. H. Kirmmse. Eugene / Oregon 1978 (dän. 1972).

42 Vgl. dazu: Markus Pohlmeyer: „Die Krankheit zum Tode" – Aporien des Selbstbewusstseins. Fichte, Kierkegaard und Dieter Henrich. In: M. Bauer / M. Pohlmeyer (Hg.): *Existenz und Reflexion. Aktuelle Aspekte der Kierkegaard-Rezeption.* Hamburg 2012, S. 168–198 (=Schriften der Georg Brandes Gesellschaft Bd. 1).

43 Brandes: *Kierkegaard,* a. a. O., S. 155.

Brandes übersieht regelmäßig, dass das Verfahren der Pseudonymität mit Kierkegaards sokratisch-maieutischem Konzept der indirekten Mitteilung verbunden ist. Brandes setzt die verschiedenen Pseudonyme mit ihrem Autor gleich – und ignoriert deren Zeichenfunktion, aus der sukzessive eine komplexe Intertextualität und Interaktion innerhalb des gesamten Werkes aufgebaut wird.[44] Deshalb bleibt Brandes weit hinter Kierkegaards Semiotik zurück.

Diese semiotische Dimension ist der psychischen komplett untergeordnet: „Aus vielen Indizien geht hervor, daß Kierkegaard im Leben seines Vaters irgendeinen dunklen Punkt, irgendeine Schuld entdeckte, die ihm als der Schlüssel zur seelischen Krankheit und zur Religiosität seines Vaters erschien."[45] Brandes äußert einige Spekulation über das, was diesen (fast schon archaisch-alttestamentarischen) ‚Familienfluch' initiiert haben könnte und welche Spuren der „Umdichtung jener Begebenheit"[46] sich im Werke Kierkegaards möglicherweise finden lassen, aber darauf soll hier nicht weiter eingegangen werden.[47] Vielmehr ist dies nur ein weiteres Beispiel für Brandes' Vorgehen, bei Kierkegaard Werk und Psyche als einen großen Komplex zu konstruieren oder als solchen zu behandeln, der so tief in jene Kindheit hineinreicht, dass das traumatisierte Genie sich sein gesamtes Leben lang daran abarbeiten musste. Selbst Kierkegaards Begeisterung für *Don Giovanni* schreibt Brandes in dessen Vater-Beziehung ein:

> „Man denke sich diesen Zustand ästhetischer Betäubung nun ständig durchkreuzt und durchblitzt von seinen religiösen Kindheitseindrükken, die ihn lehren, daß jener Zustand, in dem er lebt, Sünde sei, nämlich die Sünde, nicht tief und innerlich zu wollen; man denke sich die Ermahnungen des Vaters mit schweren Tritten die Treppen zu jenem Traumpalast, den er bewohnt, emporsteigen und an die Tür pochen, wie das Standbild des Komturs pocht!"[48]

Die fatalen Kindheitsbeschädigungen durch dumpf-dunkle Religiosität[49], das Theologiestudium[50] und der allzu nahe Kontakt mit Vertretern der Geistlich-

---

44 Vgl. dazu auch X. Tilliette: *Philosophische Christologie. Eine Hinführung*. Aus d. Französ. übers. v. J. Disse. Freiburg 1998, S. 196–200.
45 Brandes: *Kierkegaard*, a. a. O., S. 25.
46 Brandes: *Kierkegaard*, a. a. O., S. 26.
47 Vgl. dazu auch Garff: *Kierkegaard*, a. a. O., S. 169–178.
48 Brandes: *Kierkegaard*, a. a. O., S. 41.
49 Siehe auch Brandes: Kierkegaard, a. a. O., S. 29.
50 „Wäre Kierkegaard nicht so eigentümlich veranlagt gewesen, dann hätte er Theologie sicher studieren können, ohne sonderlichen Schaden daran zu nehmen. Die höchst zweifelhafte

keit („Kierkegaard hatte zu sehr in der Nähe der Geistlichkeit gelebt, als daß er Respekt bewahren konnte."[51]) sind die Exposition eines Dramas, das in *Der Augenblick* kulminiert, der in Brandes' Sicht den Wendepunkt markiert, mit dem Kierkegaard die Loslösung vom (offiziellen) Christentum gelingt – das könnte als Happy End einer Komödie (denn als solches wird ja auch die Kirche enttarnt, frei nach Shakespeare: Die Kaufmänner von Kopenhagen) gelesen werden, schlägt aber in die persönliche Katastrophe um, seinen frühen (fast autodestruktiv heraufbeschworenen) Tod.

Poetologie

> „Wenn ich daher mit Sorgfalt das persönliche Element in diesen Schriften nachweise, dann geschieht das gewiß weder aus Neugier, noch um die Neugier anderer zu befriedigen, sondern weil man bis zu diesem am tiefsten liegenden Punkt vorgedrungen sein muß, um all diese Schriften als Ausstrahlungen von einem Mittelpunkt zu verstehen. […] Kierkegaard hinterließ bekanntlich nicht nur ein kolossales und nicht leicht überschaubares literarisches Monument, sondern außerdem einen architektonischen Plan für das ganze ausgedehnte Gebäude […]. Die Frage liegt nahe, ob der Plan wirklich vor dem Gebäude existiert hat; die zweite Frage wurde noch nicht aufgeworfen: ob der Plan wirklich mit dem Gebäude übereinstimmt?"[52]

Für Brandes müssen beide Fragen mit ‚Nein' beantwortet werden, denn der Kritiker interessiere sich nicht für den abstrakten Plan, sondern für „[…] die Natur der Entwicklung, welche Kierkegaard von dem einen Gedanken und dem einen Werk zum anderen führt."[53] Zum Beispiel: *Die Wiederholung* und *Furcht und Zittern* sind 1843 am selben Tag (16.10.) herausgegeben worden.[54] Wenn man die verschachtelte Werkgenese unberücksichtigt lässt, wirkt *Die Wiederholung* wie die konsequente Fortsetzung von *Furcht und Zittern*, weil sie im ersten Kapitel genau die Thematik eines Heraklit-Zitats aufgreift, welches den Abschluss der anderen Schrift bildet, diese in eine eleatische

---

Wissenschaftlichkeit dieses Studiums, das allgemeine geistige Interesse, das es weckt, ohne es zu befriedigen, jene Augenblicke, die es in mannigfacher Art auf die *Humaniora* eröffnet, das alles ist für einen selbständigen und strebenden Geist vielleicht anregender und weniger hemmend als diese oder jene strenge Fachdisziplin." Brandes: *Kierkegaard,* a. a. O., S. 23.

[51] Brandes: *Kierkegaard,* a. a. O., S. 188.
[52] Brandes: *Kierkegaard,* a. a. O., S. 79 f.
[53] Brandes: *Kierkegaard,* a. a. O., S. 80.
[54] Vgl. dazu auch die entsprechenden Kommentare auf *sks.dk*.

Problemstellung überführt und damit direkt die existentielle Herausforderung der *Wiederholung* präludiert.[55]

Brandes scheint mir überhaupt in der Tradition der Genieästhetik des Sturm-und-Drang zu stehen. Als zentraler Text müsste auch Herders „Shakespear."-Aufsatz (1773) herangezogen werden.[56] Der Unterschied liegt aber darin, dass Herder trotz seines in ästhetischer Sicht absolut angelegten Genie-Begriffes diesen immer relational abhängig sieht von der jeweiligen Zeit- und Kulturgeschichte. Brandes dagegen legt den Fokus auf die Psyche Kierkegaards: auch wenn politische, kulturelle und philosophisch-theologische Strömungen nicht unerwähnt bleiben, ist das psychische Moment *das* Zentrum, welches literarisch auf diese Phänomene reagiert. Wie arbeitete Kierkegaard? „Die ‚Vorstellung‘ von einer Sache war ihm in den meisten Fällen genug. Er ‚dichtete sich‘ in jede Existenz ‚hinein‘."[57] Die Ursache liegt für den Seelen-Archäologen Brandes wiederum in Kierkegaards Kindheitsruinen. Der Vater, so Brandes, habe ihm das Ausgehen verboten; stattdessen hätten die beiden Spaziergänge in der Wohnung unternommen:

> „Sie grüßten die Vorübergehenden, die Wagen fuhren lärmend an ihnen vorbei und übertäubten die Stimme des Vaters. Nie hatten die Produkte der Kuchenfrau einladender ausgesehen. Der Vater erzählte alles so genau und lebendig, dass Søren nach Verlauf einer halben Stunde müder und erschöpfter als nach einem wirklichen Spaziergang war. Bald hatte er dem Alten die Kunst abgelernt, und sie unterhielten sich auf ihrer fingierten Wanderung; […]."[58]

Kierkegaards Amor: Regine und Kopenhagen

Der zweite zentrale ‚turning point‘ in der Psychographik Kierkegaards ist für Brandes die Auflösung der Verlobung mit Regine Olsen (1841):

> „Wie diese Verlobungsgeschichte das entscheidende Ereignis in Kierkegaards Jugendleben ist, so ist darin die Täuschung des jungen Mädchens, das absolute Verschweigen des Geheimnisses und die Gefahr, ihr das Leben zu rauben, der entscheidende, der springende Punkt.

---

[55] Vgl. zur nicht zu unterschätzenden Bedeutung der Vorsokratiker bei Kierkegaard: J. Stewart / K. Nun (Hg.): *Kierkegaard and the Greek World.* Tome II: Aristotle and Other Greek Authors. Ashgate Publishing Company 2010, S. 123–163.

[56] Vgl. dazu auch Markus Pohlmeyer-Jöckel: *Poesie und Geschichte als Formen der Erkenntnis beim frühen Johann Gottfried Herder.* Münster 2001 (=Pontes 7), S. 22–29.

[57] Brandes: *Kierkegaard,* a. a. O., S. 37.

[58] Brandes: *Kierkegaard,* a. a. O., S. 14.

Während der zahlreichen Versuche, dies in Umdichtungen auszudrük-
ken, erhebt oder schraubt sich Kierkegaard schließlich zu einer solchen Höhe, daß er sich direkt gegenüber Abraham erblickt, der
gleichfalls eine Zeitlang einen Mord auf dem Gewissen hatte, keinem
Fremden seine Handlungsweise erklären konnte und jenen, den er am
innigsten liebte, beinah getötet hätte."[59]

Brandes legt hinter der Regine-Geschichte einen Subtext frei, der Kierkegaard über den ‚Corsaren-Streit‘ bis zu *Der Augenblick* begleiten sollte:
„Dieses junge Mädchen ist mehr als Kierkegaards Verlobte; betrachtet man
sie richtig, wird man erkennen, daß sie seine dänische Mitwelt ist."[60] Auf
diesem Hintergrund ist Brandes' eindringliche Darstellung der sogenannten
Corsaren-Affäre zu verstehen.[61] Hier sollen nur zwei Effekte hervorgehoben
werden: Kierkegaard wird erstens in verschiedenen Karikaturen präsentiert,
die lange Kierkegaards Bild nicht nur in der Kopenhagener Öffentlichkeit
prägen sollten – bis hin zu einer pädagogischen Verzweckung als modisches
Drohgespenst. Goldschmidt nämlich, der Redakteur, „[…] brachte ihn in sein
Blatt, ganz so wie er auf der Straße herumlief, mit seinen dünnen Beinen, den
Hosen von ungleicher Länge […]; er ließ ihn zeichnen – reitend auf dem
Rücken eines jungen Mädchens als Frater Taciturnus, der sein Mädchen
‚trainiert‘ […]."[62]

59 Brandes: *Kierkegaard,* a. a. O., S. 80 f.
60 Brandes: *Kierkegaard,* a. a. O., S. 61. „Doch in jenem Augenblick, als Kierkegaard seine
    Verlobung aufhob, kam es, zusätzlich zu der furchtbaren inneren Kollision, auch zu einem
    ersten feindlichen Zusammenstoß mit der Umwelt. Zum ersten Mal geriet seine feine, reiz-
    bare, nervöse Natur in feindliche Berührung mit dem Gerede der Leute, oder was man die
    öffentliche Meinung in Kopenhagen zu nennen pflegt." Brandes: *Kierkegaard,* a. a. O.,
    S. 59.
61 Vgl. dazu Brandes: *Kierkegaard,* a. a. O., S. 164–169.
62 Brandes: *Kierkegaard,* a. a. O., S. 167.

Zweitens sieht sich Kierkegaard mit einem neuen Gegner konfrontiert, der keinen Namen hat:

> „[...E]r hatte bis dahin das schier Unglaubliche vollbracht, nämlich in vier Jahren eine Schriftstellertätigkeit entfaltet, zu der ein dänischer Schriftsteller nach der Regel zwanzig benötigt hätte, [...er] hatte Philosophen und Theologen zum Schweigen gebracht und hatte, als Heiberg, der allmächtige Oberrichter der dänischen Literatur, sich ihm in den Weg stellte, ihn wie eine Seifenblase weggepustet – und jetzt scheiterte er an dem Unpersönlichen, Anonymen, Verantwortungslosen, Allgegenwärtigen, das er nicht treffen konnte, weil dessen Name Legion oder Menge war – an der Presse. Solcherart lernte er praktisch eine Form der modernen Unpersönlichkeit und Unverantwortlichkeit kennen, die er zuvor nicht studiert hatte, und zwar die Hauptform, und seine Leidenschaft für die Kategorie ,der Einzelne‘ erreichte eine neue Intensität."[63]

Entweder-Oder

Brandes diskutiert das Verhältnis der beiden Teile in diesem epochalen Werk, indem er sie interpretiert als einen „[...] kolossalen Replikenwechsel zwischen zwei Persönlichkeiten in einem nicht abgeschlossenen Drama, von denen die erste ,das Genie‘, die zweite ,der Charakter‘ war."[64] Für die beeindruckende stilistische Entwicklung Kierkegaards, „[...] der [...] noch seine Ausfälle gegen Andersen gelallt und gestammelt hatte [...]"[65], liefert uns Brandes einen Blick in die Autorenwerkstatt. Beispielhaft zeigt er, wie Kierkegaard Teile der brillanten *Diaspalmata* aus seinen Tagebuchnotizen effektvoll herausgeschliffen habe.[66] Brandes betont zudem, dass, wenn *Das Tagebuch des Verführers* mit Schlegels *Lucinde* verglichen würde, man empfinden müsse, „[...] wie ungerecht Kierkegaard vom Schicksal behandelt wurde, indem es ihn nicht in einem größeren Land zur Welt kommen ließ."[67] Brandes begründet das Dämonische und Spannungsreiche in Kierkegaards

---

[63] Brandes: *Kierkegaard,* a. a. O., S. 175. „Damals scheint der ,Corsar‘ jedoch zumindest eine solche Macht gehabt zu haben, wie in unseren Tagen die herrschende quasi-seriöse Presse hat. So kann man zum Beispiel in den nachgelassenen Papieren von Baron Rosenkrantz lesen, dass der ,Corsar‘ die Karriere eines Mannes nahezu ruinieren konnte." Brandes: *Kierkegaard,* a. a. O., S. 168.
[64] Brandes: *Kierkegaard,* a. a. O., S. 92 f.
[65] Brandes: *Kierkegaard,* a. a. O., S. 98.
[66] Siehe dazu Brandes: *Kierkegaard,* a. a. O., S. 98–100.
[67] Brandes: *Kierkegaard,* a. a. O., S. 120.

erotischen Werken mit einem paradoxen, unausgeglichenen Nebeneinander von (christlich) getaufter Vernunft und (antiken) ungetauften Leidenschaften.[68] Die daraus entstandene literarische Leistung Kierkegaards wird von Brandes geradezu hymnisch gefeiert:

> „*Das Tagebuch des Verführers* und das Trinkgelage[69] […] sind in sprachlicher Hinsicht gewiß das Hervorragendste, was er geschaffen hat. Was die Sprache betrifft, sind sie Denkmäler, dauerhafter als Erz."[70] „Nie zuvor hat die dänische Prosa solche Wunderwerke vollbracht. […] Unter den Händen dieses Schriftstellers erwächst nicht allein ‚eine Literatur in der Literatur‘, sondern auch eine Sprache in der Sprache […], ein erregter, überladener, detailliert ausgemalter und geschnörkelter Stil, in dem das Adjektiv, das den Vortrag breit macht, eine größere Rolle spielt als das Verb, das ihm Kraft gibt, und die Rolle der Stimmung größer ist als die der Kontur, wo aber alles Leidenschaft ist – ein Sprachkörper, der ganz aus Puls besteht."[71]

Die Bruchlinie vollzieht sich eher auf ideologischer Seite, z.b. in den Ausführungen des Teils B zum Thema Ehe, die aber als des Autors Auffassungen gelesen werden, so dass der Eindruck entstehen mag, Kierkegaard feiere das Patriachat.

> „Es kann nicht verwundern, daß die Ehe durchgängig nicht als eine ethische, sondern als eine speziell christliche Institution dargestellt wird, die aufs engste mit dieser positiven Religion zusammenhängt, von ihr beschützt wird usw. Einem modernen Apologeten der Ehe könnte es gewiß nicht einfallen, solcherart zu Werke zu gehen; er hätte allein aus der politischen und wissenschaftlichen Entwicklung der letzten zwanzig Jahre gelernt, daß man der Ehe keinen schlechteren Dienst erweisen kann, als ihren Wert und Bestand an eine einzelne bestimmte positive Religion zu knüpfen.[72]

---

68 Vgl. dazu Brandes: *Kierkegaard,* a. a. O., S. 117.
69 „Und wenn man ‚*In vino veritas*‘ mit Platons ‚Symposion‘ zusammenhält, als dessen Gegenstück es erscheint, dann muss man mit Bewunderung eingestehen, daß es den Vergleich so gut verträgt, wie eine moderne Komposition es überhaupt vermag. Ein größeres Lob ist kaum möglich." Brandes: *Kierkegaard,* a. a. O., S. 120.
70 Dies ist eine Anspielung auf die berühmte Ode 3,30 des augusteischen Dichters Horaz: „exegi monumentum aere perennius […]" in: Horaz: *Sämtliche Werke.* Lat./Dt.. Hg. v. B. Kytzler. Stuttgart 2006, S. 202 f.
71 Brandes: *Kierkegaard,* a. a. O., S. 122.
72 Brandes: *Kierkegaard,* a. a. O., S. 131. „Doch es war eine seltsame Blindheit, eine Krankheit, fast eine Geisteskrankheit, daß er glaubte, jenes Amerika der großen Selbständigkeit sei das alte Wunderland der Tradition, der Einzelne sei identisch mit dem Christen, jene Innerlichkeit sei eine ganz spezifische, die eine spezielle positive Religion gepachtet habe […]." Brandes: *Kierkegaard,* a. a. O., S. 85.

Der Augenblick

Hier sei nun der Sprung in Kierkegaards letztes Werk erlaubt. Kierkegaard löst die Fiktion der Sakramente „in einer Farce auf"[73], darunter auch die Ehe. Natürlich gab es schon immer satirische, zynische und ironische Kritik (literarisch mehr oder weniger gelungen) an der Institution der Kirche(n).[74] Aber: „Seit den rücksichtslosesten Tagen der Französischen Revolution hat es Angriffe solcher Art, soweit ich weiß, auf den christlichen Kultus nicht gegeben. Kein freidenkender Schriftsteller dieses Jahrhunderts hat sich auf dergleichen eingelassen [...]."[75] Zwei Punkte sind für Brandes in diesem Kirchenkampf Kierkegaards wichtig:

> „Der erste Punkt ist die starke Betonung, die er auf den Umstand legt, daß die Christenheit gar nicht christlich, daß das Christentum gar nicht in die Welt gekommen sei; es sei bei dem Vorbild Christi und ein paar Aposteln geblieben. Darin stimmt Kierkegaard vollkommen mit sämtlichen Erklärungen der modernen Wissenschaft überein, die sich auf jenes Mißverständnis beziehen, das Ausdrucksweisen wie ‚christlicher Staat', ‚christliche Kunst', ‚christliche Gesellschaft' zugrunde liegt. In allen denkenden Ländern ist man jetzt zu der Einsicht gelangt, daß Mächte wie Staat, Recht, Gesellschaft und Kunst rein humaner Natur sind, auf einer rein humanen und nicht auf irgendeiner konfessionellen Grundlage beruhen. Der zweite Punkt, die energische Behauptung, die sein gesamtes schriftstellerisches Werk durchzieht, selber kein Christ zu sein [...]. Sein Standpunkt in diesem Streit – und das ist es, was ihn hier so groß macht – ist weder konfessionell noch sektiererisch, sondern der Standpunkt der Wahrheitsliebe."[76]

Daran knüpft sich auch Kierkegaards Forderung im *Augenblick*, nämlich sein Wunsch nach Redlichkeit; denn es gebe kein Christentum, auch wenn die institutionellen besoldeten Wahrheitszeugen dies behaupteten. Wenn Brandes diagnostiziert, Kierkegaard kämpfe sich von der Christenheit frei,[77] so stimmt das nur bedingt: er kämpfte sich von der Institution Kirche frei, eben weil er sein ganzen Leben danach suchte, was es denn existentiell bedeutet, ein Christ zu sein. Brandes resümiert:

---

[73] Brandes: *Kierkegaard,* a. a. O., S. 191.

[74] S. Greenblatt z.B. schildert in seinem Buch *Die Wende. Wie die Renaissance begann* (Aus dem Engl. v. K. Binder, 3. Aufl., München 2012) eindrücklich, wie sich an der Antike orientierte Humanisten über das merkantile System Papsttum literarisch Luft machten.

[75] Brandes: *Kierkegaard,* a. a. O., S. 192.

[76] Brandes: *Kierkegaard,* a. a. O., S. 193 f.

[77] Vgl. dazu Brandes: *Kierkegaard,* a. a. O., S. 199.

„Er war durch Erziehung, durch Pietät, durch Lebensschicksale in der bestehenden Kirche eingesperrt, wie jemand in einem Kerker durch einen Ring von Gefängnismauern um den anderen eingesperrt ist. Aber er kämpfte sich durch alle hindurch und gelangte hinaus ans Tageslicht. [...U]nd deshalb wird *Der Augenblick* als das kürzeste Resümee dessen, was er dachte und wollte, als die eigentliche und entscheidende Tat seines Lebens in der Literatur stehenbleiben. [...] Kierkegaards große Bedeutung für das volkskirchliche Geistesleben in Dänemark besteht darin, daß es durch ihn auf die Probe gestellt wurde. Von außen, vom humanen Standpunkt der Wissenschaft gesehen, war der bestehende religiöse Standpunkt schon längst als wertlos erkannt. Er griff ihn von innen, von seinem eigenen Ideal her an [...]."[78]

Brandes betonte zudem die Bedeutung dieses Werkes für die Arbeiterbewegung, was befremdlich und wie der utopische Wunsch anmutet, Kierkegaard doch endlich in ein sozial(istisch)es Fahrwasser zu bringen, und formuliert als Ziel die Trennung von Kirche und Staat. Es mag paradox anmuten, dass Brandes hier, zum Abschluss der Biographie, die für Kierkegaard so zentrale Kategorie des Sprunges einspielt, mit der z.B. auch *Die Krankheit zum Tode* endet: „Durch ihn wurde das dänische Geistesleben bis zu jenem äußersten Punkt getrieben, wo dann ein Sprung erfolgen muss, ein Sprung in den schwarzen Abgrund des Katholizismus oder auf jene Landzunge hinüber, von der die Freiheit winkt."[79] Der Sprung rettet den Einzelnen vor der Lüge durch Medien und Institutionen, der Sprung dispensiert den Einzelnen keinesfalls von seiner Verantwortlichkeit und von dem Grund, der ihn trägt, im Gegenteil, er befähigt ihn, die Freiheit zu wählen, die ihn dann frei macht: zu wählen. Zwar ist für Brandes Kierkegaards Verhältnis zu 1848 hochproblematisch, aber er spart nicht mit Kritik an Dänemark, die gewissermaßen auch die Wichtigkeit der Kategorie des Einzelnen einsichtig macht:

„Es war die Zeit der philosophischen Nachplapperer in der Wissenschaft und der politischen Nachplapperer in der Politik. Dänemarks ästhetische Periode war im Begriff, in ihr Grab zu sinken, die politische Periode des Landes war im Begriff, sich aus den Windeln zu wickeln, und diese Kombination erzeugte eine unheimliche Mischung von Senilem und Puerilem, in der Kierkegaard nichts Solides zu entdecken vermochte. Die Menschen waren nach seiner Anschauung unpersönlich geworden: Menge, Bande, Publikum, Generalversamm-

---

[78] Brandes: *Kierkegaard,* a. a. O., S. 199.
[79] Brandes: *Kierkegaard,* a. a. O., S. 200.

lung, Klub. Er war ein einzelner, isolierter Mensch, allein mit sich selbst und seiner Verantwortung [...]."[80]

Brandes unterschlägt in seiner Darstellung, dass Kierkegaard nie den christlichen Gott aufgibt, sondern ihn rettet vor der Entfremdung durch konfessionelle volkskirchliche Institutionen. Er hat somit nicht die Axt an sein Gottesbild gelegt, sondern an sein Kirchenbild. Die dänische Staatskirche besteht bis heute.

Mit einem Hauch von Melancholie schildert Brandes die performative, autodestruktive Leidenschaft Kierkegaards in dieser „theologische[n] Einmannrevolution"[81], die ans Märtyrerhafte grenzte:

„Kierkegaard [...] setzt solcherart sein Leben ein und kämpft mit einer so extremen Anstrengung, der sich kein Mann unterziehen kann noch darf, der sich nicht unmittelbar danach aufs Sterbebett legen will."[82] So endet Kapitel 27. Kapitel 28 beginnt so: „Das war – leider – seine Absicht und sein Los. Er sehnte sich fort von der Erde [...]."[83]

Epilog

Was war das eigentlich für ein Skandal um Kierkegaards Beisetzung? Vor kurzem hatte ich in Kopenhagen die Gelegenheit, genau in dem Büro zu stehen, wo Martensen (ein *Wahrheitszeuge,*) gestanden haben soll, Kierkegaards Leichenzug beobachtend. Garff referiert, man habe Martensen damals zugetragen, dass nach der Beisetzung „[...] Kierkegaards Neffe, ein Student Lund, sich mit dem *Augenblick* und dem Neuen Testament als Glaubenszeuge gegen die Kirche hinstellte, die gegen ‚Bezahlung' Sören Kierkegaard begraben hatte u.s.w. [...]."[84] Brandes hat mit seiner Biographie viel zur Auferstehung Kierkegaards in der europäischen (und nicht nur in der europäischen) Geistesgeschichte beigetragen.

---

[80] Brandes: *Kierkegaard,* a. a. O., S. 81. Vgl. dazu auch: „Die Regierung Christians VIII. neigte sich ihrem Ende zu – es war die Zeit des ‚Adam Homo'. Zuoberst auf dem Thron: Eitelkeit, Dilettantismus, Starrsinn und Schwäche. Bei der Geistesaristokratie: Verachtung für die politische Bewegung der Mittelklassen. Bei der Jugend: ein ungeduldiger Drang nach politischer Freiheit." Brandes: *Kierkegaard,* a. a. O., S. 164.

[81] Garff: *Kierkegaard,* a. a. O., S. 13.

[82] Brandes: *Kierkegaard,* a. a. O., S. 194.

[83] Brandes: *Kierkegaard,* a. a. O., S. 195.

[84] Garff: *Kierkegaard,* a. a. O., S. 14.

Literatur

Barthes, Roland: Der Tod des Autors. In: Texte zur Theorie der Autorschaft. Herausgegeben und kommentiert von F. Jannidis u.a.. Stuttgart 2000.

Brandes, G.: Der Wahrheitshass. Über Deutschland und Europa 1880–1925. Aus dem Dänischen von P. Urban-Halle u. a.. ausgewählt, kommentiert u. mit einem Nachwort von H. Grössel. Berlin 2007.

Brandes, G: Søren Kierkegaard. Eine kritische Darstellung. Aus dem Dänischen. Eine anonyme Übersetzung aus dem Jahre 1879. Bearbeitet und mit Anmerkungen versehen von G. Perlet. Leipzig 1992.

Culler, J.: Literaturtheorie. Eine kurze Einführung. Übersetzt von A. Mahler. Stuttgart 2002.

Dilthey, W.: Das Erlebnis und die Dichtung. Lessing – Goethe – Novalis – Hölderlin. 16. Auflage. Göttingen 1985.

Fredsted, E.: Georg Brandes – ein dänischer „Emigrant" in Deutschland. In: Grenzfriedenshefte, Heft 2, Juni 1986, S. 75–86.

Garff, J.: Søren Kierkegaard. Biographie. Aus dem Dänischen von H. Zeichner und H. Schmid. München / Wien 2004.

Glauser, J. (Hg.): Skandinavische Literaturgeschichte. Stuttgart / Weimar 2006.

Greenblatt, S.: Die Wende. Wie die Renaissance begann. Aus dem Englischen von K. Binder. 3. Auflage. München 2012.

Horaz: Sämtliche Werke. Lat./Dt.. Herausgegeben von B. Kytzler. Stuttgart 2006.

Pohlmeyer, Markus: „Die Krankheit zum Tode" – Aporien des Selbstbewusstseins. Fichte, Kierkegaard und Dieter Henrich. In: M. Bauer / M. Pohlmeyer (Hg.): Existenz und Reflexion. Aktuelle Aspekte der Kierkegaard-Rezeption. Hamburg 2012 (=Schriften der Georg Brandes Gesellschaft Bd. 1).

Pohlmeyer-Jöckel, Markus: Poesie und Geschichte als Formen der Erkenntnis beim frühen Johann Gottfried Herder. Münster 2001 (=Pontes 7).

Poole, R.: The unknown Kierkegaard. Twentieth-century receptions. In: A. Hannay / G. D. Marino: The Cambridge Companion to Kierkegaard. 8. Aufl.. Cambridge 2007.

Stewart, J. / K. Nun (Hg.): Kierkegaard and the Greek World. Tome II: Aristotle and Other Greek Authors. Ashgate Publishing Company 2010, S. 123–163.

Theißen, G. / A. Merz: Der historische Jesus. Ein Lehrbuch. 3. Auflage. Göttingen 2001.

Tilliette, X.: Philosophische Christologie. Eine Hinführung. Aus dem Französischen übersetzt von J. Disse. Freiburg 1998.

Walther von der Vogelweide: Werke. Gesamtausgabe. Bd. 1. Spruchlyrik. Mittelhochdeutsch/Neuhochdeutsch. Herausgegeben, übersetzt und kommentiert von G. Schweikle. Stuttgart 1994.

Weddige, H: Einführung in die germanistische Mediävistik. 2. Auflage. München 1992.

Günter Rinke

Georg Brandes und die Wiener Moderne

I. Brandes und das Junge Wien

Fragt man nach Georg Brandes' Beziehungen zur Wiener Moderne, so ist zuerst von seiner jahrzehntelangen Freundschaft zu Arthur Schnitzler zu reden, die in einer recht umfangreichen Korrespondenz dokumentiert ist.[1] In den Briefen an Schnitzler fallen immer wieder auch andere Namen des sogenannten Jungen Wien, das manchmal, nach einem bekannten Wiener Café, auch Griensteidl-Kreis genannt wurde. Diese Namen sind: Hugo v. Hofmannsthal – Brandes schrieb ihn oft mit doppel f –, Richard Beer-Hofmann, Jakob Wassermann, der als gebürtiger Franke erst später (1898) zum jungwiener Kreis hinzukam, aber von Brandes als Wiener angesehen wurde. Mit diesen drei Dichtern gibt es ebenfalls Briefwechsel, die aber demjenigen mit Schnitzler an Umfang bei Weitem nicht gleichen.[2]

Das Junge Wien war keine Dichterschule oder Künstlerbewegung. Der Kreis wurde nicht durch ein verbindendes oder gar verbindliches Programm zusammengehalten, sondern vielmehr durch Freundschaft oder mehr oder weniger enge Bekanntschaft.

Brandes kannte natürlich auch die anderen Autoren dieses Kreises, entweder namentlich und aufgrund von Lektüre oder flüchtig persönlich: Hermann Bahr, Peter Altenberg, Felix Salten, Leopold Andrian, aber ihre Bücher beeindruckten ihn offenbar nicht nachhaltig. Altenberg hatte im jungwiener Kreis mit seinem Erstling, den Skizzen *Wie ich es sehe,* Aufsehen erregt. Schnitzler fragte Brandes in einem Brief vom 18. Juli 1897, ob er das Buch schon gelesen habe.[3] In einer Diskussion über verdichtete Schreibweise und Aphorismen nannte Brandes den vom Publikum bewunderten und bald als skurriles Faktotum bestaunten Altenberg ironisch einen „lille genius".[4]

---

[1] *Georg Brandes – Arthur Schnitzler.* Ein Briefwechsel. Herausgegeben von Kurt Bergel. Bern 1956. Im Folgenden zit. als Bergel.

[2] Klaus Bohnen: *Georg Brandes in seiner deutschen Korrespondenz. Beispiele, Zusammenhänge, Kommentare. Text & Kontext:* Sonderband 49. Schriften des Centers für Deutsch-Dänischen Kulturtransfer an der Universität Aalborg; 8. Kopenhagen 2005.

[3] Vgl. Bergel, a. a. O., S. 65.

[4] Bergel, a. a. O., S. 177.

Mit dem bis heute sehr umstrittenen Hermann Bahr trat Brandes offenbar nicht in Dialog, obwohl es heißt, er habe ihn gleich als einen „Mann der Zukunft" erkannt, nachdem dieser ihm seine ersten Werke geschickt habe.[5] Im Briefwechsel mit Schnitzler verliert Brandes kein Wort über Bahr. Dessen Nachruhm gründet weniger in seiner opulenten literarischen Produktion – als Ausnahme gilt seine Komödie *Das Konzert* – als vielmehr in seiner Tätigkeit als Essayist und Programmatiker. Er versuchte zunächst, sich als Propagandist des Naturalismus zu profilieren, und prägte doch die Parole von der „Überwindung des Naturalismus". Er hielt sich zugute, das „Junge Wien" überhaupt erst begründet zu haben, und popularisierte die Philosophie von Ernst Mach mit dem Schlagwort vom „unrettbaren Ich", das er in einem Essay von 1904 als Antwort auf viele Fragen darstellt, die ihn seit Jahren gequält hätten.[6] Nach Auskunft des Schnitzler-Biographen Giuseppe Farese las Schnitzler im selben Jahr Machs Werk *Die Analyse der Empfindungen und das Verhältnis des Physischen zum Psychischen*[7] – es ist nicht nachgewiesen, aber auch nicht ausgeschlossen, dass er es auf Bahrs Anregung hin tat. Farese legt Wert auf die Feststellung, dass Schnitzler Machs Theorien noch nicht kannte, als er sein Stück *Der einsame Weg* schrieb, „in dem die Einsamkeit und die Unfähigkeit zur Kommunikation mit dem Identitätsverlust des Ichs einhergehen".[8] Andererseits bringt er eine Tagebuchaufzeichnung Schnitzlers aus dem Jahr 1881, in dem dieser sich „ein andres Ich" wünscht, bereits mit Machs Philosophie in Verbindung, so als hätte dessen sogenannter „Empiriokritizismus" damals in Wien gewissermaßen in der Luft gelegen. Der Literaturwissenschaftler Hartmut Scheible interpretiert entsprechend den *Anatol*-Zyklus in enger Verbindung mit einer Darstellung einiger Theoreme Ernst Machs, ohne einen direkten Einfluss nachzuweisen.[9] Das Beispiel zeigt, dass empirisch nicht gesicherte und generalisierende Hypothesen sowie Mystifikationen, an denen Bahr keinen geringen Anteil hatte, das Bild der Epoche verzerren können. Die Frage, ob Bahr „der Prototyp des Karrierejournalisten" war, „der unter dem Zwang des Geldverdienens seinen

---

[5]   Vgl. Bergel, a. a. O., S. 50.
[6]   Vgl. Hermann Bahr: „Das unrettbare Ich". In: *Zur Überwindung des Naturalismus*. Herausgegeben von Gotthard Wunberg. Stuttgart 1968, S. 183–192.
[7]   Giuseppe Farese: *Arthur Schnitzler. Ein Leben in Wien 1862–1931*. München 1999, S. 119.
[8]   Farese, a. a. O., S. 119.
[9]   Vgl. Hartmut Scheible: *Arthur Schnitzler in Selbstzeugnissen und Bilddokumenten*. Reinbek 1976, S. 43 ff.

sozialen Aufstieg über Literatur als Geschäft nahm"[10], oder ob er tatsächlich ein genialer Wegbereiter war, dessen Bild vor allem durch die Polemiken des Karl Kraus in der *Fackel* verfälscht wurde, ist noch nicht letztgültig beantwortet. Der Literaturwissenschaftler Gotthard Wunberg geht sogar soweit, Bahr in seiner Rolle als Kulturvermittler an die Seite von Brandes zu stellen:

> „Besonders seine frühen Arbeiten sind, wie das Werk von Georg Brandes auf seine Weise, geradezu eine Fundgrube, wenn man sich über die deutsche, die europäische Literatur zwischen Naturalismus und Expressionismus informieren, wenn man einen belesenen, gescheiten und in vielem repräsentativen Zeitgenossen hören will."[11]

Was Felix Salten angeht, so stand er wohl zu sehr im Schatten Schnitzlers, als dass er Brandes hätte interessieren können. In dem noch unveröffentlichten Briefwechsel zwischen Schnitzler und Salten erscheint dieser als epigonenhafter „Doppelgänger" des Älteren, der ihm „Reverenz vor dem oberflächlichen [sic]", das Bedienen der Schaulust bei der Behandlung erotischer Themen vorwarf – pikanterweise ein Vorwurf, mit dem sich Schnitzler selbst lange Zeit konfrontiert sah.[12] Ihn vorwegnehmend veröffentlichte er z.B. den *Reigen* nur als Privatdruck und ließ ihn nicht aufführen. Schnitzler versuchte immerhin, Brandes für Salten zu interessieren, indem er ihn in einem Brief vom 2. Februar 1900 bat, ein kleines Novellenbuch zu lesen, das Salten ihm zugesandt habe.[13]

Zu erwähnen sind schließlich noch der Kritiker Paul Goldmann, den Brandes manchmal in Wien traf, sowie der Altphilologe Theodor Gomperz, den er gern besuchte und dessen großem Werk *Griechische Denker* er viel verdankte.[14]

---

[10] Udo Köster: *Die Überwindung des Naturalismus. Begriffe, Theorien und Interpretationen zur deutschen Literatur um 1900.* Hollfeld 1979, S. 89.

[11] Gotthard Wunberg: „Einführung" zu: Hermann Bahr: *Zur Überwindung des Naturalismus.* Stuttgart 1968, S. VII.

[12] Vgl. Lorenzo Bellettini: „Schnitzlers Doppelgänger". In: *Frankfurter Allgemeine Zeitung,* 5. Januar 2010, S. 30.

[13] Vgl. Bergel, a. a. O., S. 79.

[14] Vgl. Bergel, a. a. O., S. 47.

II. Brandes und Schnitzler

Die Korrespondenz zwischen Brandes und Schnitzler beginnt am 26. Mai 1894 und endet an „Goethes Geburtstag", wie Brandes schreibt, also am 28.8.1926. Zwar gibt es Lücken von manchmal zwei oder drei Jahren, aber die Kontinuität ist doch erstaunlich. Wiederholt versichern sich beide ihrer tiefen Freundschaft, ja Liebe; regelmäßig schicken sie sich ihre neuesten Werke, Brandes allerdings seltener, da nicht alles sofort ins Deutsche übersetzt wurde und Schnitzler zu seinem eigenen Bedauern nicht Dänisch lesen konnte. Was die Briefe der letzten Jahre angeht, so stellt sich beim Leser der Eindruck ein, dass die wechselseitigen Sympathiebekundungen und Versicherungen gegenseitiger Bewunderung weit über das konventionelle Maß hinausgingen, zu dem sich zwei ältere gebildete Bürger jener Zeit verpflichtet sehen konnten. Der Ausdruck der Bewunderung ist bei Brandes noch stärker als bei Schnitzler, da er zunehmend dazu neigte, die Leistung des schöpferischen, phantasiebegabten Künstlers über die des Wissenschaftlers und Essayisten, also über seine eigene, zu stellen. Im Brief vom 30. Dezember 1925 schreibt er: „Sie haben wol [sic] in 35 Jahren unsere Freundschaft ununterbrochen bewahrt, <u>obschon Sie immer mehr leisteten, als ich im Stande war.</u>"[15] Der Nebensatz ist im Original hervorgehoben, ob vom Verfasser selbst oder vom Empfänger, ist hier nicht geklärt, anders als im Brief vom 15. Mai 1922, in dem es heißt: „Sie haben mir immer das Gefühl gegeben, <u>in der Ferne einen congenialen Freund</u> zu haben".[16] Laut Aussage des Herausgebers hatte Schnitzler die Worte „in der Ferne einen congenialen Freund" in Brandes' Originalbrief selbst rot unterstrichen.[17]

Diese Einschätzung Brandes' mag zunächst überraschen, gab es doch durchaus Trennendes in der Literaturauffassung der beiden, zumal der Unterschied der Generationen, also der Altersunterschied von zwanzig Jahren, zu berücksichtigen ist.

In den frühen Briefen werden diese Unterschiede noch deutlich, da Brandes hier noch stärker als Kritiker auftritt, während er sich in den späten Briefen nur noch bewundernd zu Schnitzlers Produktion äußert. Ein Hauptunterschied ist im Verhältnis zur Psychologie, insbesondere zur Psychoanaly-

---

15 Bergel, a. a. O., S. 150.
16 Bergel, a. a. O., S. 136.
17 Bergel, a. a. O., S. 213.

123

se, zu sehen, der Brandes skeptisch gegenüberstand, während Schnitzler bekanntlich von Freud die Bestätigung erhielt, er habe literarisch „dieselben Phänomene des seelischen Unbewußten aufgezeigt wie er selbst durch wissenschaftliche Analyse."[18] Auch Unterschiede im Frauenbild beeinflussen Brandes' Urteile über Schnitzlers Frühwerke.

Viel zahlreicher sind jedoch die Gemeinsamkeiten, die ich hier in Anlehnung an Kurt Bergel, den Herausgeber des Briefwechsels, referiere:[19]

Beide fanden nicht sofort zu ihrer Bestimmung: Schnitzler war Arzt, Brandes Jurist. Ihre Erstlingswerke – Brandes' *Hauptströmungen*, Schnitzlers *Anatol* und *Liebelei* – hatten eine große Wirkung.

Beide sind geprägt durch das positivistisch-naturwissenschaftliche Zeitalter, auch wenn sie zum Teil unterschiedlich auf die vorherrschenden wissenschaftlichen Paradigmen reagierten.

Beide stammten aus jüdischen Häusern, hatten aber keine tiefere Beziehung zum Judentum. Eine einschlägige Aussage dazu ist in Brandes' Brief vom 5. Januar 1922 zu lesen: „Können Sie verstehen, daß unser Freund Beer-Hofmann sich mit solcher Leidenschaft an das Judenthum krampft? Es hat mich im Grunde nie interessiert; nur wenn die Juden verfolgt wurden, und wenn sie es werden, habe ich für sie heißes Mitgefühl, wie für alle ungerecht unterdrückten [sic]. Ich kenne nicht einen einzigen hebräischen Buchstaben. – Es scheint mir auch von ihm so gewollt." („gewollt" ist hervorgehoben).[20] Bei Schnitzler wird die gleiche Haltung in seiner Reaktion auf Theodor Herzls „Judenstaat" deutlich, wie sie von Olga Schnitzler in ihrem Erinnerugsbuch geschildert wird.[21] Die literarische Verarbeitung findet in dem Roman *Der Weg ins Freie* statt.

Brandes und Schnitzler vertraten ein westwärts gewandtes Europäertum, ihre Werke waren stark von der französischen Kultur beeinflusst. Sie waren in ihren Heimatländern verwurzelt, hatten aber eine ambivalente Beziehung zu ihnen – Schnitzler schreibt z.B. über Österreich, es sei wunderschön und vertrottelt;[22] Brandes kritisierte Fehleinschätzungen der dänischen Politik seit dem verlorenen Krieg von 1864 und verstieg sich zu der Aussage: „Ein

---

[18] Bergel, a. a. O., S. 29. Ein Faksimile des Freud-Briefes befindet sich in: *Marbacher Magazin* 93/2001, S. 55 f.
[19] Vgl. Bergel, a. a. O., S. 19 ff.
[20] Bergel, a. a. O., S. 133.
[21] Vgl. Olga Schnitzler: *Spiegelbild der Freundschaft*. Salzburg 1962, S. 80–100.
[22] Vgl. Bergel a. a. O., S. 25.

bahnbrechender Denker ist ja doch niemals in Dänemark erstanden, auch wäre dort seines Bleibens nicht gewesen."[23] Beide waren jedenfalls strikt antinationalistisch und antichauvinistisch sowie pazifistisch eingestellt, was sich vor allem im Weltkrieg zeigte.

Beide stehen in der liberalen bürgerlichen Tradition des 19. Jahrhunderts, sind skeptisch gegenüber wohlklingenden politischen und gesellschaftlichen Reformprogrammen. Bergel fasst zusammen: „Als überzeugte Individualisten bestanden Brandes und Schnitzler auf den Menschenrechten; doch als Skeptiker blieben sie demokratischem Optimismus gegenüber zurückhaltend."[24] Die russische Revolution lehnten sie entschieden ab. Brandes weigert sich, in Leningrad aufzutreten – er versieht den neuen Städtenamen mit einem Ausrufezeichen – , weil er kein „Entzücken über den jetzigen Zustand in Russland" heucheln will[25], und Schnitzler bestätigt ihm, dass er ihn sehr gut verstehe[26]. Während Brandes sich aber wiederholt dezidiert zu politischen und zeitgeschichtlichen Fragen, etwa zu Armenien oder zum Waffenstillstand 1918, äußerte und sich damit politischer Kritik aussetzte,[27] tat Schnitzler dies selten öffentlich und wenn, dann in der allgemeinen Form der „Aphorismen und Betrachtungen". Heinrich Mann schrieb über Schnitzler, dieser sei „der einzige Dichter von Rang und Urteil, der seine Nichtachtung der öffentlichen Dinge für selbstverständlich nahm."[28] Verglichen mit anderen Briefwechseln des Autors ist es derjenige mit Brandes, in dem es noch am häufigsten um Politisches geht, vor allem um den Antisemitismus, der Schnitzler letztlich auch zu literarischer Bearbeitung herausforderte.

Immer wieder ist in dem Briefwechsel von Einsamkeit die Rede, was nicht der Tatsache widerspricht, dass beide sehr gesellig waren. Brandes war bekannt als genialer, amüsanter Plauderer, Schnitzler nannte ihn im Tagebuch „Welttratschen".[29] Schnitzler hatte einen großen Freundeskreis und sein Liebesleben, das in der Jugend äußerst bewegt war, blieb auch im Alter noch interessant,[30] aber seine Grundstimmung war melancholisch, manchmal

---

[23]   Georg Brandes: *Gestalten und Gedanken*. München 1903, S. 46.
[24]   Bergel, a. a. O., S. 33.
[25]   Bergel, a. a. O., S. 147: Brief vom 21. Juni 1925.
[26]   Bergel, a. a. O., S. 149: Brief vom 7. Juli 1925.
[27]   Vgl. den Band: Georg Brandes: *Der Wahrheitshass. Über Deutschland und Europa* 1880–1925. Berlin 2007. Darin: Armenien und Europa (S. 85–96); Neujahr 1919 (S. 148, 154 f.).
[28]   Heinrich Mann: *Ein Zeitalter wird besichtigt*. Düsseldorf 1974, S. 236.
[29]   Arthur Schnitzler: *Tagebuch 1909–1912*. Wien 1981, S. 369.
[30]   Vgl. Renate Wagner: *Frauen um Arthur Schnitzler*. Frankfurt/M. 1983.

nahezu depressiv. Dieses Grundgefühl wurde sicher verstärkt durch sein schon früh einsetzendes, sich allmählich verstärkendes Ohrenleiden, aber es gründete letztlich in einem prinzipiellen Zweifel an der Möglichkeit menschlicher Kommunikation jenseits dessen, was er „Komödienspiel" nannte. Schon der erste *Anatol*-Einakter *Die Frage an das Schicksal* zeigt die Unmöglichkeit, in das Innere eines anderen Menschen vorzudringen: Anatol verzichtet resignierend, aber der Wunsch bleibt bestehen. Bei Brandes, der politischer als Schnitzler dachte, resultiert das Einsamkeitsgefühl aus einem sich verdüsternden Menschenbild. Im September 1918 schrieb er: „Glauben Sie nicht auch, daß diese Kugel, Erde genannt, in dem Weltall den Record bestialischer Stupidität geschlagen hat? Es scheint mir unmöglich, daß ein anderer Globus von dümmeren und ekelhafteren Wesen bewohnt sein kann."[31] Und ähnlich 1925: „Unter uns – bitte sagen Sie es Niemand – die sogenannte Menschheit ist eine abscheuliche Bande. Es gibt ja glücklicherweise einige Ausnahmen."[32] Ebenso ironisch stimmte ihm Schnitzler auf einer Ansichtskarte zu.

Nach dem Weltkrieg galten beide als „Zeugen einer verflossenen Zeit und Welt",[33] sie wehrten sich aber gegen den Vorwurf des Überholtseins und blieben bis zuletzt produktiv.

III. Brandes' Haltung zu Schnitzlers Werken

Bezeichnend ist der Beginn der Korrespondenz zwischen dem jungen Autor und dem wesentlich älteren Kritiker. Schnitzler hatte Brandes seine (abgesehen von kleinen Erzählungen) ersten Werke, *Anatol* und *Das Märchen* zugeschickt. Dieser bedankte sich am 26. Mai 1894 für beide Bücher und lobte besonders *Das Märchen*: „Es ist eine so gute und gediegene Arbeit, wie ein Kritiker sie selten empfängt. Sie haben hier eine viel höhere Stufe erreicht als in ihrem früheren Buch. Die Frauengestalten sind alle sehr fein und richtig gezeichnet und die Handlung des Stücks ist gut und logisch geführt."[34] Auf dieses Lob berief sich Schnitzler in einem Brief vom 30. Mai an den Direktor des Deutschen Theaters in Berlin, Otto Brahm, dem er *Das Märchen*

---

[31] Bergel, a. a. O., S. 125.
[32] Bergel, a. a. O., S. 150.
[33] Bergel, a. a. O., S. 41.
[34] Bergel, a. a. O., S. 55.

zehn Tage zuvor „zur eventuellen Aufführung" geschickt hatte. Brahm antwortete am 6. Juni: „Ihr Schauspiel *Das Märchen* gebe ich anbei mit bestem Dank zurück. Dem Urteil des Herrn Georg Brandes kann ich wohl zustimmen, wenn ich das Werk nicht als Drama betrachte; für die Bühne jedoch hat es meines Erachtens zuviel Psychologie und zuwenig Anschauung, zuviel Tendenz und zuwenig Gestalt."[35] Ein halbes Jahr später bat Brahm Schnitzler um sein Schauspiel *Liebelei* zur Aufführung am Deutschen Theater[36], und es entstand eine Freundschaft zwischen beiden, die bis zu Brahms Tod im Jahre 1912 hielt.

Wie ist nun die Abwertung des *Anatol* gegenüber dem *Märchen* seitens Brandes' zu erklären? Seine Maßstäbe als Kritiker waren offenbar andere als die des Bühnenpraktikers Brahm, in der Hochschätzung der *Liebelei* stimmten beide aber überein: Brandes war beeindruckt und „ganz ergriffen" von der Inszenierung des Deutschen Theaters, die er im April gesehen hatte.[37] Er legte Wert auf richtige, das heißt wohl: lebensnahe Charakterzeichnung und logische Handlungsführung. Nach diesen Maßstäben lobte er auch Schnitzlers nächste Schauspiele *Freiwild* und *Das Vermächtnis, Freiwild* mit der Einschränkung, dass es etwas knapp und thesenhaft, die weibliche Hauptperson nicht genau genug gezeichnet sei (was Schnitzler selbst erkannt hatte), „die Liebe zwischen Paul und Anna [...] nicht individuell genug, nur indicirt".[38] Die Kritik relativiert er dann aber wieder, der Gesamteindruck ist positiv, was keineswegs selbstverständlich ist, da alle drei Stücke in Wien mehr oder weniger starken Skandal machten.

Nach der Uraufführung des *Märchens* teilte Schnitzler Brandes mit: „Die zwei ersten Akte gefielen; der dritte mißfiel so gründlich, daß es das ganze Stück mitriß. Insbesondere scheint man über die moralischen Qualitäten des Stückes wenig erbaut gewesen zu sein; – ein Kritiker rief mir zu: ‚Um Reinlichkeit wird gebeten'; – ein anderer sprach geradezu von der ‚wahrhaft erschreckenden sittlichen Verwahrlosung', von der das Schauspiel Zeugnis gebe."[39] *Freiwild* erregte „heftigste Angriffe der antisemitischen und militaristischen Blätter", bei der Breslauer Aufführung verließen die Offiziere

---

[35] Oskar Seidlin (Hg.): *Der Briefwechsel Arthur Schnitzler-Otto Brahm.* Tübingen 1975, S. 3.
[36] Seidlin, a. a. O., S. 3.Undatiertes Telegramm, um den 10. Februar 1895.
[37] Bergel, a. a. O., S. 56.
[38] Bergel, a. a. O., S. 60.
[39] Bergel, a. a. O., S. 60. Brief vom 12. Juni 1894.

demonstrativ das Theater.[40] *Das Vermächtnis* wurde als „Verherrlichung der freien Liebe" aufgefasst und blieb ohne anhaltenden Erfolg.[41] Vom *Anatol-Zyklus* wurde 1899 der Einakter *Anatols Hochzeitsmorgen* in Berlin von der Zensur „aus sittenpolizeilichen" Gründen verboten.[42]

All diese skandalträchtigen Züge der Schnitzlerschen Frühwerke berührten Brandes offenbar nicht.

Eine genauere Betrachtung verdient Brandes' Rezeption des *Anatol-Zyklus*, der Schnitzlers Ruf als leichtlebiger Wiener Dichter begründete, und auch Brandes trägt zur Festigung dieses Klischees bei. In seinem 1903 publizierten Schnitzler-Aufsatz schreibt er:

> „Das leichtsinnige Wien ist in dem Buch, mit seiner Leichtfertigkeit und Bitterkeit, seiner Wehmut und seinem Witz, seiner Weltklugheit und seiner Frauenklugheit. Viel Erfahrung ist hier zusammengedrängt, und mit überlegener Ironie und Selbstironie wird sie mitgeteilt. Auf wenigen Seiten lebt hier für lange Zeiten das Wien der Amouretten, der Separatkabinette und Junggesellenwirtschaften, und ergötzlich ist der Einfall, daß die Hauptperson, der oft verliebte Anatol und sein klarblickender Freund Max in allen Gesprächen vorkommen, von verschiedenen Seiten beleuchtet, in Beziehung zu verschiedenen Frauen gezeigt werden, bis der Leser sie von Grund aus [sic] kennt."[43]

Brandes betont den Abbildcharakter des Zyklus und würdigt nicht die Diagnosequalität, die eine Deutung der kleinen Stücke als Parabeln auf den Zustand des Wiener Bürgertums oder gar der österreichischen Gesellschaft des Fin de siècle zutage fördern kann. Der Zustand dieser Gesellschaft ist oft mit dem Stichwort ‚Wert-Vakuum' (H. Broch) oder ‚Wertezerfall' beschrieben worden, welcher wiederum politisch mit dem Machtverlust des liberalen deutschösterreichischen Bürgertums und dem Aufstieg kleinbürgerlicher und proletarischer Massenparteien in Zusammenhang gebracht wurde. Tradierte gesellschaftliche Werte wurden im Verlauf dieser hier nur angedeuteten Prozesse fragwürdig und gerieten mit der Lebenspraxis in Konflikt, was aber keine Lockerung der mit diesen Werten verbundenen Normen bedeutete.

---

[40]   Aufzeichnungen Schnitzlers, zit. n.: Reinhard Urbach: *Schnitzler-Kommentar zu den erzählenden Schriften und dramatischen Werken.* München 1974, S. 155.
[41]   Vgl. Reinhard Urbach: *Arthur Schnitzler* (Reihe Dramatiker des Welttheaters). 2. Auflage. Hannover 1972, S. 122.
[42]   Vgl. Urbach: *Arthur Schnitzler,* a. a. O.,S. 117.
[43]   Brandes: *Gestalten,* a. a. O., S. 36.

Offene Normverstöße wurden weiterhin sanktioniert, was Schnitzler in Auseinandersetzungen mit seinem Vater wiederholt erlebte.[44]

Subjektiv ergaben sich bei ihm Gefühle der Unzulänglichkeit, Hypochondrie, Desorientierung, vergebliche Sinnsuche, Bindungsunfähigkeit im Hinblick auf Berufsrolle und Frauenbeziehungen. Diese Probleme projiziert Schnitzler in seine Figur Anatol, mit der er ein dialektisches Spiel von hoher Qualität und Ironie entfaltet, indem er ihr mit Max ein rationales, auf Logik und Konsequenz bedachtes Pendant an die Seite stellt. Auf die Probe gestellt wird so das Komödienspiel als Überlebensmöglichkeit in einer desintegrierenden Gesellschaft. Anatol verachtet die „brutale Aufrichtigkeit ermüdeter Lügner"[45] und charakterisiert sich selbst als „leichtsinnigen Melancholiker", was im Grunde ein Oxymoron ist.

Auf Max' Aufforderung, endlich gesund zu werden, antwortet Anatol mit einem Plädoyer für die Krankheit: „Es gibt so viele Krankheiten und nur eine Gesundheit – ! ... Man muß immer genauso gesund wie die andern – man kann aber ganz anders krank sein wie jeder andere!"[46] Schnitzlers Kunst besteht darin, mit solchen witzigen Bonmots und Paradoxien den Zuschauer bestens zu unterhalten und dabei tiefe Wahrheiten über die „soziale Krankheit" (Mitscherlich) seiner Zeit auszusprechen. Dem Wiener Publikum blieb die Möglichkeit, das Ganze auch als atmosphärisch gelungene, geistreiche Unterhaltung mit hohem Wiedererkennungswert zu rezipieren. Auch Brandes' Charakterisierung des Zyklus läuft auf eine solche Rezeption hinaus.

Nachweisen lässt sich ein beträchtlicher autobiographischer Gehalt der Einakter (was Brandes andeutet). In der Entstehungszeit schrieb Schnitzler melancholische Briefe an seine platonische, mit einem anderen Mann verheiratete Geliebte Olga Waissnix, in denen er die gesellschaftliche Heuchelei beklagte: „Aber hier sind sie dumm, ewig dumm, und man darf halt nichts sagen. Alles, was deutsch spricht und liest, fühlt sich als Familienblattpublicum und zittert für die keuschen Frauen und die zarten Töchterlein. Was wirklich geschieht, darf man noch nicht schreiben, und über die banalsten Wahrheiten gerathen sie in Entsetzen."[47]

---

[44]   Vgl. hierzu: Claudio Magris: *Der habsburgische Mythos in der österreichischen Literatur.* Salzburg 1966, S. 210 ff.

[45]   Arthur Schnitzler: *Gesammelte Werke. Die Dramatischen Werke* Bd. 1. Frankfurt/M. 1962, S. 72.

[46]   Schnitzler: *Gesammelte Werke,* a. a. O., S. 83.

[47]   Arthur Schnitzler, Olga Waissnix: *Liebe, die starb vor der Zeit. Ein Briefwechsel.* Herausgegeben von Therese Nickl und Heinrich Schnitzler. Wien/ München/ Zürich 1970, S. 184.:

Schnitzler unterwarf sich diesem Schweigegebot nicht und verfasste die schon erwähnte Serie von Dramen, die häufig als „naturalistische Thesenstücke" charakterisiert worden sind. Sie finden Brandes' grundsätzliche Zustimmung, er kritisiert nur Handwerkliches. Über *Das Märchen*, in dem es um das Märchen von den „gefallenen" Frauen geht, das den Protagonisten wider seine bessere Einsicht in seinem Handeln bestimmt, urteilt Brandes: „Es ist kein Effektstück, doch nicht bloß eine ehrliche, prunklose, auch eine durch ihre Seelenkenntnis hochstehende Arbeit."[48] In *Freiwild* geht es um die sexuelle Ausbeutung junger Schauspielerinnen durch Offiziere und um den Duellkodex. Es ist nach Brandes' Eindruck „zu sehr darauf angelegt, der Tendenz zu dienen, so daß es weniger den Eindruck wirklichen Lebens als den einer wirkungsvollen Streitschrift macht".[49] In *Das Vermächtnis* wird das bürgerliche Familiensystem auf die Probe gestellt, zugleich die liberale Anschauung eines Vaters, die im konkreten Fall, der nachträglichen Legitimierung einer als illegitim geltenden Verbindung, versagt. Schnitzler bereitet hier jene Skepsis gegenüber allgemeinen Anschauungen und den Rückzug auf das Elementare, Unbewusste, Triebhafte vor, die nach Abnahme der gesellschaftlichen Masken übrig bleiben. Brandes lässt auch dieses Stück aufgrund seiner Tendenz gelten, scheint aber das „feine, schöne, kleine Schauspiel *Liebelei*" höher zu schätzen, nicht zuletzt, weil es auf ihn „echt wienerisch" wirkt.

Das Stück brachte Schnitzlers Durchbruch als Bühnenautor. Es beruht auf einer anderen Versuchsanordnung als die sogenannten naturalistischen Stücke, die, wie Konstanze Fliedl meint, „die bürgerlichen Konventionen jeweils in einer sehr angestrengten Konstellation angreifen, nämlich im Probe- oder Ausnahmezustand einer versuchten Abweichung".[50] „Diese Projekte", so Fliedl weiter, „scheitern gewissermaßen zwangsläufig. Viel eindrucksvoller wird die Katastrophe, wenn sie gleichsam als natürliche Folge des gesellschaftlichen Zustands dargestellt wird."[51] Christines Protest gegen die Konventionen, die sich am Schluss in dem Schrei äußert: „Und ich ... was bin denn ich?", zeige eine „Verschiebung der Sympathiewerte im Werk Schnitzlers; von nun an verwandeln sich die erotischen Lizenzen seiner

---

Brief vom März 1890.
[48] Brandes: *Gestalten*, a. a. O.,S. 36.
[49] Brandes: *Gestalten*, a. a. O., S. 38.
[50] Konstanze Fliedl: *Arthur Schnitzler*. Stuttgart 2005, S. 82.
[51] Fliedl, a. a. O., S. 82.

Männerfiguren in Entfremdungsprozesse".[52] Olga Schnitzler bestätigt in ihrem Erinnerungsbuch, dass Schnitzler den jungen Frauen wegen dieses Stückes als modern erschien, einmal wegen der realistischen, unpathetischen Figurenzeichnung, zum anderen wegen des gesellschaftskritischen Gehalts: „Wußte hier einer von unserer nur zögernd und schamhaft eingestandenen Bedrängnis, wagte er es auszusprechen, daß die unbegreiflich festgerammten Begriffe unserer Eltern keine Geltung mehr hatten für uns, die wir nun heranwuchsen? Man war also nicht im Unrecht, nicht allein – welche Befreiung!"[53]

Brandes' Toleranz erweist sich darin, dass er sogar den *Reigen* akzeptiert und Schnitzlers Befürchtung teilt, bei einer Veröffentlichung wäre er Missverständnissen ausgesetzt, „die Dummheit und böser Wille unzweifelhaft in Umlauf gesetzt hätten".[54]

Schwer tat er sich mit dem satirischen Revolutionsstück *Der grüne Kakadu*, das ihm zu unrealistisch war: „Es ist so verdammt künstlich, so ‚ausklamüstirt', wie die Norddeutschen sagen". Die Idee, dass vornehme Leute in eine Kneipe gehen, um sich revolutionäre Szenen vorspielen zu lassen, kam ihm sonderbar vor.[55] Aber auch mit sonderbaren Ideen lassen sich interessante Einsichten vermitteln, die hier mehr philosophischer als historisch-politischer Art sind. Sehr effektvoll spielt Schnitzler mit der Metapher vom großen Welttheater. Das Stück ist eine satirische Variation auf den berühmten Aphorismus aus *Paracelsus* (ein Jahr vor dem *Kakadu* veröffentlicht): „Wir spielen immer, wer es weiß ist klug."[56], auf den man Schnitzler festlegen wollte, wogegen er sich aber wehrte. Die radikale Selbstprüfung setzte er fort in dem großen Versdrama *Der Schleier der Beatrice*, auf das Brandes in der Korrespondenz ausweichend reagiert, mit dem er später in seinem Schnitzler-Essay aber kritisch ins Gericht geht, während er im Alter, nach einer Relektüre, darin „Tiefen, eine Einsicht in die Frauenseele (findet), die ich nie gehabt und nie erwerben könnte".[57] 1903 nennt er es noch ein „merkwürdiges Schauspiel", in dem das Wesen der weiblichen Hauptperson nicht erschöpfend erklärt sei und dessen männlichen Protagonisten, den Dichter Filippo

[52] Fliedl, a. a. O., S. 84.
[53] Olga Schnitzler, a. a. O.,S. 17.
[54] Brandes: *Gestalten,* a. a. O.,S. 39.
[55] Bergel, a. a. O., S. 74: Brief vom 10. März 1899.
[56] Schnitzler: *Dramatische Werke 1,* a. a. O., S. 498.
[57] Bergel, a. a. O., S. 149: Brief vom 12. Juli 1925.

Loschi, man nicht bewundern könne.[58] Trotz mancher Schwächen, die auch Konstanze Fliedl noch anprangert[59], ist das Stück in zweierlei Hinsicht interessant: Loschi verstößt Beatrice, weil sie geträumt hat, einen Herzog zu lieben. Der Traum birgt für ihn mehr Gefahren als das gelebte Leben, denn in ihm treten verdrängte Wünsche zutage.[60] Zweitens wird die Kunst als Kompensation von Lebensschwäche auf die Probe gestellt – und verworfen: „Und quillt aus dieser Torheit / Einmal ein Lied, so ist's der höchste Preis, / Den mir das Leben hinwirft für die Schmach, / Daß ich zu schwach bin, es mit Stolz zu leben."[61] Es folgt daher eine Versuchsreihe über das Verhältnis Kunst / Leben („Lebendige Stunden"), etwa gleichzeitig erprobt Schnitzler in der Novelle *Leutnant Gustl* die Technik des inneren Monologs und wird wegen dieses Blicks in das Innenleben eines österreichischen Offiziers von einem „Ehrenrätlichen Ausschuß" „seines Offizierscharakters für verlustig" erklärt.[62] Brandes ist von der Novelle sehr angetan: „Welch ein vorzügliches und originelles Buch Sie dort geschrieben haben. Eine ganze Psychologie in einer Nußschale. Der Schluß nur ist etwas willkürlich, wenn auch amüsant."[63] Als das „Werk eines Meisters", „vollreif" erscheint ihm das Schauspiel *Das weite Land*, das der sonst mit Selbstzweifeln kämpfende Schnitzler sehr hoch einschätzte. Brandes findet das Stück allerdings sehr pessimistisch und fragt, ob der Dichter nicht, wie er selbst, sich auf „einige Ruhepunkte" im Leben besinnen wolle. „Man muß z.B. Jemand vertrauen können; in der hier vorge-führten, sehr reichen und schillernden Welt, ist aber jedes Vertrauen unmög-lich."[64]

Inzwischen war der Antisemitismus für Schnitzler so bedrängend gewor-den, dass er sich zu künstlerischer Bearbeitung herausgefordert fühlte: in seinem Roman *Der Weg ins Freie* und in dem Schauspiel *Professor Bern-hardi*. Brandes bemerkt zu dem Roman, sicherlich zu recht, dass Schnitzler eigentlich zwei Bücher geschrieben habe, eines über eine problematische Liebe und eines über „die neue Lage der jüdischen Bevölkerung in Wien durch den Antisemitismus". Schnitzler hatte inzwischen geheiratet, bearbeite-te aber in dem Roman seine Bindungsunfähigkeit und unglückliche Liebe zu

---

[58]   Brandes: *Gestalten,* a. a. O., S. 39.
[59]   Fliedl, a. a. O., S. 93.
[60]   Schnitzler, *Dramatische Werke 1,* a. a. O., S. 576.
[61]   Schnitzler, *Dramatische Werke 1,* a. a. O., S. 578 f.
[62]   Urbach 1974, a. a. O., S. 103.
[63]   Bergel, a. a. O., S. 87: Brief vom 22. Mai 1901.
[64]   Bergel, a. a. O., S. 103: Brief vom 19. Oktober 1911.

Marie Reinhard, die ein totes Kind zur Welt gebracht hatte und 1899 gestorben war. Diese private Problematik verknüpft er mit Fragen der Politik im Allgemeinen und des Antisemitismus im Besonderen, wobei Brandes den strengen notwendigen Zusammenhang vermisst, „den inneren Reichtum des Werkes" aber lobt. Abschließend schreibt er: „Wenige Bücher fesseln mich wie die Ihrigen. Ich glaube immer etwas Verwandtes zu spüren. Ich habe Sie, kurz gesagt, außerordentlich lieb."[65] In seiner ausführlichen Antwort gibt Schnitzler Brandes im Prinzip recht, schildert dann aber zu seiner Rechtfertigung die (hier nicht näher zu untersuchende) Entstehungsgeschichte des Romans, die die Konstruktion erklärt.

In *Professor Bernhardi* stellt Schnitzler die Politik als Denk- und Lebensform auf die Probe. Der Antisemitismus erscheint nur als Spielart einer Haltung von Personen, die ins Allgemeine argumentieren und dabei nichts als ihr persönliches Interesse verfolgen. Prototyp ist Bernhardis früherer Kommilitone Flint, der zum Minister aufgestiegen ist, rein opportunistisch agiert, dies aber stets damit verbrämt, dass es um das Wohl des Staates gehe. Bernhardi hingegen besteht darauf, in einem Einzelfall das Richtige, nämlich das aus humanen Erwägungen Gebotene getan zu haben. Flints Rhetorik begegnet er mit Ironie. Brandes ist nicht einverstanden: „[…] nur kann ich mich nicht mit der Logik befreunden, daß weil jemand nicht zum Märtyrer geeignet ist, er überhaupt nicht für seine Überzeugung eintreten solle. Wir lassen ja alle ohne Protest das meiste hingehen, weil das Protestieren doch nichts nützt; aber Sie sollten nicht unsere Handlungskraft durch Entmuthigung lähmen. Das ist die alte ‚Ironie' der Romantiker, die dem Pathos die Spitze abbricht."[66] Dies ist das letzte Mal, dass Brandes substantiell Kritik an einem Werk Schnitzlers übt, das er im Übrigen lobt wie alles andere. Wieder antwortet Schnitzler ausführlich. Er bezieht Brandes' Kritik auf eine Äußerung des Hofrats Winkler aus dem Schlussdialog mit Bernhardi: „Wenn man immerfort das Richtige täte, oder vielmehr, wenn man nur einmal in der Früh, so ohne sich's weiter zu überlegen, anfing, das Richtige zu tun und so in einem fort den ganzen Tag lang das Richtige, so säße man sicher noch vorm Nachtmahl im Kriminal."[67] Auf die Unterstellung Bernhardis, der Hofrat hätte dennoch gehandelt wie er, antwortet der – und das ist Schnitzler

---

[65] Bergel, a. a. O., S. 95: Brief vom Juni 1908.
[66] Bergel, a. a. O., S. 115: Brief vom 4. Dezember 1915.

[67] Bergel, a. a. O., S. 149: Brief vom 12. Juli 1925.

wichtig: „Möglich – Da wär ich halt, – entschuldigen schon, Herr Professor –, grad so ein Viech gewesen wie Sie." Der Konjunktiv erscheint wie ein offenes Ende, jedoch meint Schnitzler: „Aber er hätte so gehandelt!" und stellt die Zweifler über die Dogmatiker aller Parteien, die Gerechten über die Rechthaberischen. In seinem Ibsen-Aufsatz (1887) hatte Brandes geschrieben: „[...] die Revolution, für welche er schwärmt, ist die rein innere, [...] das Revoltiren des Menschengeistes".[68] Diese Haltung des Beiseitestehens lehnte er ab oder hielt sie nur für einen Dichter, der nicht handeln muss, für möglich.

Von der österreichischen Zensurbehörde wurde die Veröffentlichung des *Bernhardi* jedoch durchaus als politischer Akt aufgefasst. In einer gewundenen Erklärung in schönstem Bürokratendeutsch wurde die Erlaubnis zur Aufführung „wegen vielfacher Entstellung hierländischer Zustände"[69] 1913 versagt.

IV. Freundschaftlicher Disput mit anderen jungwiener Autoren

Brandes pflegte auch freundschaftliche Beziehungen mit anderen Wiener Autoren, darunter solchen, die, wie Hofmannsthal, gut 30 oder, wie Stefan Zweig, fast 40 Jahre jünger waren als er. Er konnte nicht alles, was sie machten, gutheißen, aber seine Kritik war stets wohlwollend und fördernd. Dafür einige Beispiele:

Die kleine Korrespondenz mit Hofmannsthal begann im Dezember 1906 mit einem Brief von Brandes, in dem dieser sich für die Zusendung der Schauspiele *Elektra* und *Oedipus* bedankt und mitteilt, durch Schnitzler habe er außerdem das kleine Stück *Thor und Tod* erhalten, übrigens ohne zu wissen, dass es sich dabei um ein Jugendwerk Hofmannsthals handelte. Dieses sage ihm weniger zu als die großen Schauspiele. Zudem „schmecken" ihm die ästhetischen Reflexionen in Hofmannsthals Essays nicht, als Kritiker fehle ihm „jegliche Plastik".[70] Vielleicht störte ihn auch das Pathos in Essays wie *Der Dichter und diese Zeit* (1906), in dem das Dichten zum Schauen einer Vision erhöht wurde. Hofmannsthal bedankt sich umgehend herzlich und setzt sich Punkt für Punkt mit Brandes' Kritik auseinander. Er verteidigt

---

[68] Georg Brandes: *Moderne Geister*. Frankfurt/M. 1887, S. 442.
[69] Urbach: *Arthur Schnitzler*, a. a. O., S. 129.
[70] Bohnen, a. a. O., S. 34.

seine ästhetischen Schriften nur halbherzig, fühlt sich in Deutschland zu stark mit dem *Thor und Tod* identifiziert, durch den sich eine Generation „sehr stark in ihrem eignen pathologischen Gehalt getroffen gefühlt" habe wie seinerzeit eine andere vom *Werther*. In einem Punkt aber widerspricht er Brandes. Dieser hatte geschrieben:

> „Ihr schwungvoller Stil ist mir bisweilen nicht sorgfältig genug + und wird überspannt, aufgedunsen, z.B. Oedipus S. 147 [sic] In meinen Adern halt ich *die Welt*; mag es sein, wenn es auch sonderbar ist. Aber dann die Wiederholung: Denn meine Hand ist schwer *wie eine Welt* hat er denn nur das *eine* Gleichniss, das kein Gleichniss ist?"[71]

Das Beispiel zeigt, wie genau Brandes liest und welches Stilideal er vertritt: Nüchternheit, Sorgfalt, keine Leerformeln, keine falschen Metaphern. Aber Hofmannsthal widerspricht aus der Sicht des Dichters: „Die Welt" sei hier gar keine Metapher, sondern einfach ein großes Wort, ein Superlativ. Nicht weil dem Dichter nichts anderes eingefallen wäre, werde es zweimal gebraucht, sondern um einen ungeheuren Grad von Ergriffenheit auszudrücken und weil es ein so kurzes Wort sei, voll dumpfer Wucht, so gepresster Gewalt, es wirke durchs Ohr auf die Seele des Hörers, nicht durchs innere Auge, als ob es ein Gleichnis wäre. Brandes lenkt daraufhin ein und erklärt seinen Einwand mit einer anderen Art Pathos, die „wir Nordländer" haben.[72] Der Briefwechsel endet 1908.

In den folgenden Jahren lässt Brandes Hofmannsthal oft von Schnitzler grüßen, ebenso wie Beer-Hofmann, mit dem er, sehr sporadisch, von 1896 bis Januar 1926 korrespondiert. 1905 lobt er dessen Drama *Der Graf von Charolais* wegen der „lebenswahre(n) Darstellung jeder Persönlichkeit" und legt damit einen Maßstab an, der ihm immer wichtig war. Nur der Schluss ist ihm „ein wenig zu Renaissance-barbarisch", sei aber wohl erforderlich gewesen.[73] Alfred Kerr ging mit dem Stück, das in der Inszenierung von Max Reinhardt sehr erfolgreich war, wesentlich schärfer ins Gericht.

Schließlich begleitete Brandes kritisch und konstruktiv die schriftstellerischen Anfänge von Jakob Wassermann und tauschte sich über dessen ersten Roman *Die Juden von Zirndorf* auch mit Schnitzler aus. Am ausführlichsten schrieb er über Wassermanns zweiten Roman *Die Geschichte der jungen*

---

[71]   Bohnen, a. a. O., S. 34 f.
[72]   Bohnen, a. a. O., S. 42.
[73]   Bohnen, a. a. O., S. 145.

Renate Fuchs, dem er einen ganzen Essay widmete. Darin charakterisiert er Wassermann als „Dichter", er sei jedoch kein „Bildner". Dies begründet er im Wesentlichen so:

Der Roman leide unter einem Mangel an Übersichtlichkeit, unter zu vielen Handlungssträngen und immer wieder neu eingeführten Personen, so dass der Leser kaum hindurch finde. Brandes erachtet dies als typischen Fehler der „deutschen Schule", er wünscht dem Dichter die Lektüre eines guten französischen Romans „mit künstlerischer Ausbeute".[74]

Ferner bemängelt Brandes den Idealismus, also die Wirklichkeitsferne, die mit der „Nachtwandlertheorie" zusammenhänge: Renate Fuchs handelt wie eine Nachtwandlerin, sie tut viele moralisch verwerfliche Dinge, aber innerlich bleibt sie rein. Das hält Brandes für unglaubhaft, es sei Kunst-Kunst, nicht Kunst-Natur.[75]

1906 wehrt sich Wassermann gegen Kritik an drei Novellen, deren weibliche Hauptfiguren Brandes offenbar zu exzentrisch und pathologisch fand (Brandes' Brief ist nicht erhalten). Wassermann meint, das Pathologische könne durchaus zum Gegenstand der Literatur werden, wenn das nicht nur aus einer Laune oder Willkür heraus geschehe, sondern aus innerer künstlerischer Notwendigkeit.

Jedenfalls setzte sich Wassermann mit Brandes' Einwänden intensiv auseinander und fand in seinem Roman *Caspar Hauser oder: Die Trägheit des Herzens* einen neuen Ansatz, den er Brandes in seinem Brief vom 6. April 1907 ausführlich erläutert: „Ich glaube, dass ich hier zum ersten Mal nicht nur *meine* Wirklichkeit gegeben habe – um Ihren eigenen Ausdruck zu gebrauchen – sondern eine allgemeine, eine soziale Wirklichkeit."[76] Zudem sei sein Buch, was Brandes richtig bemerkt habe, eine satirische Auseinandersetzung mit Jacobsens *Niels Lyhne* (der Name der Hauptfigur, Bojesen, ist abgeleitet von Frau Boye, einer Gestalt aus Jacobsens Roman). Vor allem die Beispiele Hofmannsthal und Wassermann zeigen, auf welch tief reichende und subtile Weise der Kritiker Brandes die Dichter beeinflusste und zur Reflexion ihrer Werke bewegen konnte.

---

[74] Brandes: *Gestalten*, a. a. O., S. 26.
[75] Brandes: *Gestalten*, a. a. O., S. 30.
[76] Bohnen, a. a. O., S. 100.

V. Zusammenfassung

Brandes' besonders enge Beziehung zu Arthur Schnitzler war bestimmt durch eine tiefe Sympathie und ein sich festigendes Gefühl der Gleichgestimmtheit sowie durch hohen Respekt des Kritikers vor Schnitzlers künstlerischer Leistung. Diesen Respekt brachte Brandes auch sehr viel jüngeren Schriftstellern entgegen, die für seine Anregungen offen waren und mit ihm gern über ästhetische Fragen diskutierten. Auch der alte Brandes hatte noch beträchtlichen Einfluss auf die jungen Autoren. Er konnte nicht unerheblich dazu beitragen, dass sie bekannt wurden.

Brandes' Kunstauffassung beruhte auf einer empirisch-rationalistischen Erkenntnistheorie sowie auf hohen ethischen Ansprüchen an das Individuum. Der Aufbau eines literarischen Werkes sollte logisch und ohne Brüche sein, Figuren sollten lebensnah und plastisch, aber nicht pathologisch oder exzentrisch sein. Wenn diese Bedingungen erfüllt waren, kümmerte es Brandes nicht, ob ein Kunstwerk moralische oder politische Tabus verletzte, wobei ihn aber der krankhafte Einzelfall, der Exzess nicht interessierte. Er hing dem Prinzip der ästhetischen Mimesis an, es kam ihm darauf an, wie die Wirklichkeit im Kunstwerk gespiegelt war. Entsprechend legte er Wert auf realistische Milieuschilderung, hingegen blieb er distanziert gegenüber ästhetizistischer l'art pour l'art und reiner Ausdruckskunst, also dem Expressionismus. Vom Künstler erwartete er Engagement, das Eintreten für humanistische Werte und Ziele, zugleich aber Vorurteilsfreiheit und Distanzierung von Dogmen. Der nüchternen, kritisch prüfenden Denkart hatte eine Sprache zu dienen, die auf pathetische Wendungen und Leerformeln verzichtete und den Geboten der Sorgfalt und Präzision gehorchte.

Literatur

Bahr, Herrmann: Das unrettbare Ich. In: Zur Überwindung des Naturalismus. Herausgegeben von Gotthard Wunberg. Stuttgart 1968.

Bellettini, Lorenzo: Schnitzlers Doppelgänger. In: Frankfurter Allgemeine Zeitung, 5. Januar 2010.

Bergel, Kurt (Hrsg.): Georg Brandes – Arthur Schnitzler. Ein Briefwechsel. Bern 1956.

Bohnen, Klaus (Hrsg.): Georg Brandes in seiner deutschen Korrespondenz: Beispiele, Zusammenhänge, Kommentare. Text & Kontext : Sonderband 49. Schriften des Centers für Deutsch-Dänischen Kulturtransfer an der Universität Aalborg; 8. Kopenhagen 2005.

Brandes, Georg: Moderne Geister. Frankfurt/M. 1887.

Brandes, Georg: Gestalten und Gedanken. München 1903.

Brandes, Georg: Der Wahrheitshass. Über Deutschland und Europa 1880–1925. Berlin 2007.

Farese, Giuseppe: Arthur Schnitzler. Ein Leben in Wien 1862–1931. München 1999.

Fliedl, Konstanze: Arthur Schnitzler. Stuttgart 2005.

Köster, Udo: Die Überwindung des Naturalismus. Begriffe, Theorien und Interpretationen zur deutschen Literatur um 1900. Hollfeld 1979.

Magris, Claudio: Der habsburgische Mythos in der österreichischen Literatur. Salzburg 1966.

Mann, Heinrich: Ein Zeitalter wird besichtigt. Düsseldorf 1974.

Nickl, Therese; Schnitzler, Heinrich (Hrsg.): Arthur Schnitzler, Olga Waissnix: Liebe, die starb vor der Zeit. Ein Briefwechsel. Wien / München / Zürich 1970.

Scheible, Hartmut: Arthur Schnitzler in Selbstzeugnissen und Bilddokumenten. Reinbek 1976.

Schnitzler, Arthur: Gesammelte Werke. Die Dramatischen Werke. 2 Bde. Frankfurt/M. 1962.

Schnitzler, Arthur: Tagebuch 1909–1912. Wien 1981.

Schnitzler, Olga: Spiegelbild der Freundschaft. Salzburg 1962.

Seidlin, Oskar (Hrsg.): Der Briefwechsel Arthur Schnitzler-Otto Brahm. Tübingen 1975.

Urbach, Reinhard: Arthur Schnitzler (Reihe Dramatiker des Welttheaters). 2. Auflage. Hannover 1972.

Urbach, Reinhard: Schnitzler-Kommentar zu den erzählenden Schriften und dramatischen Werken. München 1974.

Wagner, Renate: Frauen um Arthur Schnitzler. Frankfurt/M. 1983.

Matthias Bauer

Dekadenz und (Berliner) Boheme

In der Auseinandersetzung um die Moderne beziehen sich viele Aussagen auf Dekadenz und Boheme. Mit dem in bürgerlichen Kreisen zumeist pejorativ gebrauchten Wort ‚Dekadenz' wird dabei in der Regel eine bestimmte Einstellung zum Leben bezeichnet, die angeblich oder tatsächlich zum Kultur- und Sittenverfall beiträgt. Durch eine bestimmte Einstellung zum Leben, insbesondere zur bürgerlichen Existenz, wird aber auch die ‚Boheme' charakterisiert. Man könnte sie als die kreative Szene der Künstler verstehen, die entweder noch nicht etabliert sind oder – aus welchen Gründen auch immer – nicht zu den Etablierten gezählt werden möchten. Von daher scheint es mindestens einen Berührungspunkt zwischen Dekadenz und Boheme zu geben, nämlich den Verhaltensstil, durch den sich die „Zigeuner" (Julius Bab) der Kunst von der bürgerlichen Lebensform absetzen. Da dieser Berührungspunkt das gesellschaftliche Dasein des Künstlers betrifft, hat die ältere Forschung sowohl die Dekadenz als auch die Boheme als Erscheinungen aufgefasst, deren Genese sich weniger im Medium der Literatur als in der Lebenswelt vollziehe. So heißt es bei Helmut Kreuzer 1968 unmissverständlich: „Boheme ist keine ästhetisch-kritische, sondern eine sozialgeschichtliche Kategorie."[1] Nicht weniger unzweideutig fällt die Unterscheidung aus, die Erwin Koppen 1973 zwischen Dekadenz und Symbolismus getroffen hat. Bezieht sich der Symbolismus „vorwiegend auf sprachliche und poetologische Erscheinungen, die sich in Stil und Form eines Werkes manifestieren, so umreißt Décadence eine Haltung dem Leben gegenüber, deren literarische Phänomene weniger in der Sprache als in bestimmten gehaltlichen Charakteristika (Motiven, Charakteren usw.) in Erscheinung treten."[2] Der Symbolismus offenbart sich demzufolge in einer künstlerischen Gestalt, die Dekadenz in einem Bedeutungsgehalt, der auf die Erfahrungswirklichkeit handelnder Menschen verweist. In diesem Sinne wird denn auch die Bibel der Décadence, der 1884 erstmals erschienene Roman *A rebours* von Joris-Karl Huysmans, gelesen: Nicht als Sprachkunstwerk, sondern als Darstellung einer Haltung respektive eines Verhaltensstils, der im Buch zwar ins Extrem

---

[1] Kreuzer, Helmut: *Die Boheme. Beiträge zu ihrer Beschreibung.* Stuttgart 1968, S. V.
[2] Koppen, Erwin: *Dekadenter Wagnerismus. Studien zur europäischen Literatur des Fin de siècle.* Berlin / New York 1973, S. 46.

gesteigert wird, im Prinzip aber einer in der zeitgenössischen Realität vorhandenen Disposition entspricht.

Die jüngere Forschung hat dieses Bild in Bezug auf die Dekadenz, nicht aber in Bezug auf die Boheme revidiert. Vor allem Dieter Kafitz konnte in seinem letzten, 2004 posthum veröffentlichten Buch *Décadence in Deutschland. Studien zu einem versunkenen Diskurs der 90er Jahre des 19. Jahrhunderts* nachweisen, dass mit dem Décadence-Begriff bei Théophile Gautier und Charles Baudelaire am Beginn der Moderne genau die sprachartistischen und künstlerischen Qualitäten gemeint waren, die später dem Symbolismus zugeschrieben wurden.[3] Freilich nahmen die beiden Autoren damit eine Umwertung vor, die der Intention widersprach, die mit dem Begriff schon in der Antike und dann wieder in der Aufklärung verbunden worden war. Jens Malte Fischer hat diese Bedeutungslinie nachgezeichnet. In seinem *Kommentar zum Fin de siècle* heißt es zunächst:

> „Komplementär zu den Vorstellungen einer ,aura aetas‘ und deren Lob entwickelt sich die Klage über den Niedergang der jeweiligen Gegenwart, manifest wohl zum ersten Mal bei Autoren der römischen Kaiserzeit wie Livius, Tacitus, Juvenal, bei denen auch bereits die Verbindung zwischen politischem Niedergang und ausschweifender Lebensführung hergestellt wird."[4]

An diese Auffassung schließen im 18. und 19. Jahrhundert Montesquieu, Rousseau und der Altphilologe Désiré Nisard an. Montesquieu bezieht sich in seinen 1734 veröffentlichten *Considérations sur les causes de la grandeur des Romains et de leur décadence* ausdrücklich auf die antike Welt; Rousseau spricht 1750 in einer Abhandlung, die sich mit dem Beitrag der Wissenschaften und Künste zum Verfall der Sitten befasst, zwar nicht von ,décadence‘, sondern von ,corruption‘, zielt damit aber offensichtlich auf die Gegenwart der Aufklärung ab.[5] Damit werden ,décadence‘ und ,corruption‘ zu polemischen Vokabeln, die im Modernitätsdiskurs aufgegriffen werden können und nicht selten synonym auftreten, vor allem bei Friedrich Nietzsche. Seine Kritik der Moderne ist wesentlich von Paul Bourget geprägt, dessen Psychologie jedoch eine spezifische Vorgeschichte hat. Fischer fasst sie, wie folgt, zusammen:

---

[3] Vgl. Kafitz, Dieter: *Décadence in Deutschland. Studien zu einem versunkenen Diskurs der 90er Jahre des 19. Jahrhunderts.* Heidelberg 2004, S. 45.

[4] Fischer, Jens Malte: *Fin de siècle. Kommentar zu einer Epoche.* München 1978, S. 78.

[5] Vgl. Fischer, a. a. O., S. 78.

„Den entscheidenden Anstoß für die Übertragung des Décadence-Begriffs auf die Literatur gibt 1834 der Altphilologe Désiré Nisard mit seinen *Études de mœurs et de critique sur les poètes latins de la déca-dence.* Seine Untersuchung spätantiker Schriftsteller (es sind z.T. die-jenigen, die das Lesevergnügen des Huysmansschen des Esseintes ausmachen!) gibt ihm Gelegenheit zu vergleichenden Blicken (die von Skepsis geprägt sind) auf die zeitgenössische französische Literatur, d.h. auf die Romantik – bei beiden stellt Nisard hohle Sprachartistik, Maßlosigkeit und Gesuchtheit fest. Seit Nisard wird ‚décadence‘ als pejorativ besetzter polemischer Begriff in die Literaturdebatten ein-geworfen, der bei den attackierten Autoren nur schüchterne Gegen-wehr hervorruft. Erst der selbstbewußte Baudelaire vollzieht die entscheidende Umwertung zu einem positiv besetzten Kampfbegriff und Instrument der Selbstverständigung der literarischen Avantgarde in seinen *Notes nouvelles sur Edgar Allan Poe* von 1867. Was Nisard und andere als Verdammungskriterien gemeint hatten, wird jetzt zum Signum einer ‚modernen‘ Literatur: Sprachartistik, Künstlichkeit und Naturferne. Baudelaire und Théophile Gautier in seiner ein Jahr später erschienenen Einleitung zu den *Fleurs du mal* proklamieren das neue Sprachbewußtsein der Décadence, auf das sich dann im Frankreich der achtziger Jahre eine Gruppe von Autoren berufen kann."[6]

Kafitz hat diese Sicht der Dinge präzisiert. Zum einen durch den Hinweis auf die bereits 1834 verfasste Préface zu Gautiers Roman *Mademoiselle de Maupin*, die also aus dem gleichen Jahr wie Nisards Abhandlung datiert, sowie zum anderen durch eine eingehende Analyse des Bedeutungswandels, den das Konzept der décadence bei Bourget durchläuft, der für seine durch-aus produktive Rezeption in Deutschland maßgeblich gewesen ist. Man kann diesen Wandel exemplarisch am Schlüsselbegriff des ‚dédoublements‘ nachvollziehen. Gautier meint damit die Fähigkeit des modernen Menschen, sein Erleben durch eine spezifische Form der Reflexion zu steigern. Da der moderne Mensch um die relative Künstlichkeit der Lebenswelt weiß, kann er sich ihr gegenüber zugleich handelnd und beobachtend verhalten, kann er sich selbst aufspalten respektive verdoppeln in ein Ich, das bestimmte Emp-findungen und Erlebnisse hat, und ein Ich, dass diesen Empfindungen und Erlebnissen, vor allem im Medium der Kunst, zusätzliche Reize abgewinnt, indem es sie ästhetisiert, stilisiert, poetisiert. Das Mittel dieser Sinnesreizung und Reizverstärkung ist im Fall der Literatur die Sprache, die an den Erschei-nungen das Außergewöhnliche betont und hervorhebt oder verborgene Be-

---

[6]   Fischer, a. a. O., S. 79.

ziehungen aufdeckt.[7] Es scheint nun so, als habe Baudelaire eine Verbindung zwischen der dichterischen Evokation entsprechender Beziehungen und der Vagabondage des Bohémiens gesehen. Einerseits notiert er in *Mon cœur mis à nu*, „Glorifier le vagabondage et ce qu'on peut appeler le bohémianisme, culte de la sensation multiplée";[8] andererseits kommt diese „sensation muliplée", folgt man seinen Bemerkungen über Edgar Allan Poe, eben dadurch zustande, dass der Dichter im Seelenzustand des dédoublement „les rapports intimes et secrets de choses, les correspondences et les analogies"[9] ins Bewusstsein hebt. In jedem Fall wird die Selbstverdoppelung des Kunstsinnigen bei Gautier wie bei Baudelaire positiv gesehen und eng mit der artistischen Auffassung von Kunst und Literatur verknüpft.

Paul Bourget hingegen veröffentlicht 1889 einen Roman mit dem Titel *Le disciple*, der, Kafitz zufolge, „als Höhepunkt und zugleich als Absage an das Prinzip des dédoublement verstanden werden" kann.[10] An der Lebensbeichte eines gewissen Greslou verdeutlicht er, wie gefährlich das dédoublement ist, wenn es von einer poetisierenden Haltung dem eigenen Ich und der Welt gegenüber umschlägt in soziale oder politische Handlungen, die andere Menschen betreffen. Greslou schildert, wie er die Tochter der adeligen Familie verführt hat, bei der er als Hauslehrer angestellt ist. „Diese Verführung stellt für ihn eine Art seelisches Experiment dar",[11] bei dem das Mädchen als Versuchsperson fungiert, während er seine eigenen Seelenzustände analysiert, „indem er sich in ein erlebendes und ein beobachtendes Ich aufspaltet."[12] Der Verlauf des Experiments macht ebenso wie die Einleitung zum Roman, in der Bourget das Verhalten von Greslou verurteilt, klar, wie problematisch das dédoublement ist: Das Mädchen begeht Selbstmord, als es erfährt, nicht Gegenstand aufrichtiger Zuneigung, sondern lediglich Versuchsobjekt gewesen zu sein. „Obwohl in der Einleitung der Begriff des Décadent ausbleibt, ist die Abrechnung mit der hervorstechenden Eigenschaft Greslous, dem dédoublement, zugleich eine Absage an die Décadence",[13] deren Theorie Bourget 1881 in einem Baudelaire gewidmeten *Essai de psychologie contemporaine* entwickelt hatte. Dort definiert er die Dekadenz

---

[7] Vgl. Kafitz, a. a. O., S. 37f.
[8] Zitiert nach Kreuzer, a. a. O., S. 3.
[9] Zitiert nach Kafitz, a. a. O., S. 41.
[10] Kafitz, a. a. O., S. 62.
[11] Kafitz, a. a. O., S. 63.
[12] Kafitz, a. a. O., S. 63.
[13] Kafitz, a. a. O., S. 64.

weniger als einen Seelenzustand als einen ‚état' der ‚société', also als einen Gesellschaftszustand, in dem sich der Einzelne nicht mehr am Gemeinwohl orientiert. In der Gesellschaft sieht Bourget einen ‚organisme', in dem Zellverbund, in dem sich die einzelnen Glieder nicht mehr dem Ganzen ein- und unterordnen, eine ‚décadence de l'ensemble' am Werk. Dieses Modell wird vom ihm auf das Sprachkunstwerk übertragen, das ebenfalls organisch verfasst sein soll und desintegriert, wenn es im Stil der Dekadenz gehalten ist. Er nämlich befördert den Sieg der Teile über das Ganze, der Wörter über den Satz, der Sätze über die Seite und der Seite über das Buch.[14] Nietzsche hat diese Symptomatologie der ‚décadence' in seiner Streitschrift *Der Fall Wagner* 1888 fast wörtlich übernommen. Hier lautet seine Antwort auf die Frage

> „Womit kennzeichnet sich jede literarische décadence? Damit, dass das Leben nicht mehr im Ganzen wohnt. Das Wort wird souverän und springt aus dem Satz hinaus, der Satz greift über und verdunkelt den Sinn der Seite, die Seite gewinnt Leben auf Kosten des Ganzen – das Ganze ist kein Ganzes mehr. Aber das ist das Gleichnis für jeden Stil der décadence; jedes Mal Anarchie der Atome, Disgregation des Willens, ‚Freiheit des Individuums', moralisch geredet – zu einer politischen Theorie erweitert ‚gleiche Rechte für Alle'. […] Überall Lähmung, Mühsal, Erstarrung oder Feindschaft und Chaos: beides immer mehr in die Augen springend, in je höhere Formen der Organismen man aufsteigt. Das Ganze lebt überhaupt nicht mehr: es ist zusammengesetzt, gerechnet, künstlich, ein Artefakt."[15]

Man sieht: die rhetorische Kopplung so heterogener Begriffe wie Stil und Organismus schafft ein Dispositiv zur Kritik respektive zur Denunziation höchst unterschiedlicher Phänomene, die keineswegs alle auf der gleichen Ebene liegen, aber in Nietzsches Augen dadurch verbunden sind, dass sie allesamt typisch modern sind: Die politische Forderung nach Freiheit und Gleichberechtigung wie das ästhetische Interesse für alles, was aus dem Rahmen fällt und nicht naturgegeben, sondern künstlich ist. Psychologische und physiologische, poetische und soziale Sachverhalte werden in einer Gedankenflucht aneinandergereiht, die ironischerweise voraussetzt, dass sich

---

[14] Vgl. Bauer, Roger: *Die schöne Décadence. Geschichte eines literarischen Paradoxons.* Frankfurt am Main 2001, S. 276.

[15] Nietzsche, Friedrich: „Der Fall Wagner". In: Nietzsche, Friedrich: *Sämtliche Werke.* Kritische Studienausgabe (KSA) in 15 Bänden. Hrsg. von Giorgio Colli und Mazzino Montinari. Bd. 6. München 1980, S. 9–53, hier: S. 27f.

der Philosoph im Zustand des dédoublement befindet. Wenn Nietzsche im Vorwort seiner Streitschrift bemerkt, „Was mich am tiefsten beschäftigt hat, das ist in der Tat das Problem der décadence",[16] und bekennt, „Ich bin wie Wagner das Kind dieser Zeit, will sagen ein décadent: nur dass ich begriff, nur dass ich mich dagegen wehrte",[17] gibt er dem Verfahren der Selbstverdoppelung oder Ichspaltung eine spezifische Wende. Das dédoublement erscheint bei ihm als Bedingung der Möglichkeit einer Selbstanalyse und Selbstkritik, die am eigenen Seelenzustand den Zustand der Gesellschaft reflektiert.

Ähnlich war es schon bei Paul Bourget gewesen. Die bei Gautier und Baudelaire positiv intendierte, poetische Analyse, bei der die Einzelheiten hervortreten und einen Eigenwert jenseits der natürlichen Ordnung gewinnen, war von ihm einerseits negativ als Zersetzung von Ich und Welt aufgefasst worden,[18] andererseits aber die Voraussetzung seines eigenen psychologischen Spürsinns für Abweichungen von der Norm. Die „konservative Wende", von der Kafitz im Hinblick auf Bourget, seinen Roman *Le disciple* und dessen Einleitung „A un jeune homme" spricht, hatte im Übrigen handfeste, realhistorische Gründe:

> „Es geht Bourget um die Erneuerung Frankreichs als Voraussetzung einer Überwindung der Niederlage von 1870/71. Der neue Moralismus und Nationalismus widerspricht in eklatanter Weise der moralisch indifferenten analytischen Methode, wie sie noch in der ersten Fassung der Essays zum Ausdruck kam."[19]

Dass Borget eine solche Wende vollzogen hat, bedeutet allerdings keineswegs, dass sich seine Zeitgenossen einheitlich von der Dekadenz und dem Verfahren des dédoublement abgewandt hätten. Schon Nietzsche verharrt in einem merkwürdigen Zustand der Ambivalenz, wenn er sich zwar von Wagner lossagt, immer wieder aber auf diesen Künstler als Modell der Selbstanalyse und Zeitdiagnostik zurückkommt und dabei, ähnlich wie Rousseau, in der décadence sowohl eine Folge der allgemeinen „corruption" als auch die notwendige Krise sieht, die der Umwertung aller Werte im Zeitalter des europäischen Nihilismus vorausgehen muss.

---

[16]   Nietzsche, a. a. O., S. 11.
[17]   Nietzsche, a. a. O., S. 11.
[18]   Vgl. Kafitz, a. a. O., S. 57.
[19]   Kafitz, a. a. O., S. 56.

So ist es denn auch die ‚corruption' der bürgerlichen Welt, die viele Künstler das Leben in der Boheme als Alternative oder gar Revolte erscheinen lässt. Wohl kein anderes Werk stellt diesen Zusammenhang so deutlich heraus wie August Strindbergs Roman *Das rote Zimmer* (*Röda rummet*) von 1879. Hier werden die Institutionen und Repräsentanten der bürgerlichen Gesellschaft mit einer satirischen Schärfe attackiert, die zugleich die Künstler-Exklave von Lill-Jans motiviert und legitimiert. Das bedeutet nicht, dass Strindberg die Stockholmer Boheme idealisiert. Vielmehr ist das Bild, das er vom Künstlerleben zeichnet, denkbar weit von jenen pittoresken Szenen entfernt, die Henri Murger 1851 in dem Roman entworfen hatte, dessen Titel den Boheme-Begriff diskursfähig machte.

„Die Boheme", heißt es in der Vorrede zu diesen *Szenen aus dem Pariser Künstlerleben*, „ist kein Geschlecht, das erst in unseren Tagen das Licht der Welt erblickt hat; sie hat zu allen Zeiten und allerorts bestanden, und sie kann Anspruch erheben auf erlauchte Abkunft."[20] Im Anschluss an diese Bemerkung entwirft Murger eine regelrechte Soziologie der Boheme. Zunächst stellt er lakonisch fest: „Heute wie damals wird jeder, der sich ohne andere Existenzmittel als die Kunst selber der Kunst widmet, gezwungen sein, die Pfade der Boheme zu wandern."[21] Die Schlussfolgerung, die sich aus dieser Auffassung ergibt, hält Murger in einem *Lehrsatz* fest: „Die Boheme ist die Vorstufe des Künstlerlebens, sie ist die Vorrede zur Akademie, zum Hospital oder zum Leichenschauhaus."[22]

Kurzum: die Boheme ist weniger ein Ort oder eine Gruppe, sie ist vor allem eine Lebensform, die eigentlich nicht von Dauer sein kann und dann, wenn man ihr nicht rechtzeitig entkommt, – offenbar unweigerlich – ins Verderben führt. Der erfolgreiche Künstler überwindet die Boheme, sobald er von seiner Arbeit leben kann, der erfolglose Künstler geht, als Bohémien, zugrunde. Unter dieser Voraussetzung hebt Murger verschiedene Segmente der Boheme voneinander ab. Innerhalb der unbekannten Boheme finden sich drei Typen: 1. die armen Künstler, deren Werke überhaupt keine öffentliche Aufmerksamkeit erfahren, und 2. diejenigen jungen Menschen, die getäuscht worden sind oder sich selbst täuschten, als sie meinten, Künstler werden zu müssen. Für dieses Segment gilt der Lehrsatz: „Die unbekannte Boheme ist

---

[20] Murger, Henri: *Boheme. Szenen aus dem Pariser Künstlerleben*. Aus dem Französischen übertragen von Ernst Sander. 4. Auflage. Leipzig o. J., S. 6.
[21] Murger, a. a. O., S. 11.
[22] Murger, a. a. O., S. 11.

kein Weg, sie ist eine Sackgasse."[23] Hinzu kommen 3. die so genannten Liebhaber der Boheme, denen das Leben der armen Künstler irgendwie verlockend erscheint, obwohl sie selbst keine künstlerischen Ambitionen haben; sie sind für Murger „unter den unbekanntesten der unbekannten Boheme die obskursten".[24] Von diesen drei Typen unterscheidet sich der echte Bohemien dadurch, dass er wahrhaft zur Kunst berufen ist, aber, solange er noch nicht etabliert ist, dem Elend und dem Zweifel (an sich selbst) ausgesetzt bleibt.[25] Die echte Boheme, wie Murger die Szene der mittellosen Künstler nennt, wird somit als Durchgangsstation auf dem Weg zum Erfolg aufgefasst.

Julius Bab, der 1904 eine kleine Schrift über *Die Berliner Boheme* veröffentlicht, sieht es ähnlich, wertet aber die Szene derjenigen, die sich in der Boheme auf Dauer eingerichtet haben, auf. Das jedenfalls geht aus dem Resümee seiner Darstellung hervor:

> „So muß man denn wohl eine starke, regsame Boheme als ein erfreuliches Kulturzeichen ansehen – und in der Tat, sie ist das beste Symptom dafür, daß in der eben herangewachsenen Generation eine Überfülle starker Kräfte um Entfaltung ringt, für die innerhalb der bürgerlichen Gesellschaft kein Raum wäre, und die deshalb sich zuvörderst draußen bewegen und entfalten müssen. Weist doch die *Jugendepoche* der meisten großen Männer einen mehr oder minder bohèmeartigen Charakter auf. – Daneben steht nun freilich eine andere Art der Bohémiens, die sogar beanspruchen kann, die des *eigentlichen* Bohémiens genannt zu werden. Für diese weit kleinere Schar ist die Bohème (als eine Lebensform) nicht ein Stadium, sondern das dauernde Element ihrer Entwicklung; das sind die Erzzigeuner, die zumeist die Zentren jener Kreise bilden, für deren übrige Mitglieder das Bohèmetum günstigenfalls eine notwendig heilsame Jugendkrankheit ist."[26]

Während also für Murger die echte Boheme nur die „Vorstufe des Künstlerlebens" darstellt, besteht die eigentliche Boheme für Bab aus denjenigen, die in der Boheme die ihnen gemäße Lebensform erkannt haben und ihr, über die Jugendepoche hinaus, verhaftet bleiben. Diese Unterscheidung hängt bei Bab mit einer weiteren zusammen, die sich auf die Genese der Boheme bezieht. Ihre Entstehung hat aus seiner Sicht jeweils zwei Gründe:

---

[23] Murger, a. a, O., S. 16.
[24] Murger, a. a. O., S. 17.
[25] Vgl. Murger, a. a. O., S. 17f.
[26] Bab, Julius: *Die Berliner Bohème*. Hrsg. von M. M. Schardt. Paderborn 1994, S. 95.

„[…] überall, wo sich in eigenwilligen Köpfen und lebensdurstigen, künstlerisch gestimmten Sinnen Welt- und Menschenbestimmung anders malt, als in jenem Geiste, dessen Ausdruck die herrschenden Lebensgewohnheiten der Gesellschaft sind, da ist der *geistige Anlaß* – und überall wo die schlechte wirtschaftliche Lage jungen, mehr auf die künstlerische Lebenserfassung und Gestaltung, als auf den jungen Lebensunterhalt bedachten Leuten die Führung einer ‚gesellschaftsfähigen' Existenz verwehrt, da ist die *materielle Notwendigkeit* gegeben für das Entstehen einer Boheme."[27]

Hinsichtlich der materiellen Notwendigkeit sind sich Bab und Murger offenbar einig. Wer keine anderen Mittel als die Kunst selbst hat, um sein Dasein zu fristen, muss das Leben eines Bohémiens führen. Murger schien den geistigen Anlass dafür allerdings, zumindest bei der echten Boheme, ausschließlich im unbedingten Willen zur Kunst zu sehen, während bei Bab eine entschiedene Ablehnung der Denk- und Lebensgewohnheiten hinzukommt, die in der zeitgenössischen Gesellschaft vorherrschen. Diese Ablehnung kulminiert, Babs Schilderung zufolge, in der Berliner Boheme der 90er Jahre des 19. Jahrhunderts unter dem Einfluss von Nietzsche und Stirner, was zu einer „Abwendung von der Sozialdemokratie" führt.[28]

„Mit einem Worte, der Bohémien ist nicht bloß An-archist, er ist A-sozialist. Zieht somit der Zigeuner den Kreis seiner Verneinung weiter als der Anarchist, so zieht er ihn doch wieder enger als der *Nihilist*. Nihilismus […] ist eine Weltanschauung, die den Wert des Lebens überhaupt verneint, ist der Taten fordernde Pessimismus, der Zerstörungswille ohne Hoffnung auf Wiederaufbauen [an-nihilistisch]. Er befehdet nicht bloß die *soziale* Form des Lebens, sondern das Leben überhaupt."[29]

Es ist klar, dass der Nihilist nicht nur die soziale Form des bürgerlichen Lebens, sondern auch die Solidargemeinschaft der Bohémiens ablehnt. Wenn die Boheme eine Daseinsform außerhalb der bürgerlichen Gesellschaft ist, erscheint der Nihilist als Gegner allen Daseins – eine eigentlich unmögliche Position, die zum Mord oder Selbstmord führen muss.

Eine besonders perfide Variante des Nihilismus ist der ‚Seelenmord', von dem noch zu reden sein wird. Zuvor gilt es jedoch den Verständigungsdiskurs über die Boheme zu einem vorläufigen Abschluss zu bringen. Das lässt sich

---

[27] Bab, a. a. O., S. 8.
[28] Bab, a. a. O., S. 55.
[29] Bab, a. a. O., S. 56 f.

am besten mit Hilfe der bereits erwähnten Habilitationsschrift von Helmut Kreuzer bewerkstelligen, dessen Beiträge zur Beschreibung der Boheme sich, wie folgt, zusammenfassen lassen:

> „Der Begriff der Boheme bezeichnet in unserem Zusammenhang eine Subkultur von Intellektuellen – in denjenigen industriellen oder sich industrialisierenden Gesellschaften des 19. und 20. Jahrhunderts, die ausreichend individualistischen Spielraum gewähren und symbolische Aggressionen zulassen [...]."[30]

Aufschlussreich an dieser Bestimmung ist nicht nur, dass Kreuzer die Entstehungsbedingung der modernen Boheme benennt, sondern auch die spezifische Performanz, die ihren Verhaltensstil dominiert: die symbolische Aggression. Über den ersten Gesichtspunkt sagt er weiterhin.

> „Eine zumindest relative Bejahung oder praktische Duldung des Individualismus, des Liberalismus, einer Autonomie der Kulturbereiche durch die Gesellschaft gehört zu den Voraussetzungen einer Boheme. Schon daraus ergibt sich, daß die Boheme des 19. Jahrhunderts nicht nur als ein Gegensatz zur bürgerlichen Gesellschaft aufzufassen ist, sondern als ihr Produkt und Element."[31]

Es ist also die Ausdifferenzierung der modernen Gesellschaft in unterschiedliche, relativ autonome Tätigkeitsfelder und Lebenswelten, die den Spielraum der Boheme eröffnet und sie, wie noch zu zeigen sein wird, zu einem geradezu paradigmatischen Anwendungsfall der Feldsoziologie macht. In diesem Zusammenhang ist denn auch die bereits zitierte Bemerkung von Kreuzer zu sehen, dass die Boheme keine ästhetisch-kritische, sondern eine sozialgeschichtliche Kategorie sei.[32] Obwohl Kreuzer nicht die Terminologie von Pierre Bourdieu benutzt, entspricht seine Sicht der Dinge ziemlich genau den mit ihr gemeinten Konzepten. Das gilt auch und gerade für den Habitus, heißt es bei Kreuzer doch: „Nicht die Armut ist entscheidend für die Definition des Bohemiens, sondern ein bestimmter, intentionell unbürgerlicher Stil seines Lebens [...]".[33]

Dieser Stil, so darf man folgern, stellt einen integralen Bestandteil jener Performanz der symbolischen Aggression dar, die deutlich über die soziale Distinktion hinausgeht. Der Bohémien unterscheidet sich nicht nur vom

---

[30]   Kreuzer, a. a. O., S. V.
[31]   Kreuzer, a. a. O., S. 45.
[32]   Vgl. Kreuzer, a. a. O., S. V.
[33]   Kreuzer, a. a. O., S. 43.

Bürger, er inszeniert, exemplifiziert und dramatisiert diese Unterscheidung auch, nicht selten in Form des antibürgerlichen Affronts. Von einer ‚symbolischen' Aggression zu sprechen, heißt also, der Lebensform der Boheme einen intentionalen Zeigegestus und Habitus zuzuweisen – eine Semiotik der Opposition, zu der neben der Fremdreferenz, dem negativen Bezug auf die bürgerlichen Denk- und Lebensgewohnheiten, eine Selbstreferenz gehört, die sich unter anderem darin zeigt, dass in der Boheme ein eigener „Jargon" kultiviert wird.[34] Dieser Jargon ist nicht zuletzt Ausdruck einer Revolte gegen die Rede- und Verhaltensweise, die in der bürgerlichen Gesellschaft vorherrscht, also Teil des antibürgerlichen Habitus. Auf diese Revolte kommt Kreuzer zu sprechen, wenn er bemerkt: „Oft ist nicht die Erkenntnis einer Begabung, sondern der Bruch mit den ‚Vätern', der Abscheu vor der bürgerlichen Existenz das primäre Motiv der Entscheidung für Künstlertum und Boheme-Existenz."[35]

Sieht man sich unter diesem Gesichtspunkt die Protagonisten der Boheme an, stellt man immer wieder fest, dass die Revolte an eine Ambivalenz gekoppelt ist, die sich aus der konstitutiven Fremdreferenz der Boheme ergibt. Sie braucht den negativen Bezug auf die bürgerliche Welt, um eine eigene Identität auszubilden – eine Identität, die aber so, wie die Dinge liegen, nur schwer zu einer positiven Selbstbestimmung werden kann. Hier, so darf man vermuten, geht der Riss durch die Persönlichkeit des Bohemiens, die sich im schlimmsten Fall an-nihilstisch auswirken kann: als Hang zur Welt- und Selbstzerstörung, als Steigerung der symbolischen in eine soziale und politische, physische und psychische Aggression oder Auto-Aggression.

Die Ambivalenz der Revolte lässt sich unter anderem am Verhältnis der Berliner Boheme zum Naturalismus ablesen. Einerseits kann Kreuzer auf übereinstimmende Züge verweisen – „die Bevorzugung des Häßlichen, Niederen, Ausgestoßenen (der Kranke, der Alkoholiker, die Dirne, der Bohemien werden Handlungsträger), die Aversion gegen die Klassik und die Sympathie für den Sturm und Drang und das Junge Deutschland, der Hang zur Proklamation und die Bindung an die Großstadt".[36] Andererseits kommt den Boheme-Neigungen die „große Rolle des Erotischen in den gegennaturalistischen Bewegungen"[37] ebenso zupass wie – und damit schließt sich der

---

[34] Vgl. Kreuzer, a. a. O., S. 48.
[35] Kreuzer, a. a. O., S. 48.
[36] Kreuzer, a. a. O., S. 52.
[37] Kreuzer, a. a. O., S. 54.

Kreis – die in vielen Fällen erotisch aufgeladene Dekadenz. Indem sich der Bohémien als ‚décadent' versteht, verfestigt sich die Negativität seiner Identität. Eingeschrieben ist dieser Identität jene Tendenz zur „durativen" Boheme-Existenz, die Kreuzer im Anschluss an den Soziologen Robert Michels von der transitorischen Boheme-Existenz absetzt.[38] Michels und Kreuzer ziehen damit die Konsequenz aus den von Murger und Bab getroffenen Unterscheidungen. Wie bei Murger wird die transitorische auch als aszendierende Boheme-Existenz verstanden. Und da Bab die durative Boheme-Existenz insbesondere an Stanislaw Przybyszewski festgemacht hatte, der sich zweifellos als ‚décadent' verstand, ist es ebenso folgerichtig, diese Daseinsform auf eine deszendierende Lebensbahn zu beziehen.

Eine weitere, damit zusammenhängende Differenzierung ergibt sich, wenn man die Umwertung einbezieht, die von der poetologisch fundierten zur physiologisch fundierten Dekadenz übergeht, die sich bei Bourget und Nietzsche bereits vor 1890 vollzieht und dann von Ola Hansson wie von Stanislaw Przybyszewski aufgegriffen wird. Beide veröffentlichten Essays über Nietzsche, die den Dekadenz-Diskurs fortsetzen, beide hielten sich in Berlin auf und beide gingen, ähnlich wie Hermann Bahr, davon aus, dass jene „Feinheit der Seele" (Hansson), die eine moderne „Nervenkunst" (Bahr) erfordert, „geheime (oder nicht geheime) Gebrechen" (Hansson) voraussetzt.[39] Sie stimmen darin nicht nur mit den Porträts des dekadenten Bohémiens überein, die sich in Romanen wie Hans Jaegers *Kristiania-Boheme* (1885/86), Arne Garborgs *Müde Seelen* (1891) oder Przybyszewskis *Homo Sapiens*-Trilogie (1895/96) finden, sie liefern damit auch den Prätext für Max Nordaus Pamphlet *Entartung* (1892/93), das ein internationaler Bestseller wurde. Nordau verbindet den Dekadenz-Diskurs mit jenem Diskurs der psychopathologischen Gleichbehandlung von genialen Künstlern, Kranken und Verbrechern, der vor allem mit dem Namen des italienischen Irrenarztes Cesare Lombroso verbunden ist. Die Leistungen von Schriftstellern wie Baudelaire und Verlaine, Ibsen oder Nietzsche werden von Nordau und Lombroso als Resultate geistiger und seelischer Aberrationen dargestellt. Die zum Habitus gewordene symbolische Aggression schlägt auf die Kreativen, die sich entweder selbst als ‚décadents' stilisiert oder lediglich Werke veröf-

---

[38] Vgl. Kreuzer, a. a. O., S. 30, S. 82–85 und S. 99–132.
[39] Vgl. Bauer, R., a. a. O., S. 81.

fentlicht haben, in denen entsprechende Figuren auftauchen, ebenso zurück, wie der von Bahr gerade nicht pejorativ gemeinte Begriff der Nervenkunst.

Dass Julius Bab 1904 in der Boheme ein „erfreuliches Kulturzeichen" sah und von der „Überfülle starker Kräfte" überzeugt war, die freiwillig zu Außenseitern der bürgerlichen Gesellschaft geworden waren, erscheint somit im Kontext der zeitgenössischen Bewertungstendenzen als vehementer Einspruch gegen die seinerzeit weit verbreitete Identifizierung des Künstlers mit dem Schwächlichen, Kränklichen und vermeintlich ‚Entarteten', den die Gesellschaft aus ihren Reihen verbannt. Die bei Bourget und Nietzsche beginnende Psychopathologisierung des Künstlers, der als Bohemien, Decadent oder Dilettant in Erscheinung tritt – beide bescheinigen diesem Typus, dass ihm die Kraft zur poetischen Transfiguration seines eigenen Daseins wie des Elends dieser Welt fehle[40] – hatte bis ins Dritte Reich hinein Folgen, an denen sich die Gewalt der diskursiven Ausschließung ablesen lässt, die mit dem Schlagwort von der ‚Entartung' betrieben wurde.[41]

Dialektisch an dieser Eskalation ist, dass die Prozedur der Ausschließung nicht einfach ein Eingriff in die (vermeintlich) autonome Sphäre der Kunst darstellt, sondern auch dem Habitus eignet, mit dem sich zumindest die Boheme ihrerseits von der bürgerlichen Welt und ihrer Moral absetzt. Der Begriff des Habitus füllt dabei die Leerstelle aus, die sich aus der Unzulänglichkeit des Diskurs-Begriffes im Hinblick auf die performative Dimension der einander widerstreitenden Verhaltensstile ergibt. Zu beachten ist somit die Komplementarität von Diskurs und Habitus, die sich auch daraus ergibt, dass beide auf das Konzept des Feldes bezogen sind. Denn so wie Foucault von einem Feld der Aussagen gesprochen hat, in dem die Kräfte des Aus- und Einschließens um Einfluss auf die diskursive Formation einer Mentalität ringen, ist bei Bourdieu von den Kraftfeldern der sozialen Interaktion die Rede.

Bourdieu hat den Feldbegriff in verschiedenen Aufsätzen und Abhandlungen entwickelt, in denen er sich einerseits auf das relationelle Denken von Ernst Cassirer[42] und die interaktionische Auffassung der Gesellschaft bei

---

[40] Vgl. Bauer, R., a. a. O., S. 291.

[41] Vgl. Bauer, R., a. a. O., S. 318, der in diesem Zusammenhang unter Hinweis auf Nordaus Abstammung bemerkt: „Im Begriff ‚entartete Kunst' lebt pikanterweise dieser Gedanke eines ungarischen Juden und späteren Zionisten weiter!"

[42] Vgl. Jurt, Joseph: *Das literarische Feld. Das Konzept Pierre Bourdieus in Theorie und Praxis.* Darmstadt 1995, S. 82.

Max Weber[43] bezogen und andererseits die Auffassung vertreten hat, dass die Handlungen der einzelnen Subjekte durch Positionen bestimmt sind, die sich nicht vertikal ordnen lassen. „Das Modell des Feldes evoziert die Fläche in ihrer horizontalen Dimension;"[44] seine strukturelle Invariante liegt, um es mit einer paradoxen Formulierung von Joseph Jurt zu sagen, in seiner permanenten Dynamik: „das Feld ist nicht ein Gebilde in einem statischen Gleichgewicht, sondern ein Ort dynamischer Prozesse, der Raum der sozialen Auseinandersetzung",[45] denn: „Die sozialen Felder bilden Kraftfelder, aber auch Kampffelder, auf denen um die Wahrung oder Veränderung der Kräfteverhältnisse gerungen wird."[46] Dass sich dieses Ringen diskursanalytisch erfassen und auf die Leitidee einer Genealogie der Macht beziehen lässt, liegt auf der Hand.

Eine wichtige Rolle spielt in diesem Zusammenhang der Begriff des Habitus, bei dem Bourdieu auf Erwin Panofsky und Noam Chomsky rekurriert.[47] Als ein „System verinnerlichter Muster" erlaubt es der Habitus, „alle typischen Gedanken Wahrnehmungen und Handlungen einer Kultur zu erzeugen".[48] Diese Erzeugung erfolgt jedoch feldspezifisch. Wenn der Habitus „Leib gewordene Geschichte" ist, weil in ihm die Erfahrungen (unwillkürlich) Ausdruck finden, die sich der Gewohnheitsbildung verdanken, und das Feld „Ding gewordene Geschichte" ist, weil es die Ausdifferenzierung der Gesellschaft in unterschiedliche Tätigkeitsfelder und Subsinnwelten ratifiziert,[49] ist klar, dass die Diskursivität als dritter Begriff hinzukommen muss: Sie ist einerseits Teil des Habitus derjenigen, die feldspezifisch agieren, und andererseits das Dispositiv der korrelativen Reproduktion von Feld und Habitus.

Ein Beispiel, an dem man diese Wechselwirkungen veranschaulichen kann, ist die diskursive Begründung des Tätigkeitsfelds der Psychoanalyse, der seitens der Akteure ein spezifischer, wesentlich von Sigmund Freud geprägter Habitus entspricht. Freuds Macht als Diskursivitätsbegründer liegt gerade darin, dass er eine bestimmte Performanz des Behandelns seelischer

---

[43] Vgl. Jurt, a. a. O., S. 83.
[44] Jurt, a. a. O., S. 75.
[45] Jurt, a. a. O., S. 84.
[46] Bourdieu, Pierre: *Praktische Vernunft. Zur Theorie des Handelns.* Aus dem Französischen von Hella Beister. Frankfurt am Main 1998, S. 74.
[47] Vgl. Jurt, a. a. O., S. 80ff.
[48] Jurt, a. a. O., S. 80, Fußnote Nr. 30.
[49] Vgl. Jurt, a. a. O., S. 81.

Erkrankungen und des reflektierenden Besprechens dieser Praxis exemplifikatorisch habitualisiert und dadurch das Tätigkeitsfeld der Psychoanalyse integriert und normiert hat. Der theoretische Diskurs, den Freud, der Schriftsteller führt, erzeugt ein Muster von Verhaltensweisen, das jeder verinnerlichen muss, der zu seiner Schule gehören, die von Freud inaugurierte Disziplin vertreten und von der Autorität des Diskursivitätsbegründers profitieren will.

Auch wenn der Dekadenz-Diskurs viele Urheber und keine Disziplin im doppelten Sinn des Wortes hervorgebracht hat, kann man sagen, dass er eine spezifische Performanz, einen Habitus ausprägt, mit dem man im Feld der Boheme symbolisches Kapital erwerben kann. Die ihm eigene antibürgerliche Disposition, die sich zum Anarchismus und Annihilismus steigern kann, führt in die durative Boheme-Existenz und die mit ihr vielfach verbundene (negative) Identität des ,décadent'.

Diese Opposition kann eine rein geistige Haltung sein, die sich in stummer Ablehnung manifestiert, sie kann aber auch mit Aggression verbunden sein, die nicht mehr nur symbolisch ist und an-nihilistische Impulse freisetzt. Ich hatte ja bereits Paul Bourgets Roman *Le disciple* erwähnt, in dem ein Mann im Zustand des dédoublement jenes soziale Experiment der Verführung einer jungen Frau durchführt, das mit dem Tod der Versuchsperson endet. Greslous Verhalten wird in der Einleitung zum Roman eindeutig verurteilt.[50] Dasselbe Verhalten und Verfahren taucht aber in *Unterwegs* (1895 bei F. Fontane und Co. in Berlin erschienen),[51] dem Mittelteil von Przybyszewskis Roman-Trilogie *Homo Sapiens* wieder auf, und zwar ohne explizite und, wie mir scheint, auch ohne implizite Verurteilung.

Der dekadente Held des Romans heißt Erik Falk. Dieser Name bezieht ihn auf die Hauptfigur in Strindbergs *Röda rummet*. Arvid Falck, wie der Protagonist bei Strindberg heißt, ist ein eher defensiver Charakter, der einen Prozess der radikalen Desillusionierung durchläuft. Nach und nach entdeckt er in allen Repräsentanten und Institutionen der bürgerlichen Gesellschaft jenes Resultat der Modernisierung, das Rousseau wie Nietzsche als „corruption" geißeln. Strindbergs Falk versucht sich in verschiedenen Tätigkeitsfeldern, kreuzt dabei auch die Lebenswelt der Boheme, erscheint am Ende der Erzählung jedoch als ein Mann, dessen Opposition den Habitus der bloß

---

[50] Vgl. Bourget, Paul: *Le Disciple*. Paris o. J., S. VII f.
[51] Alle folgenden Zitate nach dieser Ausgabe.

symbolischen Aggression überwindet, als ein Mann, der von der Resignation zur politischen Aktion gelangen kann. Eine solche Aktion war seinerzeit auch die Publikation des Buches:

> „Strindbergs Roman ist ja selbst kein Zeugnis des (zuletzt von Falk geübten) Verzichts auf öffentliche Opposition, sondern das Gegenteil: eine bis dahin beispiellose literarische Provokation und Aggression gegenüber der Stockholmer Gesellschaft. Dem entspricht, daß die formalen Ansätze zum Entwicklungsroman sich nicht durchsetzen, sondern gekreuzt und gebrochen werden von den locker verknüpften ‚Szenen aus dem Leben der Boheme‘ und den satirischen Gesellschaftsbildern, der Intention des kritisch-sozialen Querschnitts.“[52]

Von einem solchen Querschnitt kann in Przybyszewskis Roman nicht die Rede sein, obwohl Erik Falk, wie der Titel andeutet, unterwegs ist. Vielmehr spielt die Handlung weitgehend in der Provinz. Auf Wunsch seiner Mutter ist Falk aus der Großstadt, in der seine Frau Isa zurückbleibt, in die Heimat gefahren. Dort hofft das „Fräulein Marit Kauer" (S. 1), das ihn für ledig hält, Falk möge sie heiraten, nachdem er ihr ein Jahr zuvor seine Liebe gestanden hatte. Nun taucht Falk wieder auf, „heruntergekommen" (S. 9), dem Alkohol ergeben und „nervös" (S. 12); „es gehe ihm zu Zeiten so, dass er auf ganze Stunden das Bewusstsein, nein nur das Erinnerungsvermögen verliere, ohne eigentlich betrunken zu sein." (S. 15) Er gesteht freimütig ein, bereits Vater eines Kindes geworden zu sein, bevor er Marit kennengelernt habe (vgl. S. 11), verschweigt aber seine Ehe mit Isa. Im Übrigen faselt er viel über „Nietzsche" (S. 22) und verkündet Przybyszewskis Privatmythologie: „Dass er sie [= Marit] nicht liebe, komme nur daher, weil das Geschlecht, mit dem man nämlich liebe, völlig unabhängig vom Gehirn sei. Bei der Liebe pflege das Gehirn nicht um Rat gefragt zu werden." (S. 28) Als Ratgeber wäre es auch ungeeignet, heißt es über Falk doch: „In seinem Gehirn gährte eine dunkle Masse von Gedanken; nur hin und wieder zuckten einzelne Assoziationen, Bilder, abgerissene Schlagworte in ihm auf." (S. 32).

Ähnlich dekadent ist das Körpergefühl des Helden:

> „Und wieder fühlte er deutlich die Erschlaffung in seinen Gliedern, und wieder fühlte er die Sehnsucht nach dieser Liebe, die doch nur Schmerzen geben konnte, diese unerhörte Qual ein Weib zu begehren und es nicht besitzen zu dürfen. Wie glücklich war er mit seiner Frau, bevor er Marit gesehen hatte. Und nun stand sie zwischen ihnen und

---

[52] Kreuzer, a. a. O., S. 93.

machte ihn traurig und wütend, weil er sie immer wieder überwinden, immer von neuem in sich töten musste, wollte er zu seiner Frau gelangen." (S. 34)

Wer nun bei dieser Bemerkung an die Mortifikation der Liebe durch die Moral der Treue denkt, liegt allerdings falsch. Die Frage, die Falk bedrängt, lautet vielmehr: „War es das Geschlecht, das im Verborgenen auf ein neues Opfer lauerte?" (S. 34) Der Erzähler suggeriert, dass Falks Psyche zum Kampfplatz von Gehirn bzw. Gewissen und Geschlecht avanciert:

> „In seiner Seele begann ein heisses Beben; er hörte das leise Stammeln des Geschlechts. Nein: das Gewissen! Mein Gott – Falk musste lächeln: Der grosse Uebermensch, der starke, mächtige ohne Gewissen! Nein der Herr Professor hatte die Kultur vergessen, die tausend Jahrhunderte, die sich abgemüht es zu erzeugen. Mit dem Verstande freilich liess sich alles wegbeweisen; mit dem Verstande sollte man ja auch, logisch genommen, alles überwinden können, selbst ein Gewissen. Aber man konnte es dennoch nicht. Was nützte ihm all sein Verstand; hinter jeder Logik lauerte doch immer wieder das furchtbar Unlogische, das doch endlich siegte. Und wieder dachte Falk an Marit und seine Liebe zu ihr. Ja, ihn interessierte das am Ende nur: dieser sein Fall. Dieser Fall von Doppelliebe war wirklich äusserst interessant." (S. 36)

Damit sind die intertextuell kodierten Motive der Dekadenz beisammen: mit dem Herrn Professor ist zum einen Nietzsche selbst (vgl. S. 22) gemeint; zum anderen spielt der Roman vermutlich auf die Beziehung an, in der der Schüler oder Jünger Greslou bei Paul Bourget zu seinem Lehrer, einem geistigen Verführer zur Unmoral, steht. Dass Falk gegenüber der Idee des Übermenschen die Schwäche des modernen Menschen betont, der durch die Kultur domestiziert worden ist, dass er dem Gewissen und dem Gehirn, die für das Logische stehen, immer wieder das Geschlecht als Inbegriff des Alogischen gegenüberstellt und in seiner Doppelliebe zu Isa und Marit einen „Fall" sieht, der ihm „äusserst interessant" erscheint, können somit zurückbezogen werden auf den Dekadenz-Diskurs, das psychologische Verfahren des dédoublement und die Transposition der Liebe in ein soziales Experiment, bei dem es vor allem um eine gesteigerte, zugleich sinnliche und geistige Form der Selbsterfahrung geht.[53] Folgerichtig reklamiert Falk für sich, keinem sittlichen Gebot

---

[53] Es würde zu weit führen, an dieser Stelle darzulegen, inwieweit der Plot von Bourgets Roman *Le disciple* und seine Variation in Przybyszewsks *Unterwegs* eine Trivialisierung des von Søren Kierkegaard verfassten *Tagebuch des Verführers* aus dem Jahr 1843 darstellen. Siehe dazu: Bauer, Matthias: „*in suspenso*: Das ‚Tagebuch des Verführers' und der

unterworfen zu sein: „Er kannte keine Moral, ausser der seines Empfindens; und in diesem seinem Empfinden war kein einziges Gesetz enthalten, das den Willen anderer Menschen hätte bestimmen wollen." (S. 37)

Im Anschluss an diesen Akt der Selbstermächtigung stilisiert Falk sein Verhältnis zu Marit zu einer Auseinandersetzung zwischen Katholizismus und Nihilismus:

> „Die Klosterweiber haben sie zerstört! Ja: Zerstört! Jetzt geht sie herum in den eisernen Wickelbanden! Jetzt hat sich ihre Seele in die Nabelschnur des Katholizismus verwickelt und erwürgt sich darin, das arme, missgeborene Kind. [...] Und doch: er werde stärker sein als ihre Religion. Er werde schon dies giftige Kraut der Christenmoral aus ihrer Phantasie ausjäten. Er werde sie zwingen; sie müsse ihm gehorchen. Er werde sie frei machen, ja frei; und sich auch. [...] O, sie werde schon sehen, wer mächtiger sei: Er oder der gekreuzigte Rabbi." (S. 38f.)

Dass der Übermensch nicht nur jenseits von Gut und Böse, sondern auch jenseits der Vernunft agiert, wenn er einen Menschen zur Freiheit zwingt, ist nur eine der vielen Reflexionen, die Falk nicht zu Bewusstsein kommen. Stattdessen hat er antizipatorische Visionen: Er sieht einen schwarzen Sarg inmitten eines Zimmers voll weißer Rosen, halluziniert Marits Stimme und entdeckt in einem weiteren Bild, das sich in seine Einbildung oder Erinnerung schiebt, dass sie weiße Rosen im Haar trägt. (vgl. S. 44) Einige Seiten später ergeht sich Falk wieder in Selbstbetrachtungen, die unausgegoren zwischen Megalomanie und Misogynie schwanken:

> „Aber er war ein differenzierter Mensch. Er war die feinste Creme der europäischen Gesellschaft. Ja, er, Herr Erik Falk, die blonde Bestie. Sein Geschlecht war zart und spröde; es war zu sehr mit seinem Gehirn verwachsen, es brauchte Seele, und aus der Seele musste es geboren werden." (S. 49)

Oder, nicht weniger verstiegen: „Ich bin ein Mensch, der weit raffinierter, weit mächtiger das Leben geniessen kann als ein Mädchen, das später doch nur Kinder zeugen und Geflügel züchten wird." (S. 50).

---

postmantische Liebesdiskurs. Versuch einer Komplementärlektüre". In: *Existenz und Reflexion. Aktuelle Aspekte der Kierkegaard-Rezeption.* Hrsg. von Matthias Bauer und Markus Pohlmeyer. Hamburg 2012 (=Schriften der Georg Brandes Gesellschaft Bd. 1), S. 114–153.

Falks Überlegenheit zeigt sich zunächst in der mentalen Überwältigung Marits. Ihrer Verführung zur sexuellen Hingabe geht ihre weltanschauliche Seduktion voraus:

> „Falks grosser Geist: Stück für Stück ging er in sie über. Sie dachte mit seinen Worten, mit demselben Tonfall, denselben heisern halben Lachen, dass in seiner Sprache war. Sie sträubte sich, sie wehrte sich mit allen Kräften; aber plötzlich übermannte sie ein grinsender Gedanke. Ihr war, als hätte er ihr alles Heilige, alles Schöne um sie herum brutal entkleidet; huh, diese scheußliche Nacktheit!" (S. 88)

Der dekadente Mephisto tritt also in einer Doppelrolle als Souffleur und Vivisecteur auf. Er seziert die Seele, die er zerstört, und fühlt sich dabei wie ein Forscher, der Versuche anstellt. Falk hat sich, wie sein Autor Przybyszewski, mit der modernen Psychologie und Physiologie beschäftigt, ist aber eigentlich Dilettant. Sein Referat über den „Nervenstrom" kommt nicht über das name dropping des Halbgescheiten hinaus: „Golgi ... Ramón und Cajal ... Kölliker ... granulöse Substanz ... arborisation terminale" (S. 94), dann ist er auch schon am Ende seiner Fachkenntnisse. Die Reden, die Falk in der Provinz schwingt, wo man noch weniger Ahnung hat als er, kreisen um Polen und die Politik (vgl. S. 97 ff.), um Anarchie und Demokratie (vgl. S. 105 ff.) sowie um die Affektlage des Entrüstungsverbrechers, der angeblich nicht aus niederer Gesinnung, sondern Empörung handelt (vgl. S. 111 ff.). Ventiliert werden so die in der Berliner Boheme kursierenden Konzepte von Stirner und Bakunin,[54] vom Ich, das sich über die Gemeinschaft erhebt, der Propaganda der Tat das Wort redet und damit auch dem politischen Mord. In der entsprechenden Passage laufen somit wiederum die Verfahren der Dekadenz und die Diskurse der Boheme zusammen; Verbindungsglied ist die bei Baudelaire noch poetologisch gedachte, seit Bourget und Nietzsche jedoch psychologisch respektive physiologisch verstandene Prozedur der Analyse:

> „Das Resumé? Hm, ja, das Resumé. Ich begreife den Anarchismus als Propaganda der That, ich kann ihn mir erklären. Ich kann alle psychischen Bestandteile, aus denen sich die Idee eines politischen Mordes entwickelt, einen nach dem andern prüfen, zerlegen, verstehen, ebenso wie ich die Affecttheorien verstehen, zerlegen und betrachten kann,

---

[54] Siehe dazu: Bauer, Matthias / Gaby von Rauner: „Stanislaw Przybyszewskis Roman ‚Satans Kinder'. Anarchismus und Satanismus in einem Werk des Fin de siècle", in: Kafitz, Dieter (Hrsg.): *Dekadenz in Deutschland. Beiträge zur Erforschung der Romanliteratur um die Jahrhundertwende.* Frankfurt am Main 1987, S. 97–124.

die in ihrer gesteigerten Intensität zum gewöhnlichen Wahnsinn werden, zu einer Manie, einer Melancholie u.s.w. u.s.w." (S. 115)

Was dieses Resümee praktisch bedeutet, wird klar, als sich Falk wieder seinem Fall widmet. Nachdem er Marit „aufs freie Feld" (S. 117) geführt hat, das für den Verlust metaphysischer Gewissheiten steht, erkennt der dekadente Verführer:

> „Nun war der Augenblick gekommen, wo man in die Seele des Wesens, das man liebt, hineinschauen kann wie in die eigene. Falk fühlte ihre Seele wie eine Roulettekugel von einer Grenzwand seiner Suggestionen zur anderen hin- und herrollen:" (S. 117)

Weiterhin heißt es über Marits Manipulation:

> „Falk suchte instinktiv die geschlechtliche Concentration durch Erzählungen zu lockern und zu zerstreuen; dann würde er das Mädchen desto sicherer nachher überrumpeln können." (S. 119)

Dann behauptet er, „Marit, ich liebe dich" (S. 122) und der Erzähler bemerkt: „Um sie beide herum flocht sich enger und enger die heisse, geschlechtliche Atmosphäre." (S. 122). Falk selbst befindet sich dabei im anhaltenden Zustand des dédoublement:

> „Er prüfte sich plötzlich, ob dies wirklich ein unüberwindliches Verlangen in ihm sei oder die Absicht Marit neue Suggestionen seiner grossen Leidenschaft zu geben. Ja: ob er wirklich dies Verlangen habe? Oder sei es gar nur eine Autosuggestion? Er prüfte sich und prüfte, aber er konnte wirklich nicht unterscheiden. Er hatte so viele Pläne geschmiedet, wie er sie erobern könnte, so viele Worte sich selber vorgesprochen, so viel Gefühle erdichtet und erlogen, dass er nicht mehr unterscheiden konnte, was echt daran und was – hm, ja, wie sollte man es nennen – künstliches Wachstum war. Die Suggestionen, mit denen er auf sie einwirken wollte, wurden zu Realitäten, oder sie nahmen wenigstens die Formen realer Gefühle an. Die Worte, die er früher mit dem Gehirne erfunden hatte, bekamen jetzt geschlechtliche Wärme: er hatte so oft Gefühle gespielt, bis er sie thatsächlich hatte." (S. 125 f.)

Falks Authentizität ist also im Modus der Inauthentizität entstanden, seine erotische Aggression ist ein Verfahren der Fremd- und Selbstverführung, in dem sich die Macht des Geschlechts über das reflektierende Gehirn offenbart, das freilich nicht ausgeschaltet wird, sondern im Zustand des dédoublements als Beobachtungsinstanz fungiert. Zwar vermag das Gehirn angeblich nicht mehr zu entscheiden, ob die eigenen Empfindungen echt oder unecht sind, die Unentschiedenheit selbst wird aber wiederum zu einer Erlebnisqualität stilisiert. Anders als Freud interessiert Przybyszewski weniger die Triebdynamik des Erotischen als die narzißtische Steigerung der Ich-Spaltung:

> „Ja, er sei Actor und Zuschauer zugleich, sei zugleich auf der Bühne und sitze im Parkett. Nein, er sitze über sich und konstatiere mit einer Art Uebergehirn, dass in seinem gewöhnlichen Gehirn etwas vorgehe." (S. 139)

Marits Hingabe ist in dieser Verfassung lediglich Mittel zum Zweck: „Falk hatte plötzlich", nachdem sie sich ihm endlich hingegeben hat, „dieses deutliche, blitzhelle, visionäre Bewusstsein, dass er Marit zerstört habe." (S. 164 f.). Es ist alles andere als ein Schuldbewusstsein, das da über ihn kommt, eher schon ein erneuter Anflug von Größenwahn:

> „Ich bin der Uebermensch: gewissenlos, grausam, herrlich und gütig. Ich bin Natur: ich habe kein Gewissen, sie hat es nicht ... ich habe keine Barmherzigkeit, sie hat keine ... – Ja: der Uebermensch bin ich." (S. 165)

Die an-nihilistische Konsequenz dieser Identifikation von Ich, Natur und Amoral zeigt sich auch in der Gleichung von „Leben und Zerstörung!" (S. 164), die Falk wenige Augenblicke zuvor durch den Kopf geschossen ist. Tatsächlich folgen der im Prinzip Leben stiftende Zeugungs- und der tödliche Zerstörungsakt im Roman unmittelbar aufeinander: Schon an dem Tag nach jener Nacht, in der Falk Marit genommen hat (vgl. S. 163), muss er ihr sagen, dass er längst verheiratet ist (vgl. S. 168 und S. 172). Falk agiert dabei wie im Fieberwahn; seine Gedankenflucht dissoziiert: „Ja! Zerstörung! Er – ein Sturmorkan – ein Uebermensch – der über Leichen schreitet – und Leben zeugt." (S. 171) Die seelische Grausamkeit geht einher mit Momenten der Depersonalisation wie der Dekomposition von Sätzen. Während Falk fiebernd im Bett liegt, geht Marit ins Wasser, ein Akt der Selbstzerstörung im Element des Lebens: „Sie schrie grell auf im Wasser ... wild ... sie rang. Leben! – Der Strudel ... Seligkeit ..." (S. 179)

Es folgt ein letztes, knapp einseitiges Kapitel folgenden Inhalts:

> „Nach einer Weile kam Falk wieder zu Bewusstsein.
> Vor seinem Bett sass seine Frau und schlief.
> Er war gar nicht erstaunt.
> Er betrachtete sie.
> Sie war es.

Er sank in die Kissen zurück und schloss die Augen. Nun war alles
gut.
Eine rötliche Feuergarbe sah er plötzlich, die sich in sieben Blitze
spaltete; dann sah er eine Weide am Wege auseinanderfallen.
Marit war wohl tot.
Er schlief wieder ein." (S. 180)

Falk ist erschöpft, aber keineswegs bestürzt; weniger als das tote „Weib", die
Weide am Wegesrand seines Lebens, interessiert ihn das Bild der Feuergarbe,
die sich in Blitze teilt, also die Eruption der Elementarkraft, die in der poetischen Tradition zugleich als vitalisierend und an-nihilistisch beschrieben
wird. Der Roman parallelisiert diese Eruption in der Außenwelt mit der
Eruption in der Innenwelt, die in der Seele des Künstlers stattfindet und
ebenfalls gleichermaßen schöpferisch wie zerstörerisch sein kann. Als Falk in
einem Gespräch auf den modernen Künstler angesprochen wird, bekennt er:

> „Für mich ist nur der ein Künstler, der nicht anders im Stande ist zu
> schaffen als unter dem unerhörten Zwange einer sozusagen vulkani-
> schen Eruption der Seele; nur der, bei dem sich alles, was im Gehirne
> entsteht, schon vorher in den warmen Tiefen des Unbewussten – wol-
> len wir es nennen – glühend vorbereitet und lange, lange gesammelt
> hat, der nicht ein Wort, nicht eine Silbe schreibt, die nicht wie ein
> zuckendes, aus der Seele herausgerissenes Organ ist, mit Blut gefüllt,
> zum Ganzen strömend, heiss, tief und unheimlich, wie das Leben
> selbst!" (S. 143 f.)

Und als sein Gesprächspartner bezweifelt, dass man solchen Künstlern
überhaupt begegnen könne, verweist Falk auf die Boheme der ‚décadents':
„Oh, doch, doch! aber nur unter den Verachteten, den Unbekannten, den
Gehassten und Verlachten, die der Haufe für Idioten hält." (S. 144)

Man kann also sagen: Auch wenn der Roman *Unterwegs* nicht in der Boheme spielt, spiegelt sich in seiner Hauptfigur doch der Geist des dekadenten
Bohémiens einschließlich der für ihren Habitus konstitutiven Verfahren des
dédoublements, der erotischen Seduktion und symbolischen Aggression samt
ihrer an-nihilistischen Tendenzen. In dieser Hinsicht unterläuft der Text die
binäre Opposition von Moderne und Anti-Moderne. Der Versuch, Bourget,
Nietzsche (und Kierkegaard) zu radikalisieren, ist offensichtlich mit einem
Verlust der poetischen und philosophischen Raffinesse erkauft, in der man
ein wesentliches Kennzeichen der Fortschrittlichkeit dieser Autoren sehen
darf.

Literatur

Bab, Julius: Die Berliner Bohème. 2. Auflage. Berlin / Leipzig o. J.

Bauer, Matthias / Gaby von Rauner: Stanislaw Przybyszewskis Roman ‚Satans Kinder'. Anarchismus und Satanismus in einem Werk des Fin de siècle. In: Kafitz, Dieter (Hrsg.): Dekadenz in Deutschland. Beiträge zur Erforschung der Romanliteratur um die Jahrhundertwende. Frankfurt am Main 1987, S. 97–124.

Bauer, Matthias: *in suspenso*: Das ‚Tagebuch des Verführers' und der postromantische Liebesdiskurs. Versuch einer Komplementärlektüre. In: Existenz und Reflexion. Aktuelle Aspekte der Kierkegaard-Rezeption. Hrsg. von Matthias Bauer und Markus Pohlmeyer. Hamburg 2012, S. 114–153 (=Schriften der Georg Brandes Gesellschaft Bd. 1).

Bauer, Roger: Die schöne Décadence. Geschichte eines literarischen Paradoxons. Frankfurt am Main 2001.

Bourdieu, Pierre: Praktische Vernunft. Zur Theorie des Handelns. Aus dem Französischen von Hella Beister. Frankfurt am Main 1998.

Bourget, Paul: Le Disciple. Paris o. J.

Fischer, Jens Malte: Fin de siècle. Kommentar zu einer Epoche. München 1978.

Jurt, Joseph: Das literarische Feld. Das Konzept Pierre Bourdieus in Theorie und Praxis. Darmstadt 1995.

Kafitz, Dieter: Décadence in Deutschland. Studien zu einem versunkenen Diskurs der 90er Jahre des 19. Jahrhunderts. Heidelberg 2004.

Koppen, Erwin: Dekadenter Wagnerismus. Studien zur europäischen Literatur des Fin de siècle. Berlin / New York 1973.

Kreuzer, Helmut: Die Boheme. Beiträge zu ihrer Beschreibung. Stuttgart 1968.

Murger, Henri: Boheme. Szenen aus dem Pariser Künstlerleben. Aus dem Französischen übertragen von Ernst Sander. 4. Auflage. Leipzig o. J.

Nietzsche, Friedrich: Der Fall Wagner. In: Nietzsche, Friedrich: Sämtliche Werke. Kritische Studienausgabe (KSA) in 15 Bänden. Hrsg. von Giorgio Colli und Mazzino Montinari. Bd. 6 München 1980, S. 9–53.

Przybyszewski, Stanislaw: Unterwegs. Berlin 1895.

Strindberg, August: Das rote Zimmer. Schilderungen aus dem Leben der Künstler und Schriftsteller. Aus dem Schwedischen von Hilde Rubinstein. Berlin 1986.

Ivy York Möller-Christensen

Vom *Durchbruch der Moderne* bis zur *fließenden Modernität* – Brandes, Bang und der neue dänische Realismus

Moderne und Antimoderne – diese in sich vertrackte Juxtaposition ist bis in die Gegenwart hinein wirkungsvoll geblieben. Ihre Spuren finden sich noch im dänischen Realismus des frühen 21. Jahrhunderts, dem sich die folgenden Ausführungen widmen. Sie sind ein Versuch, bestimmte Tendenzen der aktuellen Literaturproduktion bis auf ihre ideologisch-ästhetischen Wurzeln in der Brandes Zeit, also im Rückgang auf den so genannten „Modernen Durchbruch" (Dän.: *Det moderne Gjennembrud*) analytisch freizulegen. Ausgangspunkt ist die Beobachtung, dass die wichtigsten Fronten und Frage-stellungen der Brandes-Zeit[1] bis hin zum heutigen Tag den künstlerisch-ästhetischen Diskurs nachhaltig prägen – vor allem dort, wo es um die Fortentwicklung und Nuancierung realistischer Ausdrucksformen geht. Nebenbei bemerkt: nicht nur im literarischen Bereich, sondern ebenso im politischen und kulturpolitischen. Die sogenannte ‚kulturradikale' Position spielt in der öffentlichen dänischen Debatte seit Brandes' Lebzeiten eine bedeutsame Rolle; vor allem seit den 1930er-Jahren mit den vielfältigen emanzipatorischen, anti-faschistischen, schriftstellerischen und kulturpoliti-schen Aktivitäten des ideologischen Nachfolgers Poul Henningsen (im Volksmund „PH" genannt). Auch heute noch positionieren sich die Mei-nungsführer in Dänemark in tagespolitischen Debatten, indem sie sich von der kulturradikalen Szene entweder distanzieren oder sich zu dieser Szene bekennen. Der Fokus liegt jedoch, wie bereits erwähnt, auf dem literarischen Gebiet.

---

[1] Brandes begann November 1871 seine berühmte Vorlesungsreihe *Hovedstrømninger i det 19. Aarhundredes Literatur.* an der Kopenhagener Universität (Dän.: Georg Brandes: *Sam-lede Skrifter.* Fjerde Bind. Kjøbenhavn 1900) Dt.: Georg Brandes: *Hauptströmungen der Literatur des neunzehnten Jahrhunderts.* Unter Zugrundelegung der Übertragung von Adolf Strodtmann nach der Neubearbeitung des Verfassers übersetzt von Ernst Richard Eckert. Dritter Band. Berlin 1924, S. 231 f.

164

I. Die Brandes-Zeit

Für den sogenannten ‚Durchbruch der Moderne‘ kann man innerhalb der dänischen Literatur insbesondere drei Autoren verantwortlich machen, die zusammen als Beispiele für zwei typologische Hauptmerkmale dienen können. Der erste Typus umfasst I. P. Jacobsen (1847–1885) und Henrik Pontoppidan (1857–1943), und der zweite den im gleichen Jahr geborenen Herman Bang (1857–1912). I. P. Jacobsen, der von Brandes inspirierte Darwin-Übersetzer,[2] verwirklichte in vielerlei Hinsicht das neue antiidealistische, antiromantische sowie das deterministische und atheistische Menschenbild des modernen Durchbruchs, beispielsweise in dem historischen Roman *Fru Marie Grubbe* (1876)[3]; trotz seiner nicht zu übersehenden sprachlich-stilistischen Originalität blieb Jacobsen in mancherlei Hinsicht noch der klassisch-romantischen Tradition verhaftet. Ideologisch-philosophisch ist dieser Schriftsteller, der den akademischen Titel eines Magisters der Botanik trug, der zeitgenössischen Naturwissenschaft und ihrer Weltsicht zutiefst verbunden. Gerade deshalb wurde er von Brandes geschätzt und gefördert. Bezeichnend ist, dass Georg Brandes I. P. Jacobsen in seinem programmatischen Werk *Det moderne Gjennembruds Mænd* (Dt.: *Die Männer des Modernen Durchbruchs*) portraitierte.[4] Henrik Pontoppidan, ebenso ein atheistischer, von Schopenhauer und Nietzsche inspirierter, aber deterministisch eingestellter Schriftsteller des Durchbruchs, bringt stilistisch gesehen relativ wenig Neues in die Literatur – er arbeitet durchgehend mit auktorialen Erzählerfiguren, verleiht ihnen mitunter jedoch, was für ihn als typisch gilt, einen ironischem Anstrich. Andererseits erfüllt er in hohem Grade die entscheidende programmatische Forderung von Brandes, dass die Literatur gesellschaftliche Probleme debattieren solle: „Det at en Litteratur i vore Dage lever, viser sig i, at den sætter Problemer under Debat.“[5] (Dt.: „Dass eine Literatur heutzutage lebt, zeigt sich daran, dass sie Probleme debattiert“; Meine Übersetzung, M.Ü.) Pontoppidan verfasste neben seinem Hauptwerk *Lykke-Peer* (1898–1904) (Dt.: *Hans im Glück*, 1906) eine Reihe von Kurzge-

---

[2] Charles Darwin: *The Origin of the Species by mean of natural selection or the preservation of favoured races in the struggle for life.* London 1859 (Dän.: *Arternes Oprindelse.* Kjbh. 1872).

[3] I. P. Jacobsen: *Fru Marie Grubbe. Interieurer fra det syttende Aarhundrede.* Ugivet af cand. Mag. Jørgen Ottesen. København 1969.

[4] In: Georg Brandes: *Samlede Skrifter.* Tredje Bind. Kjøbenhavn, 1900, S. 3–46.

[5] *Hovedstrømninger,* fjerde Bind, a. a. O., S. 5.

schichten, *Fra Hytterne* (1887) (Dt.: *Aus ländlichen Hütten. Dorfbilder,* 1896), die als ‚soziale Indignationsliteratur' zu bezeichnen ist. Auch trägt er als bedeutender Autor und Nobelpreisträger (1917) engagiert seinen Teil zu der im ganzen Norden entfachten sogenannten ‚Sittlichkeitsdebatte' bei, einem literarischen und kulturellen Streit, der durch das Theaterstück *En Handske* (1883) des Norwegers Bjørnstjerne Bjørnson (1832–1910) ausgelöst worden war.[6] Pontoppidan ist – im Vergleich zu Jacobsen – in gesellschaftlich-politischer Hinsicht der engagiertere Autor, was vor allem damit zusammenhängt, dass er sich von der eigenwilligen Politik des ultrakonservativen Konseilspräsidenten und Finanzministers Estrup stark provozieren ließ. Estrup regierte in Dänemark ab 1885 mit harter Hand auf der fragwürdigen Grundlage ‚provisorischer Gesetze', die seitens der demokratisch, liberal und fortschrittlich orientierten Künstler des ‚modernen Durchbruchs' auf heftige Kritik stieß. Zusammenfassend ist diese Strömung also durch ein naturwissenschaftlich begründetes, atheistisches und deterministisches Menschenbild gekennzeichnet, das in der Regel mit einem kritischen und sozial-gesellschaftlichen Engagement verbunden war.

Ihren Vertretern zur Seite gesellt sich wenige Jahre später der junge Schriftsteller und Journalist Herman Bang, der inhaltlich an den ‚modernen Durchbruch' – wenn auch in etwas verdeckter Art – anknüpft, in der *Form*, in der sprachlich-stilistischen Ausführung jedoch, wesentlicher größere Experimente unternimmt – Experimente, die wichtige Weichen für die weitere Entwicklung des künstlerischen Ausdrucks stellen und von einer beeindruckenden Innovationskraft zeugen. Gleichwohl fühlt sich Bang wie Jacobsen und Pontopppidan der aristotelischen Mimesis-Auffassung verpflichtet, die von allen drei Autoren zeitgemäß als eine Verpflichtung zur realistischen, d.h. wirklichkeitsgetreuen Darstellung interpretiert wird.

Herman Bang unterscheidet sich von den anderen Hauptfiguren des modernen Durchbruchs darin, dass er dem Realismus eine impressionistische Wende gibt: Seine Texte sind darauf angelegt, die Rolle des Erzählers zu minimieren. Bang wendet sich vom traditionellen auktorialen Gestus ab und einer, wenn man es so anachronistisch formulieren darf, behavioristischen Erzählweise insofern zu, als er avant la lettre die ‚Camera-eye-Technik' nutzt. Er greift also zur szenischen Konstruktion und beginnt seine Geschich-

---

[6]   Vgl. Elias Bredsdorf: *Den store nordiske krig om seksualmoralen. En dokumentarisk fremstilling af sædelighedsdebatten i nordisk litteratur i 1880'erne.* Kbh. 1973.

ten ‚in medias res'. Die Leser sind daher, scheinbar unmittelbar, mit Sinnes-eindrücken, inneren Monologe und Dialogen der Figuren konfrontiert, mit den sprachlichen Eigenarten der Mündlichkeit und dem ‚Replik-Individualismus', der das Kolloquiale auszeichnet.

In *Realismus und Realisten*[7], dem ersten theoretisch-poetologischen Text, den Bang 1879 vorlegt, verwendet der erst 22-järige Herman Bang den Begriff „Impressionismus" zwar nicht explizit, implizit sind ihm dessen Stilmerkmale und Wirkungsmöglichkeiten aber vollauf bewusst. Der Text macht klar, dass Bang den Realismus als eine spezifische „Form", als eine „neue Methodik" des Wahrnehmens und Darstellens versteht und primär nicht inhaltlich-ideologisch als „Überzeugung", „Tendenz" oder Idee (Dän.: „Realismen er en Form, ikke en Tendens" und „Realismen er ikke nogen Overbevisning, men en Kunstform.").[8] Das eigentlich Neue, so Bang, liege in der Formgebung, in der Ästhetik. Charakteristisch für die neue Methode sei das Bestreben, ein enges, wissenschaftlich-wahrhaftiges Verhältnis zu den Objekten der Wirklichkeit und zum eigentlichen Leben herzustellen. Der Autor respektive der Erzähler soll laut Bang in den Hintergrund treten, um nicht störend zu interferieren, wenn die dramatis personae reden und handeln. Die Wirklichkeit ist, wie er meint, in und an sich reicher als alle Phantasie. Folgerichtig erscheint das traditionelle Bemühen des Schriftstellers um eine Fabelkomposition obsolet. Bang, so könnte man zugespitzt behaupten, setzt in der Wirklichkeitsschilderung auf die Dekomposition der Fabel, da sie nicht den Erlebnisperspektiven der Figuren entspricht und vor allem das Werk des Autors ist. In der Lebenswelt weisen die Geschichten nicht die folgerichtige Gliederung in Anfang, Mitte und Ende auf, die den Mythos bei Aristoteles auszeichnet. Stattdessen ist jeder Einzelne mit einer Vielzahl von weitestge-hend unstrukturierten Impressionen konfrontiert. Herman Bang zeigt sich in *Realismus und Realisten* durchgehend als ein auf genaue Distinktionen bedachter Analytiker der zeitgenössischen Literatur. So enthält sein Buch einen Aufsatz über I. P. Jacobsen; für ihn „mitten im Ganzen Realismus ein großer Romantiker, jedoch ein Romantiker, dessen Romantik von dem ihm

---

[7] Herman Bang: *Realisme og Realister. Portrætstudier og Aforismer*. Kjøbenhavn 1879.

[8] Siehe: *Realisme og Realister. Portrætstudier og Aforismer*. Kritische Studier og Udkast. Tekstudgivelse, efterskrift og noter ved Sten Rasmussen. Det danske Sprog- og Litteratur-selskab. Borgen. København 2001. Darin enthalten: *Lidt om dansk Realisme*, S. 21 und S. 25.

innewohnenden Forscher gezügelt wird." (M.Ü.).[9] Im Unterschied dazu wird der legendäre Holger Drachmann als ein „realistischer Romantiker" bezeichnet.

Besonders interessant ist die Beziehung von Bang und Brandes. Im *Morgenbladet* (vom 21.6.1883) rezensiert Brandes *Romulus* (1883), einen Roman von Karl Gjellerup. Brandes ist mit diesem Werk sehr unzufrieden. Er bemängelt, dass der Text keine klare Gattungszugehörigkeit erkennen lasse; von einem veritablen Roman fordert er „Ganzheit" und „Einheit" – seine Kriterien erinnern, nebenbei bemerkt, an jene, die Søren Kierkegaard, ästhetisch dem Idealismus verhaftet, schon 46 Jahre früher, gegen den ersten Roman von Hans Christian Andersen ins Feld geführt hatte.[10] Die bedauerliche Tatsache, die Brandes besonders wurmt, liegt darin, dass die Schriftsteller nicht „denken" könnten. Er verlangt also auch von Kunstwerken gedankliche Stringenz, ideologische und philosophische Zielstrebigkeit, im Ergebnis also eine klare „Tendenz". Mit dieser Forderung gibt sich Brandes als Nachfahre des Idealismus, als Anhänger einer eher vormodernen als modernen Ästhetik zu erkennen. Gut einen Monat später antwortete ihm in der Ausgabe der *Nationaltidende* vom 29. 7. 1883 der junge Herman Bang in einem Artikel mit dem Titel *Teknik i vor nye Litteratur* (Dt.: *Technik in unserer neuen Literatur*).[11] Bang stellt hier einige Erwägungen zum Verhältnis von Stoff und Form an und kommt zu dem Schluss, dass die Komposition dem Stoff folgen müsse. Grundsätzlich teilt Bang damit eine wesentliche Überzeugung von Brandes. Dessen ungeachtet reagiert der Kritiker auf Bangs Artikel am 1.8.1883 wiederum im *Morgenblatt* mit einem ad Hominem-Angriff, der unter die Gürtellinie zielt. Tatsächlich schreibt Brandes über Bang:

> „Er hat einen toten Punkt in seinem Kopfe, denn er kann nicht denken; ich meine nicht wissenschaftlich denken. Er hat keinen Sinn für Philosophie, keine Fähigkeit zum begrifflichen Denken (…) Sein Verstand

---

[9]   I. P. Jacobsen. In: *Realisme og Realister. Portrætstudier og Aforismer.* Kritiske Studier og Udkast, a. a. O., S. 90.

[10] Søren Kierkegaard: *Af en endnu Levendes Papirer. Om Andersen som Romandigter med stadigt Hensyn til hans sidste Værk ‚Kun en Spillemand'.* In: Sørens Kierkegaards *Skrifter*, bind 1. Udg. af Niels Jørgen Cappelørn et. al. Søren Kierkegaards Forskningscenter. København 1997.

[11] *Teknik i vor nye Literatur. Nogle Bemærkninger i Anledning af Dr. Georg Brandes' sidste Anmeldelse.* In: Herman Bang: *Vekslende Themaer.* Udg. Af Sten Rasmussen. Det danske Sprog- og Litteraturselskab. Denmark 2006, Bd. III, S. 1174–1180.

ist ein mittelmäßiger Frauenzimmerverstand. Kein männlicher Gang ist in seinen Gedanken festzustellen; diese sind offenbar nie einer ordentlichen Zucht unterworfen worden, die sie davor bewahrt hätte, ins Stolpern zu geraten." (M. Ü.).[12]

Es ist somit eine bittere Ironie der Geschichte, dass ausgerechnet derjenige Autor, der Brandes literarisches Programm, bei Licht besehen, sowohl in der Sache wie formal in höchster Perfektion umgesetzt hatte, von dem einflussreichen Kritiker nicht akzeptiert wurde und durch eine unnötig scharfe Polemik – durchsetzt mit Andeutungen auf Bangs homosexuelle Veranlagung – diskreditiert wurde. Als Brandes noch im gleichen Jahr, 1883, mit *Det moderne Gjennembruds Mænd* (Dt.: „Die Männer des modernen Durchbruchs") eines seiner Hauptwerke herausgab, wird Bang darin nicht einmal erwähnt.

Dass die Wirklichkeit, oder genauer gesagt: das subjektive Erleben der Wirklichkeit, wie Bang überzeugend dargelegt hatte, den Stoff formen und die künstlerische Komposition bestimmen sollte, war in den frühen 1880er-Jahren eine Position, die dem damaligen Bewusstseinsstand der Moderne bzw. dem ihrer Hauptvertreter noch zu avanciert erschien. Auch wenn Bang den Begriff ‚Impressionismus' erst 1890 in einem kleinen dreiseitigen, als persönlichen Brief formulierten Artikel verwendet, mit dem er auf einige Äußerungen des Naturalisten Erik Skram reagiert, ist er es, der am entschiedensten die poetologischen Konsequenzen aus Brandes Forderung zieht, die Literatur möge sich der Lebenswelt zuwenden. Denn diese Lebenswelt gelangt ja nicht einfach so oder objektiv, sondern immer gefiltert durch bestimmte subjektive Eindrücke zur Sprache. Skram hatte den Impressionismus und die künstlerische Praxis Bangs in der Zeitschrift *Tilskueren* (1890) in Frage gestellt. Er kritisierte, dass Bang nicht den Wunsch hege seine Figuren psychologisch zu behandeln und die für das Verständnis ihres Handelns erforderlichen „Zusammenhänge" zu erklären. Bang beschränke sich unzureichenderweise darauf, diese Zusammenhänge lediglich zu „zeigen". In dieser Analyse, wenn auch nicht in der Wertung, stimmt Bang Skram ausdrücklich zu! Die Kritik verschafft ihm die Gelegenheit, seine Auffassung des literarischen Impressionismus prägnant zu beschreiben:

> „Der Impressionist meint, dass seine Erkenntnis nur den ins Handeln umgesetzten Gedanken zu folgen vermag. An dieses Handeln, an die-

---

[12] *Efterskrift.* In: Herman Bang: *Vekslende Themaer*, a. a. O., Bd. IV, S. 1370.

ses beständig fortgesetzte Handeln knüpft er seine ganze Aufmerksamkeit, und so werden die *handelnden* Menschen die Gegenstände seiner Schilderung." (M.Ü)[13]

Bang ist sich dabei sehr wohl bewusst, dass die konsequente Verwendung der impressionistischen Technik die Gefahr eines wahllosen, bloß zufälligen Aneinanderreihens von äußerlichen Details und chaotischen Eindrücke in sich birgt. Daher geht er ausdrücklich auf die schwierige Selektion des Stoffes ein: „Die äußeren Sachen, die [der Impressionist] malt, sind die Kapseln um die innere Geschichte. Von der Durchsichtigkeit der Kapseln hängt ihr Wert ab." (M.Ü)[14]

Die Entwicklung, die von Brandes, Jacobsen und Pontoppidan zu Bang führt, besteht also wesentlich in einer Nuancierung und Modernisierung des Realismus-Begriffs. Bei Brandes, bei Jacobsen und bei Pontoppidan findet man noch eine relativ unproblematische und unkritische Auffassung, die in etwa der Vorstellung des naiven Realismus entspricht, wie sie der *Duden* definiert, nämlich als „Auffassung, die die Dinge für so hält, wie sie wahrgenommen werden" und in Folge dessen eine die „Wirklichkeit nachahmende künstlerische Darstellung in Literatur und bildende[r] Kunst" favorisiert.[15]

Mit den poetologischen und theoretischen Reflexionen eines Herman Bang wird der Begriff Realismus jedoch problematisch und neu, andersartig akzentuiert. Erst durch diese Akzentverschiebung erhält die Literatur eine epistemologische Seriosität, die der Wirklichkeitsauffassung der modernen Wissenschaft entspricht. Diese hatte sich längst vom Idealismus verabschiedet bzw. eine radikale Konsequenz aus der Unerkennbarkeit des ‚Dings an sich‘ gezogen. Da dem Menschen die Welt immer nur im Rahmen der Anschauungsformen in der begrifflichen Ordnung einer Sprache oder eines anderen Zeichensystems gegeben ist, da es also keinen direkten Zugang zu den Gegenständen der Erkenntnis gibt, gilt es die Medien und Modi der Wahrnehmung, der (sprachlichen) Darstellung und der zwischenmenschlichen Verständigung zu reflektieren. Explizit geschieht dies in der philosophischen Erkenntniskritik und Bewusstseinstheorie, implizit leistet dies aber auch die literarische Form, durch die der Autor, wie bei Bang, zu einem

---

[13]   *Impressionisme – En lille Replik* (*Tilskueren*,1890). In: Sten Fiil / Kirsten Skov: Herman Bang. *Prosaens mester.* København 1998, S. 75.

[14]   Herman Bang. *Prosaens mester*, a. a. O., S. 75.

[15]   Duden. *Das große Wörterbuch der deutschen Sprache in sechs Bänden.* Band 5. Mannheim 1980, S. 2108.

kritischen, relativen Realisten wird. In diesem Sinne antizipiert er in gewisser Weise die Mehrdimensionalität der Wirklichkeit, die den dänischen Physiker Niels Bohr einige Jahre später dazu veranlassen sollte, sein Konzept der Komplementarität zu formulieren. Wenn das Licht ebenso gut als Teilchen wie als Welle beschrieben werden kann und keine Beschreibungsweise für sich beanspruchen kann, die ganze Wahrheit abzudecken, zerfällt die Wirklichkeit in (mindestens zwei) Versionen. Bang, so könnte man sagen, zerlegt die Realität gemäß unterschiedlicher Impressionen in die Auffassungen (Versionen) seiner Figuren und bricht so seinerseits mit dem Eindeutigkeitstheorem des idealistischen Objekt- und Wahrheitsverständnisses.[16] Mit seinem poetisch artikulierten Realitätsbegriff ändert sich der Modernitätsdiskurs an der Schnittstelle von Poetologie und Epistemologie, von dichterischer Praxis, Erkenntnistheorie und Naturwissenschaft.

Brandes hatte von der Literatur in seinen frühen Jahren, wie erwähnt, verlangt, dass sie die tatsächlichen Probleme der Lebenswelt aufgreifen und debattieren solle. Doch was, so muss man fragen, sind ‚tatsächliche' Probleme? Wie stellt man ihre Realität fest, und wie muss ein Wirklichkeitssinn beschaffen sein, der Brandes' Forderung genügt? Anstatt sich diese Fragen zu stellen oder gar zu beantworten, setzte der junge Brandes eine bestimmte Tendenz voraus, für die immer schon entschieden war, was als real und als problematisch aufzufassen war. Die Auswahl des rechten Stoffes ergab sich aus der eigenen Position im Kulturkampf – eine Position, die selbst gerade nicht problematisiert wurde. Die literarischen Mittel wurden entsprechend als Kampf-Mittel verstanden – und gerade nicht als Formen der (selbstkritischen) Analyse. So gesehen unterscheiden sich der frühe Brandes und der junge Bang nicht zuletzt darin, dass der Kritiker teleologisch bzw. ideologisch argumentierte, der Poet hingegen die Bedingungen der Möglichkeit, sich einer (inter-)subjektiven Realität zu versichern, reflektierte und folgerichtig zu einer impressionistischen Darstellung der Welt gelangte. Diese ‚Tendenz' richtet sich zwangsläufig gegen jede utilitaristische Auffassung der literarischen Tätigkeit – eine Auffassung, die bei Brandes immer mitschwingt, weil er sich für das Instrument einer Bewusstseinsveränderung hält, die letztlich auf die Verbesserung der Lebensbedingungen zielt. Mimesis wurde von ihm daher als Widerspiegelung der Realität en gros, von Bang hingegen als Wiedergabe der Art und Weise verstanden, wie der Mensch mit

---

[16] Vgl. David Favrholdt: *Filosoffen Niels Bohr*. Informations Forlag. Kbh. 2009.

den sinnlichen Eindrücken verfährt, die er von sich und seinesgleichen, von der Lebenswelt en detail erfährt.

Und eben deshalb soll die Literatur, Bang zufolge, z.b. die Unterdrükkung der Frauen einerseits nicht einfach nur behaupten, sondern „zeigen", andererseits aber auch nicht erklären oder debattieren. Ihm kommt es auf die „Durchsichtigkeit" der einzelnen „Kapseln" der Wirklichkeit an, die dargestellt werden; nicht am Kommentar der Wirklichkeit, sondern an der Art ihrer Darstellung offenbart sich die künstlerische Qualität eines literarischen Textes. Während die auf Pontoppidan zurückgehende Linie von der Literatur Diagnose und im Ansatz sogar Therapie verlangt, beschränkt sich Bang, um im Bild zu bleiben, auf die Symptombeschreibung! Nur der „ins Handeln umgesetzte Gedanke" ist für ihn nachvollziehbar. Die Kunst besteht darin, den Stoff zusammenzudrängen und die „wesentlichen Handlungen so zu schildern, dass jede kleine Handlung zum Guckloch in das Gedankenleben des Menschen [wird ...] Die Summe der von Gefühlen durchwirkten Gedanken, die das geschickte Gehirn den geschilderten Handlungen zu entnehmen vermag, ist der verborgene Inhalt des Werkes. Sein Wert beruht auf der Tiefe von all dem – was nicht gesagt wird." (M.Ü.).[17] Bei Bang – auch darin zeigt sich seine Modernität – ist es also der Leser, dem die Aufgabe zukommt, den „verborgenen Inhalt" der Dichtung in ihrer Form zu entdecken und den Spielraum der Interpretation, den ihm der Impressionismus eröffnet, zu nutzen. Daher der Verzicht auf den auktorialen Erzähler, der die Leser bei der Hand nimmt und mit Erklärungen durch die Wirklichkeit schubst. Diesen Erzähler ersetzt Bang, die Ästhetik des Performativen vorwegnehmend, durch einen Modus der Darstellung, der es dem Leser erlaubt, „sich selbst als im Prozeß einer Tranformation begriffen, als Wesen im Übergang"[18] zu erleben. Die gesteigerte Form dieses Darstellungsmodus ist der von William James so genannte ‚stream of consciousness‘, wie ihn James Joyce (1882– 1941) in den 1920er-Jahren verwirklicht. Bei ihm geht es eigentlich, wie schon bei Bang, um die künstlerische Illusion einer Welt vorab aller Selektion, einer Welt, die sich im Augenblick der Wahrnehmung (respektive der Lektüre) aus einer Vielzahl von Eindrücken, ad hoc-Eingebungen, Assoziationen aufbaut und schon im nächsten Moment durch neue Impressionen verwandelt wird. Aufgelöst wird im ‚stream of consciousness‘ mit der aukto-

---

[17]   *Impressionisme – En lille Replik,* a. a. O.
[18]   Vgl. Erika Fischer-Lichte: *Ästhetik des Performativen.* Frankfurt am Main 2004, S. 362.

rialen Gewalt des Erzählers das Dispositiv der Zentralperspektive, jene Vorrichtung, die dafür sorgt, dass sich die Wahrnehmung auf bestimmte Gegenstände fokussiert. Der bei Herman Bang entfaltete Realismus, d.h. der für ihn spezifische, stellenweise zur Perfektion getriebene Impressionismus reflektiert somit auch die typisch moderne Zerstreuung der Aufmerksamkeit. In dieser Hinsicht befördert und unterläuft er den Modernitätsdiskurs, den Brandes maßgeblich inauguriert hatte, um die Wahrnehmung seiner Zeitgenossen auf ganz bestimmte Probleme zu lenken.

*

II. Realistische ‚Tendenzen‘ der dänischen Gegenwartsliteratur

Schaut man sich den dänischen Realismus in der Literatur der Gegenwart an, fallen zunächst die Autoren ins Auge, die den Roman für episch breite Schilderungen der Lebenswelt nutzen und ein Figurenensemble mitunter über mehrere Bände verfolgen. In diese Rubrik gehören die vielgelesene *Hvium-Trilogie* (2001–2009) von Ida Jessen (geb. 1964) und die Afrika-Trilogie (*Eksil*, *Revolution* und *Liberty*, 2009) des früh verstorbenen Schriftstellers Jacob Ejersbo (1968–2008). Häufig erzählt werden Familiengeschichten wie in den Romanen *Jelne* (2007) und *Kaiser* (2008) von Henriette Møller (geb. 1976). Auch die autobiographischen Romane eines Erling Jepsen (geb. 1956) *Kunsten at græde i kor* (2002) und *Med venlig deltagelse* (2006) fallen ebenso wie Suzanne Brøggers (geb. 1944) *Sølve* (2007) in dieses Genre. Im *Kunsten at græde i kor* macht ein kleinbürgerliches, stark inzestuöses Milieu in Südjütland dem Protagonisten schwer zu schaffen, von der frühen Kindheit an bis zu seinem Erwachsenenleben als Schriftsteller in Kopenhagen. Knud Romers (geb. 1960) heftig umstrittener Roman *Den der blinker er bange for døden* (2006) behandelt mit ebenfalls stark autobiographischen Zügen die schwierige Identitätsfindung eines in der dänischen Provinz lebenden Jungen, der eine deutsche Mutter hat und deswegen in der Nachkriegszeit einige Unannehmlichkeiten ertragen muss.

Wie diese Beispiele belegen, spielen viele Romane gegenwärtig in einem ländlichen Ambiente, fernab der urbanen Zentren. Ihre Figuren bewegen sich sowohl topographisch als auch existentiell in einer von Unsicherheit geprägten Peripherie. So ist der Roman *Nordkraft* (2003) von Jacob Ejersbo im abgelegenen Ålborg angesiedelt. Die teils alkohol- und drogenabhängigen

Jugendlichen, die zumeist schlecht integrierten Einwanderer und die klein-kriminellen Puschertypen, die mit ihren großen Hunden an den Straßenecken stehen, sind politisch marginalisiert und sozial stigmatisiert. Sie gehören einem Personenkreis an, der von Ejersbo erstmals im dänischen Realismus zu Wort kommt. Obwohl die breit angelegten Epen mit einem längeren, bedeu-tungsvollen Abschnitt im Leben eines oder im Leben mehrerer Menschen befasst sind, vermeiden die Autoren in der Regel kausale Erklärungen und didaktische Kommentare, wie sie für den Entwicklungsroman des 19. Jahr-hunderts typisch waren. Gleichwohl werden jeweils entscheidende Wende-punkte im Dasein thematisiert, werden Menschen dargestellt, die auf verschiedene Umstände re-agieren, nicht zuletzt auf soziale Missstände. Diese Missstände werden, wenn nicht teilnahmslos, so doch vergleichsweise unparteiisch, jedenfalls ohne die für die engagierte Literatur früherer Zeiten charakteristischen moralischen Appelle behandelt. Nicht weniger bezeich-nend ist die bei den Protagonisten häufig festzustellende Wurzellosigkeit und Ratlosigkeit, die sie mehr oder weniger unterschwellig nach ihrer Identität suchen lässt.

Der norwegische Schriftsteller Per Petterson (geb. 1952) hat sich in einem Interview für die dänische Zeitschrift *Information* über den offensichtlichen Verzicht auf Erklärungen folgendermaßen geäußert:

> „Eher als zu erklären ist es wichtig im Detail präzise zu sein. Mit dem Allgemeinen verbindet man sowieso nichts. Man lebt in einer Art von Präzision, und Präzision erzeugt ein Wiedererkennen. Ein Autor muss lokal sein, weil man das Allgemeine nicht wiedererkennen kann. Falls ein Fluss vorhanden ist, muss man den Fluss so beschreiben, wie man ihn sieht, und obwohl kein anderer Mensch jemals genau diesen Fluss gesehen hat, wird eine Art des Wiedererkennens entstehen." (M.Ü.)[19]

Per Pettersons poetologische Reflexionen lassen sich exemplarisch auffassen. Sie stehen stellvertretend für die interessante, immer wieder zu beobachtende Tendenz, sich in der realistischen Schilderung eines Milieus an konkreten Orten zu orientieren und sich an Schauplätze im ‚udkants-Danmark' (Dt.: „Rand-Dänemark") zu begeben. Diese Tendenz stellt eine gewisse Parallele zur sogenannten ‚Hjemstavnsdigtning' (Dt.: ‚Heimatliteratur'[20]) im Gefolge

---

[19] Zitiert nach Mette Henriksen: *Jeg tror på stedet*. I: Litteratursider. 01/November 09.
[20] Die dänische ‚Heimatdichtung' oder ‚Heimatliteratur' unterscheidet sich in ihrem Ursprung von der deutschen Bezeichnung ‚Heimatliteratur'; die dän. Heimatdichtung ist mit dem ‚Durchbruch der Moderne' und dem Naturalismus in ihrer Tradition verbunden und ist

des von Brandes initiierten modernen Durchbruchs dar. Seinerzeit waren Schriftsteller wie Johs. V. Jensen (1873–1950), Johan Skjoldborg (1861–1936), Marie Bregendahl (1867–1940), Martin Andersen Nexø (1869–1954) und Jacob Knudsen (1858–1917) angetreten, die dank ihrer Vertrautheit mit dem ländlichen Leben Werke schufen, die durch große Naturverbundenheit bestechen. So wie die Hinwendung zur Provinz damals eine Reaktion auf das moderne, urbane Leben war, lässt sich der rezente Trend zum Überschaubaren und Lokalen als eine Reaktion auf die Globalisierung verstehen. Die aktuelle publizistische Welle von Werken, die, so gesehen, dem *Provinzrealismus* zugeordnet werden können und oftmals Außenseiterexistenzen und soziale Randerscheinungen thematisieren, hat einige Rezensenten veranlasst, in dieser Welle ein Zeichen von dänischer Weltabgeschiedenheit, ja sogar von Engstirnigkeit, zu sehen.[21]

*

Dass man „das Allgemeine heute nicht wiedererkennen" könne,[22] ist eine Aussage von grundlegender Bedeutung: Das Erkennen des Allgemeinen erfordert induktive Schlüsse von Einzelerfahrungen, die jeweils etwas Besonderes sind, auf ein ihnen gleichwohl gemeinsames Merkmal. Für diese induktiven Schlüsse bringt der neue Realismus der Spätmoderne wenig Begeisterung auf. Ihm fehlt der Wille – vielleicht auch das Vermögen – über die Registratur der Einzelheiten hinauszugehen und weiterführende Schlussfolgerungen zu ziehen bzw. nahezulegen. Möglicherweise wollen die Autoren nicht in die „Induktionsfalle" tappen, die der empiristische Philosoph David Hume (1711–76) schon im Zeitalter der Aufklärung beschrieben hatte. Sie besteht vor allem in der überzogenen Verallgemeinerung von Wahrnehmungsurteilen, die stets auf einzelne Beobachtungen bezogen bleiben. Dass man in aller Regel weiße Schwäne sieht, bedeutet nicht, dass alle Schwäne weiß sein müssen. Schon ein schwarzer Schwan würde, wie Karl R. Popper (1902–1994) im Anschluss an Hume festgestellt hatte, den Kurzschluss von der Wahrnehmung einzelner weißer Exemplare auf ein der ganzen Gattung zukommendes Merkmal widerlegen. Um sich also keiner Hypostasen

---

durch ein kritisches Potential gekennzeichnet, wogegen die deutsche ‚Heimatdichtung‘ literaturgeschichtlich als eine Transformation der Biedermeierströmung verstanden werden kann.

[21] Z.B. Nanna Gaul in *Litterær provins*. Weekendavisen. No 20. 21 maj 2010.
[22] Per Petterson; siehe Hinweis No. 19.

schuldig zu machen, beschränken sich die Autoren auf jene Ebene, auf der Realität in einzelne Tatsachen zerfällt, und überlassen es ihren Lesern Wahrnehmungsmuster zu bilden. Das betrifft auch das Problem der Identität, die – wie schon John Locke (1632–1704) bemerkt hatte – mit der Kontinuität der Selbst- und Weltwahrnehmung bzw. mit dem Umstand zusammenhängt, das sich alle Erfahrungen auf ein in diesen Erfahrungen durchhaltendes ‚Ich' beziehen lassen, denn eben diese Voraussetzung ist in der Moderne fragwürdig geworden. Das ‚Ich', das schon Ernst Mach (1838–1916) für „unrettbar" erklärt hatte, ist wie das romantische Subjekt in gewisser Weise immer schon ein literarisches Konstrukt gewesen, das sich kaum objektivieren und mit der postmodernen Dekonstruktion der Realität vereinbaren lässt. Von daher ist es nur konsequent, wenn sich auch die Gegenwartsliteratur an den Darstellungsmodus hält, den bereits Herman Bang propagiert hatte: einen Modus, bei dem die Zusammenhänge nicht einfach gegeben sind, sondern auf Zeit entstehen und wieder vergehen; einen Modus, in dem sich auch das eigene ‚Ich' als höchst wandelbare Verlaufsgestalt erweist.

Akut verschärft wird diese Problematik in einer Multioptionsgesellschaft, die stets mit der Gefahr, die falsche Alternative zu wählen, verbunden ist und daher als „Risikogesellschaft" im Sinne von Ulrich Beck erlebt wird.[23] Das Kontingente macht eher Angst als Mut, ist eher mit dem Empfinden der Ohnmacht als der Macht verknüpft. Der literarische Reflex dieses Empfindens ist die Reduktion auf das Detail, ist die poetologische Verpflichtung auf eine neue Art von ‚Mikro-Realismus' – getreu der Maxime, die Ludwig Wittgensteins (1889–1951) in seinem *Tractatus logico-philosophicus* (1921) ausgegeben hat: „Wovon man nicht sprechen kann, darüber muss man schweigen."[24] Wenn also das Allgemeine nicht mehr zu erkennen und daher auch nicht mehr mit sprachlichen Mitteln verständlich zu machen ist, die Literatur jedoch nicht vollständig auf die Rede verzichten kann, muss sie sich mit der Darstellung des je Besonderen zufriedengeben und das große Ganze in seine (Einzel-)Teile auflösen.

Bei einer Gruppe jüngerer avantgardistischer Schriftsteller aus Dänemark wird Wittgensteins Maxime radikal ausgelegt und künstlerisch konsequent befolgt. Ihre Prosatexte zeichnen sich durch den ‚minimalistischen Realis-

---

[23] Ulrich Beck: *Risikogesellschaft. Auf dem Weg in eine andere Moderne.* Frankfurt am Main 1986.

[24] Ludwig Wittgenstein: *Tractatus logico-philosophicus, logisch-philosophische Abhandlung.* Frankfurt am Main 2003, Pkt. 7 (Abschlusssatz).

mus' aus, der Kurz- und Hybridformen eignet. Gemeint sind damit knappe, parataktische Formulierungen in einem sachlich-informativen Stil, die schlaglichtartig Ortschaften, Zustände und Menschen beleuchten – Texte, die unbeteiligt wirken und daher von manchen Lesern auch als langweilig empfunden werden, da sie – auf den ersten Blick – lediglich aus der Auflistung nüchterner Fakten bestehen, ohne dass ein Prinzip der Auswahl oder eine Tendenz der Vermittlung zu erkennen wäre. Der neue Realist, der solche Texte verfasst, ist realistisch, weil er sich bewusst ist, dass ‚die Wirklichkeit' oder ‚die Wahrheit' ebenso wie ‚das Ding an sich', wenn überhaupt, nur als regulative Idee einer diskursiven Ordnung besteht, die niemals mit der Sache selbst identisch wird. Er weiß daher auch, dass alles im Fluss ist, das schon die einfachsten Begebenheiten ein sprachlich vermitteltes, erzählerisches Konstrukt darstellen, dessen Gestalt und Bedeutungsgehalt niemals objektiv gegeben sind. Stets hängt es von der Situation und der Optik der einzelnen Beobachter ab, was geschieht (weshalb der Künstler, der gerade diesen Zusammenhang veranschaulichen möchte, seine epistemologischen Vorentscheidungen kaschieren und den in gewisser Weise wiederum illusionären Eindruck erwecken muss, dass überhaupt nichts irgendwie vorselektiert und geordnet ist). Wenn alles im Fluss und keine Ordnung vor der anderen ausgezeichnet ist, wenn es statt eines – wie auch immer gearteten – Überbaus nur Leerstellen zwischen den Einzelheiten der Wahrnehmung gibt, die ebenso gut auf diese wie auf jene Weise überbrückt (aber niemals substantiell aufgefüllt) werden können, wenn alles relativ, fragmentarisch und provisorisch bleibt,[25] bleibt von der Realität nur ein Feld unendlicher Möglichkeiten. Literarisch vergegenwärtigt wird dergestalt, was Soziologen wie Zygmunt Baumann (geb. 1925) oder Pierre Bourdieu (1930–2002) mit Begriffen wie ‚Liquid Modernity' oder ‚Précarité' meinen:[26] jene Form der gesellschaftlichen Konstruktion der Wirklichkeit, die verinnerlicht hat, dass der Begriff der Realität seit dem Durchbruch der Moderne eine umfassende Dekonstruktion erfahren hat – eine Dekonstruktion, zu der mit seinen Mitteln schon Herman Bang nachhaltig beigetragen hat.

Zieht man im Bewusstsein, dass jeder Diskurs ein ständiges Hin- und Herlaufen zwischen zuweilen extremen Positionen ist, von Bang eine Linie in

---

[25] Als Beispiel könnte hier der Text *Nørrebro* aus Katrine Marie Guldagers Sammlung *København* (2004) dienen.

[26] Zygmunt Baumann: *Liquid Modernity.* Cambridge. 2000 und Pierre Bourdieu: *Contre-feux: Propos pour server à la résistance contre l'invasion néo-liberale.* 1998, S. 95–101.

die Gegenwart, stößt man unter anderem auf Peer Hultberg (1935–2007), der schon 1992 sein Buch *Byen og verden* mit dem vielsagenden Untertitel *Roman i hundrede tekster* (Dt.: *Die Stadt und die Welt,* Roman in 100 Texten) versehen hat. Nicht ein Text, ein in sich geschlossener Romankosmos begegnet hier dem Leser, sondern – pars pro toto – eine Atomisierung von Stadt und Welt. Alsbald traten weitere Schriftsteller mit ähnlichen Formen des Mikro-Realismus auf. Eine Auswahl wichtiger Autoren und Texte sind: Katrine Marie Guldager (geb. 1966): *København* (2004), Naja Maria Aidt (geb. 1963): *Bavian* (2006) (Dt.: *Süssigkeiten*, 2008), Simon Fruelund (geb. 1966) *Borgerligt tusmørke* (2006), Pia Juul (geb. 1962): *Af sted, til stede* (2012), Helle Helle (geb. 1965) *Rødby-Puttgarden* (2005) (Dt.: *Rødby-Puttgarden*, 2010) und *Ned til hundene* (2008) (Dt.: *Runter zu den Hunden*, 2008) und *Dette burde skrives i nutid* (2011).

Und auch im Medium des Films lassen sich etwa zur gleichen Zeit ähnliche Tendenzen beobachten. So zielen die Forderungen von *Dogma 95*[27], angefangen bei der puristischen Nutzung der Technik, auf eine realistische Einstellung ab, die sich der Fabelkomposition – zumindest anfangs – weitestgehend enthält oder zumindest darauf verzichtet, die Realität in den Spannungsbogen bekannter Genres etc. einzuspannen. Die für *Dogma* typischen Merkmale, die viele Kritiker in *Festen* (1998) von Thomas Vinterberg (geb. 1969) verwirklicht sehen, sind Ausdruck einer Verpflichtung zur Wirklichkeitstreue, die – wie beim ‚minimalistischen Realismus‘ – auf formale und interpretatorische Enthaltsamkeit setzt. Der Zuschauer soll nicht daran zweifeln, dass die geschilderten Situationen ‚real‘ sind, weshalb auf die technische Manipulation der Filme, insbesondere auf die üblichen Tricks am Schneidetisch, scheinbar verzichtet wird. Sowohl in der Literatur als auch im Film geht es gegenwärtig um einen kritischen Realismus, der sich zu einer puristischen und im Sinne Bangs zu einer relativistischen Darstellungsweise des (inter-)subjektiv Wahrnehmbaren bekennt.

*

---

[27] Am 13. März 1995 veröffentlichten die dänischen Filmregisseuren Lars von Trier, Thomas Vinterberg, Kristian Levring und Søren Kragh-Jakobsen *Dogme 95*, der aus einem ‚Manifest‘ und ein sogenanntes ‚Keuchheitsgebot‘ bestand, die zu einer Neuorientierung der dänischen und der internationalen Filmszene führen sollte. Das Manifest wurde als ein Kampf gegen die oberflächliche und amerikanisierte Mainstream-Produktion der Filmindustrie verstanden.

Rückblickend betrachtet haben die Gegenwartsliteratur und die *Dogma*-Bewegung im Film daher einiges mit den Formen der ‚Wirklichkeitsschilderung' mit Alltagsbezug gemeinsam, die erst der Durchbruch zur Moderne möglich gemacht hat und vor allem von Brandes mit einem kritischen Blick auf die realen Probleme der Gesellschaft verknüpft worden waren. Vom Impressionismus übernommene Stilmittel sind dabei besonders in den erwähnten Kurz- und Hybridformen festzustellen. Als typisch für den neuen dänischen Realismus in Literatur und Film kann die deutliche Akzentuierung der epistemologischen Problematik gelten, die mit dem Begriff der ‚Wirklichkeit' verbunden ist. Sie erweist sich – wie ansatzweise schon bei Bang – als ein auf Blickwinkel und Interessen, Einstellungen und Manipulationen zu relativierendes Konstrukt, das nicht unreflektiert für bare Münze genommen werden kann. Insofern ist es ein Hinweis auf die Realität der Konstruktion, wenn Dogma-Filme an ihrem Regelwerk scheitern bzw. wenn sich die Regisseure über die von ihnen selbst aufgestellten und unterzeichneten Einschränkungen hinwegsetzen oder zu erkennen geben, welche Darstellungsverfahren dafür sorgen, dass ihre Darstellung echt und wahrheitsgetreu *wirkt*. Integraler Bestandteil des ‚minimalistischen Realismus' ist das Non-Engagement der Autoren, verbunden mit einer Umformung des alten Antagonismus von Stadt und Land (Urbanität und Provinz) zum neuen, zeitgemäßen Nebeneinander von globalem und lokalem Denken und Handeln. Die im ‚Durchbruch der Moderne' verwurzelte ‚Hjemstavnslitteratur' (Dt.: ‚Heimatliteratur'[28]), die ein Zusammenspiel zwischen Mensch und Natur exponierte, verschwindet; die Natur dient höchstens noch der Spiegelung sozialer und psychischer Befindlichkeiten heimatloser Individuen respektive ihrer Verfremdung.

Wenn die ‚großen Erzählungen'[29] an den Glauben an einen allgemeinen Sinn der Geschichte und an das Kollektiv als historisches Subjekt gebunden waren, ist der Abbau dieser Metaphysik eine Folge des modernen Durchbruchs gewesen, die sich mit der Zeit als durchaus ambivalent erwiesen hat. In den literarischen Strömungen, die seit der Brandes-Zeit viele Wandlungen durchlaufen haben, die hier nicht im Einzelnen aufgezeigt werden konnten, zeigt sich, wie unterschiedlich die Autoren mit dieser Ambivalenz verfahren. Immer wieder müssen das Kleine und das Große neu ausbalanciert, müssen

---

[28] Siehe Hinweis 20.
[29] Jean-Francois Lyotard: *La Condition postmoderne* 1979.

Formen der Vermittlung entwickelt werden, die der ‚Tatsache' Rechnung tragen, dass die Konstruktion der Wirklichkeit nicht von der Dekonstruktion jenes Begriffs von Realität zu trennen ist, von dem der Modernitätsdiskurs ausgegangen war.

Ivy York Möller-Christensen

Georg Brandes – Kurze Biographie

Vorbemerkungen: Aufgrund des sehr umfangreichen schriftstellerischen Werkes von Georg Brandes sowie seiner intensiven Reiseaktivitäten enthält die folgende Übersicht lediglich eine kleine Auswahl wichtiger Daten. Georg Brandes unternahm während seines ganzen Lebens, besonders aber um die Jahrhundertwende und in den Jahren vor dem Ersten Weltkrieg, zahlreiche kürzere oder längere Vortragsreisen ins europäische Ausland, u.a. nach Deutschland, Österreich, Frankreich, Italien, England, Schottland, Polen, Russland, Norwegen und Schweden. Hinzu kamen Reisen in die USA und nach Tunesien.

Das private Leben von Georg Brandes ist durch große Turbulenz gekennzeichnet; neben einer sehr problematischen Ehe, die nach vielen Jahren zu Trennung und Scheidung führte, pflegte er bis ins hohe Alter zahlreiche erotische Beziehungen zu Frauen im In- und Ausland.

Wichtige nationale und weltgeschichtliche Jahreszahlen sind in der Liste hervorgehoben.

Geboren am 4. Februar 1842 als Georg Morris Cohen Brandes. Eltern: Herman Cohen Brandes, Großkaufmann (1816–1904), und Emilie Bendix (1818–98). Die Eltern sind in der jüdischen Gemeinde von Kopenhagen zwar registriert, aber religiös indifferent. Brüder: Ernst Brandes (1844–92) und Edvard Brandes (1847–1931).

1859: Abitur.

1859: Universitätsstudium der Philosophie (bei Rasmus Nielsen); bis 1862 auch juristische (Brot)Studien. Selbstständige Studien der Ästhetik und Literatur, der Kunstgeschichte sowie des Griechischen und Lateinischen.

1864: Dänische Kriegsniederlage bei Dybbøl, Abtretung der dänischen Herzogtümer. 1866: Sieg Preußens über Österreich.

1866: Erste größere Auslandsreise (Lübeck, Köln, Brüssel, Paris).

1867: Erste Liebeserfahrungen mit der 13 Jahre älteren, unglücklich verheirateten und sechsfachen Mutter Caroline David.

1868: *Ästhetiske Studier*; 1870: *Kritiker og Portraiter* – beides Sammelbände von Zeitungsaufsätzen – (Dt.: *Ästhetische Studien* und *Kritiken und Portraits*).

1869: Übersetzung von John Stuart Mills *The subjection of women*, 1869 (Dänisch: *Kvindernes Underkuelse*, 1869; dt.: *Die Hörigkeit der Frau*, 1869).

1870: Habilitation mit einer Arbeit zur Ästhetik des französischen Naturalisten Hippolyte Taine: *Den franske Æstetik i vore Dage* (Dt.: *Die französische Ästhetik in unseren Tagen*) (mündliche Verteidigung am 25.2.1870).

1870 (von April 1870 bis Juli 1871): Reisestipendium für eine Reise über Hamburg nach Paris und Genf sowie über Savoyen nach Turin, Mailand, Florenz und Rom. Heimreise über Florenz, Bologna, Venedig, München und Dresden.

1871(–1918): Gründung des deutschen Reiches nach der Niederlage Frankreichs.

1871 (3. 11.): Vorlesungen über die *Hauptströmungen der Literatur des 19. Jahrhunderts* (in den Jahren 1872–90: ab 1872 in sechs Bänden unter dem Titel *Hovedstrømninger i det nittende Aarhundredes Litteratur* publiziert). Die Vorlesungen riefen den sogenannten ‚Durchbruch der Moderne‘ in Skandinavien hervor.

1875: Die Pariser Kommune wird niedergeschlagen; erste sozialistische Publikationen in Dänemark; Gründung der dänischen ‚Internationale‘; Gründung der dänischen Frauenorganisation ‚Dansk Kvindesamfund‘.

1876 (29.7): Heirat in Berlin mit der (wegen einer Liebesbeziehung zu Georg Brandes) geschiedenen deutschen Johanne Louise Henriette (Rufname: Gerda) Strodtmann; geb. 1845 (Ehefrau seines deutschen, in Berlin ansässigen Übersetzers Adolf Strodtmann).

1877: Publikation der literaturpsychologischen Biographie: *Søren Kierkegaard* und *Danske Digtere* (Dt.: *Dänische Dichter*).

1877–1883: Wohnhaft in Berlin.

1879: Geburt der Tochter Edith.

1880: Geburt der Tochter Astrid.

1883: Publikation von *Det moderne Gjennembruds Mænd* (Dt.: *Die Männer des modernen Durchbruchs*).

1884: Erste ernsthafte eheliche Auseinandersetzungen.

1884: Gründung der Zeitung *Politiken* (Chefredakteur: Viggo Hørup, bis 1901; danach Edvard Brandes bis 1904).

1885: Publikation von Artikeln und Zeitungsberichten aus der deutschen Reichshauptstadt im Band *Berlin som tysk Rigshovedstad* (dt.: *Berlin als deutsche Reichshauptstadt. Erinnerungen aus den Jahren 1877– 1883*).

1885–(87): Beteiligung an der umfangreichen skandinavischen Debatte über Fragen der Sittlichkeit (Dä.: „Sædelighedsfejden").

1888: Vorlesungen über Nietzsche an der Universität Kopenhagen.

1889: Publikation der Nietzsche-Vorlesungen unter dem Titel: *Aristkratisk Radikalisme. En Afhandling om Friedrich Nietzsche* (Dt.: *Nietzsche. Eine Abhandlung über aristokratischen Radikalismus*).

1890: Tod der Tochter Astrid an Diphtheritis.

1891: Feierliche Großveranstaltung im Konzertpalais Kopenhagen anlässlich des 25-jährigen Jubiläums Georg Brandes als Schriftsteller; Initiator ist Henrik Cavling, Reporter der Zeitung *Politiken;* ab 1905 Chefredakteur dieses Blattes.

1895: Publikation von *Shakespeare.* Gegen den Widerstand seiner Ehefrau reicht Brandes einen Scheidungsantrag ein.

1898: Tod der Mutter.

1901: Das sogenannte „Systemwechsel" (Dä.: „Systemskiftet") der dänischen Politik beendet eine 30 Jahre lange Auseinandersetzung um die dänische Verfassung zwischen den Parteien Venstre (Liberale) und Højre (Konservative). Es wurde bestimmt, dass der König keine Regierung berufen konnte, die eine Minderheit im Parlament („Folketing") gegen sich hatte. Damit endete die sog. Provisorienzeit 1885– 94, (Dä.: Provisorietiden), in der die konservative Regierung von J.B.S. Estrup vorläufige Haushaltgesetze gegen die Mehrheit der Stimmen im Parlament erlassen konnte.

1901: Dank des „Systemwechsels": Ruf auf eine Professur an der Universität Kopenhagen.

1910: Auszug aus dem ehelichen Wohnsitz; rechtsgültige Scheidung.

1914–18: Erster Weltkrieg und Russische Revolution („Oktoberevolution" **1917**).

1914: Reise in die USA.

1920: Aufgrund eines Volksendscheids kommt es in Verbindung mit dem Versailler Vertrag (**1919**) zur Wiedervereinigung Nordschleswigs mit Dänemark.

1921: Groß angelegte Huldigung (mit Fackelzug, Festvorlesung etc.) von Georg Brandes anlässlich des 50-jährigen Jubiläums der Publikation von *Emigrantlitteraturen* (Teil der *Hauptströmungen* – siehe oben).

Brandes stirbt am 19. Februar 1927; seine Asche wurde beim „Schleswigschen Stein" in „Dyrehaven" (Jægersborg Dyrehave), nördlich von Kopenhagen, ausgestreut.

Literatur

Dansk Biografisk Leksikon. Red.: Svend Cedergreen Bech. 3. udgave. Gyldendal. København, 1979–84.

Jørgen Knudsen: GB. En Georg Brandes-biografi. Gyldendal. Denmark, 2008.

Autorinnen und Autoren

Matthias Bauer, geb. 1962, studierte Germanistik, Geschichte und Publizistik an der Universität Mainz. Seit 2008 Professor für Neuere Deutsche Literaturwissenschaft an der Universität Flensburg, dort Gründung der Georg Brandes-Gesellschaft zur Erforschung der Modernitätsdiskurse. Weitere Arbeitsschwerpunkte: Erzählforschung, Film- und Medienanalyse, Wissenschaftsgeschichte und Semiotik. Publikationen u.a. *Romantheorie und Erzählforschung. Eine Einführung* (2005); *Berlin. Medien- und Kulturgeschichte einer Hauptstadt im 20. Jahrhundert* (2007); (zus. mit Maren Jäger) (Hg.): *Mythopoetik in Film und Literatur* (2011).

Klaus Bohnen studierte Germanistik, Geschichte und Philosophie an den Universitäten Köln, Wien und Poitiers/F. Seit 1982 O. Professor für Neuere Deutsche Literaturwissenschaft an der Universität Aalborg/Dk. Forschungsschwerpunkte: 18. Jh. (u.a. Lessing, Sturm und Drang, Lyrik), 20 Jh. (u.a. J. Roth, Brecht, Th. Mann), Skandinavistik (u.a. H. Bang, J. P. Jacobsen, G. Brandes). Publikationen u.a.: *Geist und Buchstabe. Zum Prinzip des kritischen Verfahrens in Lessings literarästhetischen und theologischen Schriften* (1974); Lessings *Werke und Briefe* im Deutschen Klassiker Verlag (3 Bde, 1985 ff.), *Lessing-Studien. Werke-Kontexte-Dialoge* (2006); Mit-Autor von De Boor/Newalds *Literaturgeschichte 1740-1789* (1990); zahlreiche Arbeiten zu Georg Brandes, zuletzt in Buchform: *Georg Brandes in seiner deutschen Korrespondenz. Beispiele, Zusammenhänge, Kommentare* (2005). Aktuell: Mit-Hg. der kritischen und kommentierten Thomas-Mann-Ausgabe im Fischer-Verlag (*Essays, Bd. VII*).

Günter Helmes, geb. 1954; Studium der Germanistik, Philosophie und Geschichte in Siegen, Bochum, Iowa City (USA), Madison (USA); 1985 Promotion (Siegen) über Robert Müller; 1995 Habilitation (Paderborn) über den deutschsprachigen naturalistischen Roman; Lehre und Forschung an diversen Universitäten des In- und Auslands; seit 2003 Uni.-Prof. für Neuere Deutsche Literatur, Medienwissenschaft und deren Didaktik in Flensburg; zahlreiche Veröffentlichungen zur Literatur-, Kultur- und Mediengeschichte des 18. bis 20. Jahrhunderts.

Ivy York Möller-Christensen, apl. Prof., cand.mag., mag.art. et Ph.D. In Dänemark geboren; studierte Nordistik und Philosophie an der Universität Odense (jetzt Syddansk Universität); Reisestipendium für Studien an der Christian-Albrechts-Universität in Kiel. Seit 2005 an der Universität Flensburg tätig. Arbeitsschwerpunkte: Dänische Literaturgeschichte, Märchenforschung, das Werk von Hans Christian Andersen und deutsch-dänische Wechselbeziehungen. Buchveröffentlichungen: *Den danske eventyrtradition 1800-1870* (1988); *Den gyldne trekant. H.C. Andersens gennembrud i Tyskland 1830-1850* (1992); zus. mit Ernst Möller-Christensen: *Mein edler, theurer Großherzog! Briefwechsel zwischen Hans Christian Andersen und Großherzog Carl Alexander von Sachsen-Weimar-Eisenach* (1998) sowie eine wissenschaftlich eingeleitete und didaktisch konzipierte Anthologie *Hans Christian Andersen. Tradition og modernitet* (2005). Dazu fügt sich eine Reihe von literaturwissenschaftlichen Aufsätzen.

Markus Pohlmeyer studierte Latein, Griechisch, Deutsch und Philosophie in Würzburg, Tübingen und London. Lizenziat und Promotion in katholischer Theologie an der Universität Münster zu Johann Gottfried Herder und zur Geschichtenhermeneutik von Wilhelm Schapp. Lehrtätigkeit an einem Gymnasium in Schleswig Holstein. Seit 2009 wissenschaftlicher Mitarbeiter an der Universität Flensburg. Forschungsschwerpunkte: Weltreligionen, Religionsphilosophie, Kunst und Religion, Science Fiction und Theologie. Veröffentlichungen: *Geschichten-Hermeneutik. Philosophische, literarische und theologische Provokationen im Denken von Wilhelm Schapp*, 2. Aufl. (2008); (Hrsg.): *Als Anfang schuf Gott Echnaton – Kontexte, Konflikte und Konstellationen von Religionen* (2009); *Die Allgeschichte des Christentums – monistische Deutung und ethische Herausforderung*, in: Karin Joisten (Hrsg.): Das Denken Wilhelm Schapps. Perspektiven für unsere Zeit, KONTEXTE Bd. 21, (2010), 126-141.

Christian Riedel, geb. 1978; Magisterstudium der Deutschen Philologie sowie der Allgemeinen und Vergleichenden Literaturwissenschaft in Mainz und Lund/Schweden; nach dem Studium Lehre an den Universitäten Schumen/Bulgarien, Mainz und am Knox Colege in Galesburg/USA. Seit 2009 wissenschaftlicher Mitarbeiter im Seminar für Germanistik an der Universität Flensburg. Zurzeit Arbeit an einer Promotion über den Schriftsteller Peter

Kurzeck. Veröffentlichungen u.a. über Hans Henny Jahnn, Hubert Fichte, Friedo Lampe, Katharina Hacker, Ralf Rothmann und Peter Kurzeck.

Günter Rinke, Studium der Germanistik, Geschichte und Erziehungswissenschaft an der Universität Hamburg, danach Tätigkeit als Gymnasiallehrer für die Fächer Deutsch und Geschichte an der Kurt-Tucholsky-Schule, Flensburg. Im Jahr 2000 Promotion mit einer Arbeit über den Dramatiker Peter Martin Lampel an der Universität Hamburg. Lehrbeauftragter und abgeordnete Lehrkraft, seit 2010 wissenschaftlicher Mitarbeiter an der Universität Flensburg. Arbeitsschwerpunkte: Theater der Weimarer Republik, Hörmedien. Aufsätze über die Dramatiker Georg Kaiser und Ernst Toller sowie zur Didaktik des Hörspiels.

Schriften der
GEORG BRANDES-GESELLSCHAFT

Bd. 1

Matthias Bauer / Markus Pohlmeyer (Hg.):
Existenz und Reflexion: Aktuelle Aspekte der Kierkegaard-Rezeption.
Igel Verlag, Hamburg 2012.
Br., 204 S., 44,- €
ISBN 978-3-86815-549-5

Bd. 2

Matthias Bauer / Ivy York Möller-Christensen (Hg.):
Georg Brandes und der Modernitätsdiskurs.
Moderne und Antimoderne in Europa I.
Igel Verlag, Hamburg 2013
Br., 188 S., 39,90 €
ISBN 978-3-86815-571-6

Bd. 3 (in Vorbereitung)

Matthias Bauer (Hg.):
Der Stadt- und Modernitätsdiskurs im 19. Jahrhundert.
Moderne und Antimoderne in Europa II.
Br., ca. 200 S., 44,- €
Igel Verlag, Hamburg (ET voraussichtl. 2013)
ISBN 978-3-86815-574-7